普通高等教育会展经济与管理专业"十三五"应用型规划教材

活动风险管理

EVENT RISK MANAGEMENT

雨阳 编著

中国旅游出版社

项目策划：段向民
责任编辑：孙妍峰
责任印制：谢　雨
封面设计：姚鸿飞

图书在版编目（CIP）数据

活动风险管理 / 雨阳编著． -- 北京 ：中国旅游出版社，2018.9（2023.7重印）

普通高等教育会展经济与管理专业"十三五"应用型规划教材

ISBN 978-7-5032-6080-3

Ⅰ．①活… Ⅱ．①雨… Ⅲ．①活动－风险管理－高等学校－教材 Ⅳ．① C936

中国版本图书馆 CIP 数据核字（2018）第 183150 号

书　　名：	活动风险管理
作　　者：	雨阳　编著
出版发行：	中国旅游出版社
	（北京静安东里6号　邮编：100028）
	http://www.cttp.net.cn　E-mail:cttp@mct.gov.cn
	营销中心电话：010-57377103，010-57377106
	读者服务部电话：010-57377107
排　　版：	北京旅教文化传播有限公司
经　　销：	全国各地新华书店
印　　刷：	北京工商事务印刷有限公司
版　　次：	2018年9月第1版　2023年7月第2次印刷
开　　本：	787毫米×1092毫米　1/16
印　　张：	14.25
字　　数：	305千
定　　价：	37.00元
ＩＳＢＮ	978-7-5032-6080-3

版权所有　翻印必究

如发现质量问题，请直接与营销中心联系调换成功的活动，不一定风险管理做得好；不成功的活动，一定是风险管理没做好。

雨　阳

普通高等教育会展经济与管理专业"十三五"应用型规划教材编审委员会

主　　任
王春雷　上海对外经贸大学

副 主 任
杨　琪　天津商业大学
刘春章　东华大学
刘立众　河南礼之舞文化传播有限公司

委　　员（按姓氏笔画排序）
丁　烨　上海对外经贸大学
卢　晓　上海师范大学
卢新新　三亚学院
李　玺　澳门城市大学
李晓云　上海师范大学
李晓莉　广州大学
李艳霞　上海对外经贸大学
杨荫稚　上海师范大学
庞　华　华南理工大学
泮秀芬　上海师范大学
雨　阳　西安欧亚学院
胡杰明　东华大学
姚鸿飞　北京师范大学珠海学院
殷晓茵　云南民族大学
程静静　黄山学院
蓝　星　上海对外经贸大学

总 序

组织编写这套丛书，是我很久以来的一个愿望。2005年，受当时的工作单位上海师范大学旅游学院资助，我有幸到美国乔治·华盛顿大学（GWU）访学半年，时间虽短，但信息摄入量极大，更重要的是让我开阔了视野，这对我后来的研究兴趣及在会展教育领域的思考和探索产生了深远的影响。从那时起，我开始用"活动"的框架来观察和理解会展业，并逐渐将活动思维应用到会展教育教学改革中。

在GWU访学期间，在Larry Yu教授的帮助下，我选修了会议与展览会管理（Conferences & Expositions）、体育赛事营销（Sporting Events Marketing）和特殊活动与媒体管理（Special Events and Media Management）等课程，并有机会旁听了国际旅游研究院推出的活动管理证书（EMC）的3门培训课程：活动营销（Event Marketing）、展览会管理（Trade Show Management）和婚礼工作坊（Wedding Workshop）。

EMC是面向业内人士的继续教育项目，为获得该证书，学员必须修完4门必修课和3门选修课，参加时长100小时的实践，并按要求提交一份完整的报告。4门必修课分别为"活动协调"（Event Coordination）、"活动营销"（Event Marketing）、"活动风险管理"（Risk Management）和"最佳实践"（Best Practices），每门课是1.2个继续教育学分（CEU）；选修课主要有"会议"（Meetings & Conferences）、"展览会管理"（Trade Show Management）、"体育赛事管理"（Sport Management）、"餐饮服务"（Catering）、"婚礼工作坊"（Wedding Workshop）、"融资与赞助"（Fundraising & Sponsorship）、"活动礼仪"（Event Protocol）、"活动娱乐"（Event Entertainment）及"绿色会议与活动"（Green Meetings & Events）等课程，每次开设的选修课不同，两天的课1.2个CEU，学员要获得3.6个选修课学分。这一体系为我们设计本套丛书的书目提供了很好的参照。

本套丛书是国内第一套按活动管理思维来打造的会展专业教材。其基本设计思路是将整套教材分为3个部分：第一部分是活动管理的基础知识，主要书目包括《活动产业概论》《活动管理知识体系（EMBOK）》《节事活动赞助》《活动风险管理》及《活动研究方法》。细心的读者可能已经发现，丛书中第一本是《活动产业概论》，我们这样做的目的是让广大读者理解不同学者对会展和活动的不同解释，这也是"会展学"（Eventoloy）或"活动研究"（Event Studies）处于前科学阶段的一种表现；第二部分是不同类型活动的策划与组织原理及实务，涉及会议、展览会、奖励旅游、体育赛事、公司活动、婚礼、宴会等领域；第三部分是支持各类活动管理的相关内容，涵盖场馆经营与管理、活动场景设计与布置、活动礼仪等。

策划这套丛书并组织教育界的精英力量来编写，还源于我们对会展和活动产业发展的观察。2006年4月，原国际展览管理协会（International Association for Exhibition Management，IAEM）在其官方杂志E2上刊载了一篇文章——《展览会+活动=展览业的未来》（Exhibitions + Events = Designing the Future），同年12月，该协会正式更名为"国际展览与活动管理协会"（International Association for Exhibition and Events，IAEE）。IAEM在新的战略规划中将活动（Events）明确列入组织使命中，标志着美国展览业将展览会与营销活动进一步融合。为了展望展览业发展的未来，IAEE董事会专门成立了一个"未来趋势特别小组"（Future Trends Task Force）。该特别小组2014年的报告名为《2014年白皮书：影响展览和活动产业发展的未来趋势》（2014 White Paper—Future Trends Impacting the Exhibitions and Events Industry），明确将Exhibitions and Events Industry相提并论，这就好比目前我们在很多场合提"会展与活动产业"一样。

2017年4月，美国会展和活动行业的权威机构"会议产业委员会"（Convention Industry Council）正式更名为"活动产业委员会"（Event Industry Council）。Event作为一个包容性更强的基础词汇，能够把会议、展览会、公司活动、奖励旅游及婚庆等不同领域的力量聚集在一起，这有助于提升整个会展业和活动产业的地位和影响力。

在我国，中国会展经济研究会（CCES）也于2013年将英文名称的缩写改为CCEES，其中，第二个E就是活动（Event）。

综合分析会展学科、会展教育教学及会展产业发展的趋势，我们觉得非常有必要用活动管理的思维和框架来策划和编写一套专业书籍。借此机会，我还希望与读者朋友们就几个基本问题做些沟通。

一、是会展，还是活动？

关于会展的定义和专业术语问题，早在12年前，Ladkin（2005）就明确提出，尽管MICE业（注：为体现原文，此处没有翻译）的发展和重要性已经得到公众的广泛认同，但在大多数数据中，并没有包含奖励旅游和展览，因而其结果必将误导和掩盖该产业的真正价值。因此，一开始，在MICE业中出现不同的定义并不会令人感到奇怪，只要每一个定义能够清晰阐述所表达的信息即可，定义上的不同并不会引起误解。其实，更重要的是要认识到由于定义的不同而有可能会带来数据可比性方面的问题。

我非常同意Ladkin的观点，但个人觉得在概念上还界定得不够清晰。其实，和中文中对"会展"的解释一样，即使同样对于"MICE"，国外业界也有不同的看法。一种观点认为，MICE分别代表Meeting, Incentive, Convention和Exhibition, 也有人认为，最后的"E"是Events。

针对概念不一的问题，比较好的做法是清晰界定研究对象的边界。例如，2015年，联合国世界旅游组织（UNWTO）和欧洲旅游委员会（ETC）联合发布了一份名为《会议和奖励旅游组织者的决策过程》(*The Decision-making Process of Meetings, Congresses, Conventions and Incentives Organizers*) 的报告。与美国会展业委员会（CIC，注：现已更名为EIC）的观点基本相同，该报告明确提出完整的会展业（MCCI/Meetings Industry）由4部分组成：协会会议和大会，公司活动，奖励旅游和展览（图1）。UNWTO和ETC同时提到，Meetings Industry 有时候被称为 MICE Sector，即 meetings, incentives, conferences and exhibitions，本报告只讨论前三个组成部分。

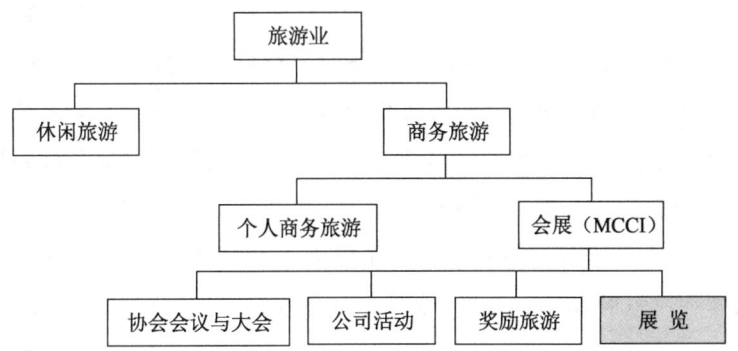

图1　旅游产业框架下会展业（Meetings Industry）的组成

我曾经在一篇小文章——《一种理解会展基本概念的脉络：活动—节事活动—商务活动—会展》中提出，为了更好地理解会展的相关基本概念，从大到小，我们是否可以遵循一种脉络：活动—特殊活动—商务活动—会展？这里的"会展"是指商业性的会议和展览会，属于狭义的"会展"。

在上述几个概念中，"活动"的含义最广。但需要注意的是，人们一般所提的"活动"是指那些经过精心策划、目标明确的特殊活动（Special/Planned Events）。按照不同的标准，可以将活动划分为不同的类型。在各种划分方式中，我们要特别注意以活动内容为标准的划分。早在20年前，国际著名节事活动和节事旅游学者Getz（1997）根据活动内容的不同，把经过事先策划的活动（Planned Events）分为以下8种基本类型：

（1）文化庆典，包括节日、狂欢节、宗教事件、大型展演、历史纪念活动等。

（2）艺术娱乐活动，主要包括音乐会、文艺展览、授奖仪式和其他表演。

（3）会展及商贸活动，如会议、展览会/展销会、博览会、广告促销、募捐/筹资活动等。

（4）体育赛事，主要包括职业比赛、业余竞赛和商业性体育活动。

（5）教育与科学活动，包括研讨班、专题学术会议、学术讨论会等。

（6）休闲活动，包括演唱会、游戏和趣味体育、娱乐活动。

（7）政治/政府活动，包括就职典礼、授职/授勋仪式、贵宾VIP观礼、群众集会。

（8）私人活动（个人庆典，如周年纪念、家庭假日、宗教礼拜等；社交活动，如私人舞会、家庭聚会、同学/亲友联欢会等）。

Wagen（2004）也有类似划分，他将活动分为体育、娱乐、文化和艺术，市场营销和促销、会展、节日庆典、家庭活动以及筹资活动等类型。由此可见，会展与商贸活动只是其中的一种。

或正是出于上述原因，2008年12月，美国东卡罗莱纳大学酒店与旅游管理学院教授、《会展与节事旅游研究》（JCET）主编乔治·费尼奇（George G. Fenich）博士在出席由上海应用技术大学和中国会展经济研究会联合主办的世博会·会展教育与研究国际研讨会时明确提出了这样一个观点：尽管各种提法五花八门，但国际会展学术界和业界都倾向于使用一个共同的术语——EVENT。

近几年，越来越多的国内会展学者、业界人士和城市会展业的管理者都开始认同"大会展"的概念。我个人一直认为，大会展就是活动产业（Event Industry）。但一个比较大的问题是"会展业"的提法在国内已经约定俗成，在一定程度上限制了人们对会展的认识。会展业的产业地位和就业形象要提高，需要放大其平台作用和社会价值。近年来，很多会展业界人士在大谈"互联网+"，其实，"会展+"或"活动+"也是一种思维方式。

另外，我们还要特别关注一种现象——在大会展业内，各领域之间的融合越来越明显。以展览会为例，相对公司活动而言，贸易展览会（Trade Show）显得更加成熟，不仅得到很多专业协会和企业的支持，而且已经形成了不少代表性的理论和研究报告。然而，近几年，展览会和公司活动之间的关系正在发生微妙的变化。《贸易展览会与活动营销：规划、促销与利润》（Trade Show & Event Marketing: Plan, Promote & Profit）一书的作者鲁斯·史蒂芬（Ruth P. Stevens）认为，不仅展览会和其他买家—卖家活动（Buyer-seller Events）之间的差异越来越难以区分，而且各种形式多样的活动在功能和内容上彼此交叉，这使得对活动的分类也更加困难。

二、从活动管理知识体系到会展经济与管理知识体系

2009年,美国会展业委员会(CIC)和加拿大旅游业人力资源委员会(CTHRC)、国际会议专家联盟(MPI)合作,完成了会展管理和运营岗位分析(Job Analysis),然后结合 CTHRC 的《国际会展管理能力标准》(Event Management International Competency Standard)、MPI 的《会展和商务活动从业人员能力标准》(Meetings and Business Events Competency Standard,简称 MBECS)以及 CIC 的《注册会展专家能力标准》(CMP Blueprint)等三个标准,于 2012 年发布了"注册会展专家国际标准"(CMP International Standards,简称 CMP-IS),具体描述了会展从业人员需要具备的 106 项专业技能。

2014年4月,《CIC 工作手册(第九版)》(CIC Manual 9th Edition)一书出版。该书是 CMP 考试的推荐用书,主要依据 CMP-IS 来编写。

1. 两个有影响的活动管理知识模块框架

CMP-IS 由 10 个知识模块(Domains)、30 项技能(Skills)和 106 项子技能(Sub Skills)构成。其中,10 个知识模块如下:

①战略规划(Strategic Planning) 16%
②项目管理(Project Management) 15%
③风险管理(Risk Management) 8%
④财务管理(Financial Management) 10%
⑤人力资源(Human Resources) 3%
⑥利益相关者管理(Stakeholder Management) 8%
⑦会展/活动策划(Meeting or Event Design) 16%
⑧场地管理(Site Management) 12%
⑨市场营销(Marketing) 11%
⑩职业化(Professionalism) 1%

注:上述每个模块后的百分比为 CMP 考试中该模块所占的分值比例。

其实,最值得深读和掌握的是在每一类子技能(Sub-skill)下对应的知识与能力。例如,在知识模块 A(战略规划)下有 3 项主要技能,即会展和活动的战略计划管理;制订会展和活动的可持续发展计划;制定会展和活动的长期商业计划,其中,技能 1 是"会展和活动的战略计划管理"(Manage Strategic Plan for Meeting or Event)。技能 1 又由 5 项子技能组成,子技能 1 是"制定会展和活动的使命、目标和目的"(Develop Mission Statement, Goals and Objectives of Meeting or Event)。

MPI认为，在会议和商务活动领域，随着知识的积累和能力的提高，一个会展从业人员将在角色和责任上逐渐取得进步。为此，MBECS将会议和活动专家的责任分为三种依次递进的工作角色，即协调（Coordinate）、管理（Manage）和指挥（Direct）。MBECS描述了会展行业中所有相关专业人员应具备的能力，而不仅仅是某一个单一的岗位。它把一个会议和活动专家应该具备的知识、技巧和能力（KSAs）分成12个知识模块（Domains/Blocks），共计33项技巧（Skills）和140项子技巧（Sub-skills），如表1所示。

表1 MBECS知识和技能对照检查表

知识模块/Domain	技巧/Skill	子技巧/Sub-skills	是否包含这项内容	处于什么水平？	
				知识水平	技巧水平
A. 战略规划/Strategic Planning	1. 会议或活动的战略规划管理	1.1 明确使命、目标和目的 1.2 可行性分析 1.3 分析实施要求 1.4 制定财务概要 1.5 监控战略规划			
	2. 制订可持续发展计划	2.1 执行可持续发展管理计划 2.2 展示环境责任			
	3. 测量价值	3.1 制订评估计划 3.2 测量投资回报率（ROI） 3.3 评估/审计 3.4 评估风险管理计划的有效性			
B. 项目管理/Project Management	4. 制订会议/活动项目计划	4.1 制订项目计划 4.2 制定质量标准、政策和流程 4.3 开发活动主题 4.4 制订采购计划 4.5 建立里程碑和关键路径 4.6 制订综合沟通计划 4.7 制定评估/审计程序			
	5. 管理会议/活动项目	5.1 管理关键路径 5.2 合同管理 5.3 管理会议/活动的运行			
C. 风险管理/Risk Management	6. 制订和执行风险管理计划	6.1 识别风险 6.2 风险分析 6.3 制订风险管理与实施计划 6.4 制订和实施应急计划 6.5 安全安排			

续表

知识模块/Domain	技巧/Skill	子技巧/Sub-skills	是否包含这项内容	处于什么水平?	
				知识水平	技巧水平
D. 财务管理/Financial Management	7. 财务资源开发	7.1 管理赞助过程 7.2 管理捐赠过程 7.3 管理项目融资过程 7.4 管理注册登记过程			
	8. 预算管理	8.1 制定预算 8.2 建立定价体系 8.3 制定财务控制程序 8.4 管理现金流 8.5 监测预算绩效 8.6 修改预算			
	9. 管理货币交易	9.1 建立现金交易程序 9.2 监控现金交易程序			
E. 行政管理/Administration	10. 执行行政管理任务	10.1 协调办公室管理 10.2 管理信息系统 10.3 撰写报告			
F. 人力资源管理/Human Resources	11. 人力资源规划管理	11.1 确定人力资源需求 11.2 建立人力资源政策和程序 11.3 制订培训计划 11.4 监控人力资源计划			
	12. 获得员工和志愿者	12.1 制定选择标准 12.2 招募新员工和志愿者 12.3 面试应聘者 12.4 选择最合适的候选人并提供具体岗位			
	13. 培训员工和志愿者	13.1 提供方向 13.2 提供培训			
	14. 管理员工关系	14.1 监督员工和志愿者 14.2 激励员工和志愿者 14.3 管理团队 14.4 评估人员 14.5 工作终止和辞职			
G. 利益相关者管理/Stakeholder Management	15. 管理利益相关者关系	15.1 识别利益相关者 15.2 评估利益相关者 15.3 利益相关者分类 15.4 管理利益相关者的行为 15.5 管理与利益相关者的关系			

续表

知识模块/Domain	技巧/Skill	子技巧/Sub-skills	是否包含这项内容	处于什么水平?	
				知识水平	技巧水平
H. 会议或活动设计/Meeting or Event Design	16. 活动设计	16.1 确定活动的构成要素 16.2 选择活动内容和举办形式 16.3 对活动要素的结构和顺序进行安排			
	17. 演讲嘉宾和表演者管理	17.1 确定活动对演讲嘉宾和表演者的要求 17.2 制定选择标准 17.3 选择候选人 17.4 订立合同并做好期望沟通			
	18. 协调餐饮服务	18.1 确定餐饮服务要求 18.2 选择菜单 18.3 计划服务风格 18.4 选择餐饮供应商 18.5 酒水服务管理			
	19. 环境设计	19.1 明确功能要求 19.2 选择装饰物与家具 19.3 协调会议或活动的标识系统			
	20. 技术管理	20.1 确定舞台和技术设备的要求 20.2 舞台和技术设备的获得 20.3 安装舞台和技术设备 20.4 监督技术设备管理			
	21. 制订观众/与会者流动管理计划	21.1 开发门禁/准入系统 21.2 选择人流管理技术 21.3 协调住宿和交通安排 21.4 礼仪要求管理			
I. 场地管理/Site Management	22. 选择场地	22.1 确定场地的规格 22.2 场地检查			
	23. 设计场地布置	23.1 设计现场布置			
	24. 会议/活动现场管理	24.1 制订搭建与拆除物流计划 24.2 现场布置 24.3 会议/活动期间的现场监控 24.4 现场拆除			
	25. 现场沟通管理	25.1 建立沟通框架 25.2 确定和获取所需的沟通设备及资源 25.3 制定具体的沟通程序和协议			

续表

知识模块/Domain	技巧/Skill	子技巧/Sub-skills	是否包含这项内容	处于什么水平?	
				知识水平	技巧水平
J. 市场营销/Marketing	26. 管理营销计划	26.1 进行情景分析 26.2 确定目标市场细分 26.3 制定会议或活动的品牌策略 26.4 选择分销渠道 26.5 制定整合营销策略 26.6 实施营销计划			
	27. 管理营销资料	27.1 确定活动所需的营销资料 27.2 营销资料的内容设计 27.3 制作营销资料 27.4 分发营销资料			
	28. 产品管理	28.1 确定产品设计及规格 28.2 确定价格 28.3 控制品牌的完整性 28.4 产品生产 28.5 产品发布 28.6 对接旅游接待			
	29. 会议或活动促销	29.1 制订广告计划 29.2 举行交叉促销活动 29.3 举行竞赛 29.4 协调各种促销活动			
	30. 公共关系管理	30.1 制定公共关系策略 30.2 有助于宣传计划 30.3 发展媒体关系 30.4 有助于宣传计划的实施 30.5 管理危机和争议			
	31. 销售活动管理	31.1 制订销售计划和目标 31.2 开展销售活动 30.3 确定销售平台			
K. 职业化 Professionalism	32. 表现出职业化的行为	32.1 展示专业形象 32.2 表现出领导力 32.3 行为道德 32.4 与团队成员协同工作 32.5 在一个多样化的环境中工作 32.6 时间管理 32.7 压力管理 32.8 决策管理 32.9 解决问题 32.10 紧跟会议/活动行业的变化 32.11 促进持续改进 32.12 参加职业发展活动			

续表

知识模块/Domain	技巧/Skill	子技巧/Sub-skills	是否包含这项内容	处于什么水平?	
				知识水平	技巧水平
L. 沟通 Communication	33. 开展沟通	33.1 口头沟通 33.2 书面沟通 33.3 运用沟通工具 33.4 进行有效的演示 33.5 计划和组织会议 33.6 建立业务关系			

资料来源：MPI. Meeting and Business Event Competency Standards（MBECS）Curriculum Guide, V1.0, September 26, 2012.

与 CMP-IS 相比，MBECS 多了两个知识模块，即行政管理（Administration）和沟通（Communication）。其中，行政管理包括：10.1 协调办公室管理；10.2 管理信息系统；10.3 撰写报告。沟通包括：33.1 口头沟通；33.2 书面沟通；33.3 运用沟通工具；33.4 进行有效的演示；33.5 计划和组织会议；33.6 建立业务关系。

2. 从 EMBOK 到会展经济与管理知识体系

CMP-IS、MBECS 等并没有描述各知识模块之间的关系，所以有必要再了解一下知识管理体系（EMBOK）。根据 International EMBOK Executive（2008）的观点，提出和发展 EMBOK 旨在为活动管理中所运用的知识和过程提供一个基本框架（To create a framework of the knowledge and processes used in event management），以作为满足不同文化、政府部门、教育项目和企业组织定制化需求的基础。

1999 年，William O'Toole 首次比较系统地提出了"活动管理知识体系"（EMBOK）；2000 年，Julia R. Silvers 开始与 O'Toole 合作，扩充 EMBOK 的概念，并于 2003 年提出了"活动管理核心能力框架"；2004 年，International EMBOK Executive 成立；2005 年，EMBOK Model 被提出。2006 年，Silvers 等人提出了比较完整的活动管理知识体系（EMBOK）框架，如图 2 所示。

然而，EMBOK 侧重于项目管理，不能涵盖"会展经济与管理"的全部内涵（国内会展本科专业的名称为"会展经济与管理"）。根据相关学科的知识关联及会展经营管理的内在逻辑，"会展经济与管理"至少主要包括经济学和管理学基础知识、会展产业发展与管理基础知识、会展企业管理知识以及会展项目管理知识。另外，可以按照会展项目管理不同阶段所涉及的主要理论和知识点对 EMBOK 进行适当的修正（王春雷，2013）。鉴于此，我提出了一个新的框架（图 3），仅供大家参考。

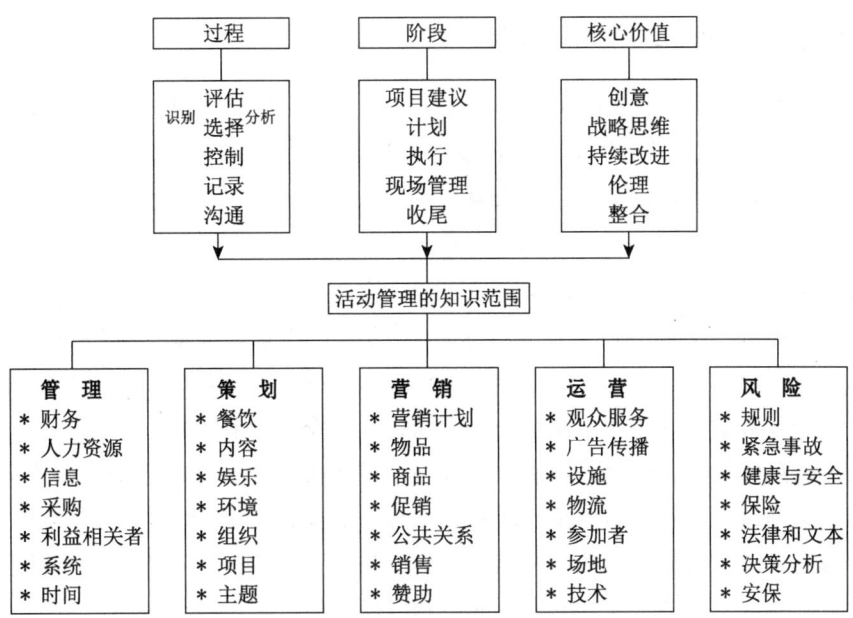

图 2　活动管理知识体系（EMBOK）的基本框架

资料来源：Silvers 等，2006

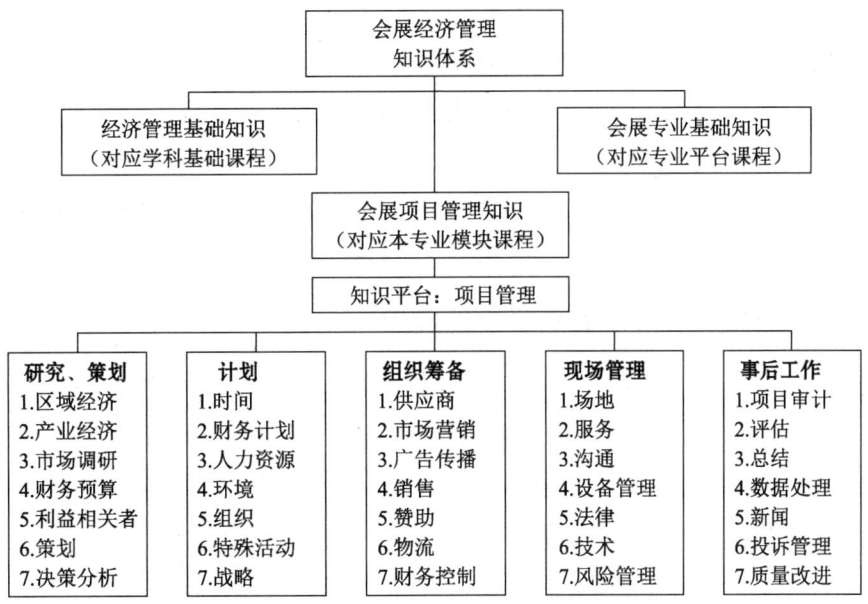

图 3　会展经济与管理知识体系

注：我们可以把这里的"会展经济与管理"理解为宽泛意义上而不仅是项目层面的活动管理。

3. 会展经济与管理知识体系的实际应用

正如当初 International EMBOK Executive 在开发 EMBOK 时提出，EMBOK 的具体应用主要体现在 3 个方面，即①学历教育：指导课程体系设计，包括理论课程和实践环节；②职业认证培训：分级培训，培训什么内容，什么时候培训以及能力的复杂程度；③企业招募、员工评价与晋升。

会展经济与管理知识体系可以供会展企业人力资源部经理确定某一岗位工作人员应具备的能力，也可指导高等院校制定会展专业的课程体系。例如，从项目管理的层面讲，除了要具备经济学、管理学等基础知识外，会展项目经理的知识体系由五个基本阶段组成，即研究策划、计划、组织筹备、现场管理和事后工作。在研究策划阶段，需要有洞察经济走势的能力，包括对于宏观经济、区域经济、产业经济等多层面发展趋势的研判；需要掌握市场调研、财务预算的基本方法；需要分析展会的利益相关者以整合资源；需要懂得会展项目的设计及其可行性评估的技术。这些知识可以帮助项目经理从战略和战术两个层次把握会展项目的发展前景和可操作性。

在日常工作中，各位读者朋友需要注意以下基本概念。

知识体系（Body of Knowledge）：为了在职业上获得成功，一个从业人员必须掌握的技能和能力的类型，包括专业知识、对学科的理解以及系统知识等。

知识领域（Domain）：CMP International Standards 的基础知识大类。

技能（skills）：基础知识领域下的特定任务，包括基本技能（如听说写读）、解决问题、目标设定、人际（沟通、团队）、决策、资源运用技能、职业生涯规划、组织、领导等。

能力（Ability，即 Know how）：指应用知识的胜任力，如逻辑推理、学习、思维、创造、理解等。

三、活动思维在会展教育教学中的应用

2016 年 7 月，在由中山大学主办的第三届会展与节事活动学术沙龙上，我应邀主持了一个工作坊，主题为"活动思维在会展教育教学中的应用"。在做引导性发言时，我基于 Getz（2007）提出的活动教育的 3 个层次（图 4），围绕活动思维在会展教育教学中的应用做了介绍，后来概括为"活动思维在会展教育教学中应用的 4 个层次"。

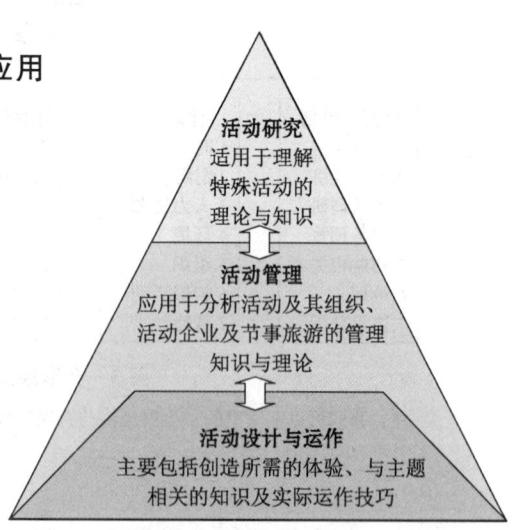

图 4　活动教育的三个层次（Getz，2007）

1. 第1个层次：以活动研究为总体框架，明确人才培养定位，推进会展学科建设

我个人认为，Getz 所提到的"Event Studies"（活动研究）与 Goldblatt 所提出的"Eventology"（活动学）本质相同，应该成为会展学科的名称（理解为"活动学"或"会展学"，这个话题不在此讨论）。换句话说，在不久的将来，今天的许多会展管理系或会展经济与管理系都有必要改为"会展学系"。2016 年 5 月，我所在的学校正式成立会展经济与管理系时，我给学院的建议是将英文翻译为 Department of Event Studies，如今回头来看，这一设想是符合学科及产业发展需求的。

2. 第2个层次：以 EMBOK 为指导，不断优化专业课程体系

尽管 EBMOK 尚不完善，但根据我自己过去十几年从事会展教育和研究的经验来判断，它的确是目前国内的会展经济与管理专业设计课程体系的最佳参照。当然，关于 EMBOK，最好综合参照不同的框架。

在具体执行中，还将遇到两大挑战：一是形成学界和业界公认的会展经济与管理知识体系（请注意，落脚点不能只是管理，同样的道理，从学科的层面，谈会展，也不能只是谈会展管理）；二是在知识体系的基础上，充分凸显各个院校的培养特色。

3. 第3个层次：以贯通 KSA 为目标，策划和执行一系列真实活动，促进知识与技能之间的缝合

KSA 是一个老话题，但对于会展教育似乎是一个新问题。关于如何贯通 K-S-A，我觉得最好的途径是让学生亲身策划和组织真实的综合性实践教学活动。然而，这种实践活动必须满足 3 个条件：

（1）真实性（甚至完全采取市场化运作的方式）。

（2）科学性（在全过程都要有良好的教学设计，不能为了实践而实践）。

（3）全员性（需要处理好全员参与和项目需要的问题）。

4. 第4个层次：引导学生以活动思维来思考日常生活，培养学生的专业思维和职业习惯

最后一个层次是让学生将专业思维、职业习惯和实践技能融入日常学习和生活中去，我甚至觉得，这是会展专业的最大魅力。只有将知识和技能内化为能力，才是学生可以携带的。作为会展专业教师的我们同样应该有这种意识，把对专业、行业的热爱与激情自然地融入自己的工作和生活中。诚然，活动即人生。

四、几个基本观点

在翻译 Fenich 教授的《会展产业导论（第 4 版）》一书时，我得以结合新的材料，

对"会展"和"活动"的区别及联系做了进一步的思考。这是一个老话题，但国内会展学界似乎从来没有就此达成一致的共识。就我个人而言，目前比较倾向以下几点判断：

（1）专业名称为"会展经济与管理"，这是教育部批复的，自2004年以来就是如此。按照当前国内的教育管理体制，要改专业名称很难，但具体办学可以用活动管理（Event Management）的思维和做法（注：会展设计等专业除外）。

（2）参照Getz所提的活动教育（Event Education）的3个层次，在学科名称上，中文用"会展学"未尝不可（尽管我在一些文章中曾明确提出过"活动学"的概念），但在具体推进时还将面临一个挑战——可能仍然会有不少人特别是相关政府官员、教育主管部门的领导以及广大家长会认为"会展"就是会议和展览会。究竟是"会展学"还是"活动学"，需要更多的时间来解决，但英文都可以用Eventology。与之相对应，未来，目前国内很多学校的会展管理系或会展经济与管理系都可以改为"会展学系"。

（3）不管是用会展还是活动，都需要尽快建立、健全学科知识体系。我曾经在起草会展经济与管理专业教学质量全国标准时和团队一起在EMBOK的基础上构建过一个会展经济与管理知识体系，但还不够完善。但当时有一个出发点是对的：会展经济与管理的知识体系远比EMBOK宽泛，因为即使是一个会展公司的项目经理，单纯掌握项目管理层面的知识是远远不够的。

（4）会展学是一门交叉学科，其发展需要充分依托和广泛吸收多学科特别是经济学、管理学和社会学的理论。

五、关于本套丛书的相关说明

按"活动"的框架来策划和组织编写这套会展经济与管理专业的教材，是一次积极的尝试。特别值得一提的是，在这套书中有几本是具有开创性的。例如，《活动管理知识体系（EMBOK）》《活动研究方法》和《活动场景设计与布置》在之前国内出版的会展专业教材中未曾出现过。中国旅游出版社支持这一出版设想，在某种意义上来讲是一种引领。当然，效果如何，还有待在全国各院校的会展教育教学实践中进行检验，并不断修正和完善。

同专业组织一次活动一样，这套丛书是动态的。可以预见，随着会展学科的发展，会有更多新的选题出现并被纳入丛书中。比如，新技术在会展和活动产业中的应用，以及智慧会展、绿色活动管理，等等。无独有偶，2016年6月，Lee, Boshnakova和Goldblatt合作出版了《21世纪的会议与活动技术：更好的策划、营销与评估工具》（The 21st Century Meeting and Event Technologies: Powerful Tools for Better Planning, Marketing, and Evaluation）。

鉴于活动在人类社会生活中的重要作用，活动教育（甚至包括面向普通大众的教育）和研究拥有广阔前景。因为"各种庆祝活动好似灵丹妙药（Derrett, 2004），具有黏合社区和促进社区复兴的功能，并有利于建立合作、友好、互惠互利、归属和友谊的感觉"（Arcodia 和 Whitford，2006）。加入全球活动研究者行列的魅力之一在于对不同领域充满激情并擅长运用最合适的方法来研究既定问题的同行们一直都有成果产生，并对未来研究提出了各种建议，正是这些成果在不断丰富活动研究的文库（Mair 和 Whitford，2013）。我想，这套丛书的所有编写人员就是这样的一个群体。

为此，我要感谢参与这套丛书编写工作的所有同人，以及中国旅游出版社的编辑老师。同时，敬请广大读者多提宝贵意见和建议，以使本丛书不断得到完善。

王春雷
2017 年 5 月 20 日
于法兰克福

前 言

从春雷博士手里接过写《活动风险管理》一书任务的时候，考虑得太简单，没想到写这么一本书的背后会如此痛苦，很多东西课堂上讲起来容易，写出来就走样，反复修改后才能让写出来的和想写的不断接近。直到最后交稿前，笔者对自己的文字表达能力都不尽满意。

活动风险管理经常不大被人重视，这让风险团队人员有些尴尬。如果一个活动进展顺利，整个过程中没出现什么明显问题，人们会觉得风险团队根本不存在，没必要甚至多余，似乎风险管理毫无意义。所以做活动风险管理的人要能耐得住寂寞和不被认可，以工匠精神做好风险计划及其落地工作。

本书通过风险团队、风险评估、风险分析、风险计划、风险工具、媒体管理和常见风险等内容讲解活动风险管理。其中风险工具中包含合同、保险和商务谈判，常见风险中包括紧急风险和看不见的风险。所谓"看不见"，是尚未引起足够重视，却是常见的。危害程度大的风险，发生概率较低；活动中的常发风险，大多危害较小。实践中很多风险是靠谈判化解的，所以本书用了比较多的篇幅讨论谈判。如果我们没有活动经验，谈判中对方很快就能看出来，那风险就大了；如果我们经验丰富，阅历过人，对方通常不敢乱来，风险就小得多。活动风险管理是一项复杂的系统工程，背后有其自身的规律。本书的目的，是为大家提供风险管理的基本知识，并不是提供消除风险的保证。

活动学的知识点、面多而广，活动产业链长。笔者对其中很多事情有些研究得比较透彻，有些还有待进一步学习。近年来，全球的社会、经济、政治气氛在产生深刻的变化，这种变化给活动风险管理带来新的挑战，客观上要求活动风险管理走上新水平。

在本书的写作过程中，承蒙永安保险总公司理赔总监张耀忠先生对本书第七章第一节"活动保险"的内容进行了专业指导，北京联合大学张万春教授对第七章第二节"活动合同"的内容进行了斧正，上海市会展行业协会郑承章部长提供了世博会期间的珍贵资料，刘春章博士提供了第三章内容的延伸阅读，第一章的延伸阅读中引用了春雷博士的文章，西安欧亚学院会展专业我的同行们和学生们、雨阳会展的部分员工校对了主要章节的教材内容，俄亥俄州人才培训集团业务总监、企业活动专家 Annette McIver 女士对第五、六、七章的部分内容细节做了专业指导，Johns Hopkins 大学的研究生金泽同学参加了本书部分内容的校对和做图工作，在此一并表示衷心感谢！没有你们，春雷博士交代的任务难以完成。

本书在成稿过程中，借鉴了相关研究成果，并在参考资料中和相关内容前后做了详细说明，在此对有关专家、学者和研究者表示衷心的感谢。书中难免存在疏漏和不足，对于各位读者在使用和阅读本书的过程中所发现的各种错误、问题和需要指正或进一步探讨的观点，可以通过 YYevents 微信公众号互动提出，本书的勘误表也会在这里发布和更新。YYevents 微信号的二维码是：

雨　阳

2017 年 8 月，西安

目　录

第一章　活动风险管理概论 ... 1
第一节　活动风险管理的基本概念及工具 ... 2
第二节　风险意识及风险管理功能 ... 6

第二章　风险团队 ... 14
第一节　风险团队存在的必要性 ... 15
第二节　风险团队的组建及工作 ... 16
第三节　风险团队的延伸角色 ... 20

第三章　风险评估 ... 24
第一节　怎样做风险评估 ... 24
第二节　风险评估的范围 ... 26
第三节　风险评估的好处 ... 29

第四章　风险分析 ... 35
第一节　风险分析的基本概念及量化 ... 35
第二节　风险分析实例 ... 39
第三节　风险分析的点和面 ... 40

第五章　风险计划 ... 44
第一节　风险计划的必要性 ... 45
第二节　风险计划的内容 ... 47
第三节　风险计划的执行与完善 ... 49

第六章　应急预案 ... 54
第一节　制订应急预案的必要性 ... 55

  第二节 应急预案的内容……………………………………… 56
  第三节 应急预案的执行……………………………………… 60
  第四节 应急预案实例………………………………………… 62

第七章 风险工具……………………………………………… 118
  第一节 活动保险…………………………………………… 119
  第二节 活动合同…………………………………………… 125
  第三节 商务谈判…………………………………………… 134

第八章 媒体管理……………………………………………… 160
  第一节 活动危机与媒体管理……………………………… 161
  第二节 媒体与舆情………………………………………… 162
  第三节 媒体管理计划……………………………………… 163
  第四节 危机处理能力……………………………………… 166
  第五节 媒体管理的启示…………………………………… 166

第九章 风险种类……………………………………………… 172
  第一节 医疗急救…………………………………………… 173
  第二节 人为因素…………………………………………… 174
  第三节 不利天气…………………………………………… 177
  第四节 火灾………………………………………………… 178
  第五节 不确定状态………………………………………… 179
  第六节 看不见的风险……………………………………… 180

索 引……………………………………………………………… 198

第一章

活动风险管理概论

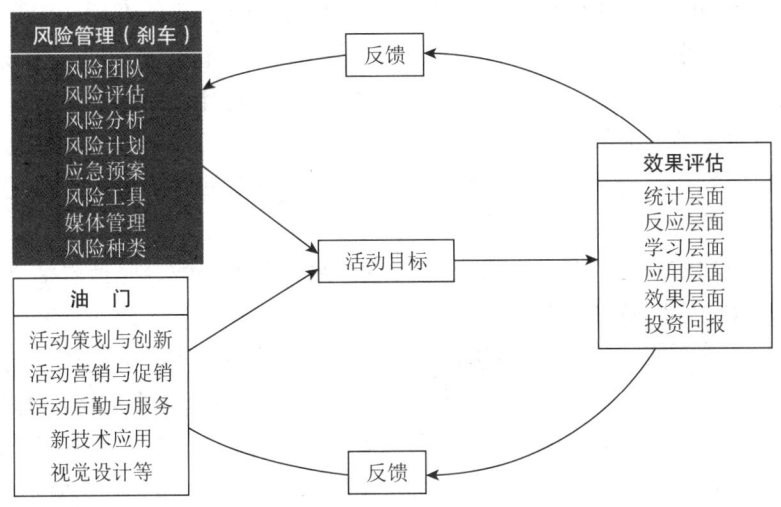

【学习目的】

- 了解什么是风险管理
- 能讲解什么是活动
- 理解什么是活动风险管理
- 了解活动风险管理的工具
- 树立活动风险管理意识
- 理解活动风险管理的功能

第一节 活动风险管理的基本概念及工具

一、什么是风险管理

前些年有一门课热得发烫，叫成功学，很多人去听，学习别人怎么成功的要点和经验。听完成功学的课程以后，觉着我也可以这么成功。可惜后来的实践证明，尽管学习了成功学课程中总结的成功者的系统经验，但是成功很难复制，多数创业者失败了，很多企业熬不过三年，失败的比成功的要多，而那些讲成功学的老师很多也没有成功。那么，问题到底出在哪儿呢？

马云在2015年年底的一次讲话中说，阿里巴巴经过15年的发展，走到了今天，应该讲，我们是一个很幸运的公司。近20年来，无数人在互联网中创业，无数人失败，剩下了我们这几个。人家问，阿里巴巴你们今天特别成功是什么原因？其实，没有无数失败，我们是不会走到今天的。我们创业10多年来，最大的心得体会是，永远总结自己的失败，永远思考别人是怎么失败的，只要把这些失败的东西学习好了，避免失败，并坚持下来，自然就成功了。

阿里巴巴成功的基础，是总结自己的失败，然后避免失败，坚持着活下来。从风险角度看，它是风险管理做得好。

成功需要踏踏实实、一步一个脚印地走向目标，成功不能靠走捷径，走捷径获得成功是小概率事件，小概率事件成功的条件太苛刻，背后潜藏着诸多风险。潜在风险多了，一旦风险发生，就容易造成失败。我们有一部《三国演义》，古典四大名著之一，很多人喜欢看，喜欢看其中的空城计、草船借箭、借东风等经典故事，让人觉着痛快、过瘾，但事物总是一分为二的，《三国演义》中的这些小概率事件一方面让众多读者喜爱、推崇；另一方面则是它在我们血液里留下那隐隐约约的对小概率成功事件的向往和崇拜，这种向往和崇拜会让我们不由自主地想通过找关系让自己在和别人的竞争中占据有利地位，具有别人不具备的优势，也表现在生活中的不愿意排队、不愿意等候，还表现在希望自己能轻轻松松、不费力气地超越别人，取得成功。对小概率事件的向往和崇拜，让我们不愿意任劳任怨、勤勤恳恳、以工匠精神迎接困难和挑战。殊不知成功背后皆有心酸，小麦大米粒粒辛苦，即便是有了空城计的机会，又有几人能有诸葛亮那样的承载量？承载量是在血与火的洗礼中历练出来的，普通人一般没有过人的胆量，即便遇到了空城计那样的机会，也会骤然紧张、恐惧，或者脑子里一片空白，很少能够像诸葛孔明那样镇定自若地弹琴而不乱了章法。

所以，做风险管理，是为了生存，为了健康地生存。实践证明，向"成功"学习和向"失败"学习的最大不同在于：前者容易让人陷入盲目乐观和机械模仿的怪圈，后者则可以更好地警醒自我、规避风险。向"失败"学习，就是风险管理中的重要部分。战场上，竞争中，每一次成功、每一次胜利都是众多因素形成合力的产物，它具有不可复制性；而每一次失败却有其具体确切的原因，从失败中总结教训，学会规避风险，加上借鉴成功者的经验，才可以让我们无限接近未来的成功。正所谓"失败乃成功之母""知不可为，尔后可以有为"。

二、什么是活动

近年来，国际会展界有一个趋势，就是把会展叫作活动[1]（Events）。2017年，美国会展业委员会（Convention Industry Council，CIC），为了其国际化，改名为美国活动业委员会（Events Industry Council，EIC），由此可见此趋势之一斑，详细内容请参阅本章"延伸阅读（一）"。CIC 于 2014 年出版的 *Convention Industry Council Manual* 第九版、2008 年出版的 *Convention Industry Council Manual* 第八版和 2005 年出版的 *Convention Industry Council International Manual* 第一版分别是本书写作时的部分主要参考书。

在欧洲，把会展叫作活动的时间要早很多，如果在那里的大学里不按 Events 检索的话，很难找到会展专业。

在美国，当问到"meetings, conventions 里边没有展览吗"的问题时，美国业界人士回答"不一定"；当问到"exhibitions 中没有会议吗"，回答是"也不一定"；那"什么时候有 events 呢"，答曰"会议、展览中都有 events"。所以，很多时候，meeting, convention 是"会展"的意思，并不单指会议。这个情况的确显得会展的定义有些混乱。

和国内近一二十年的情况一样，在 EIC 把会展活动定义为 events 以前的几十年中，尽管它有一个自愿执行的行业标准 APEX，并通过其中的 APEX Industry Glossary（会展业用词规范）来不断地去土化、去黑化、规范行业词汇，但北美地区会展一词的含义一直有些混乱。虽然普遍认为会展是由会议、展览和各种活动组成的，但会议又分为 convention, conference, congress, forum, symposium（与 forum 类似，更正式一点），lecture, seminar, workshop（小规模培训会），clinic（医学培训会），retreat（逃离闹市的会议），institute（专业培训会），panel（研讨会）等；展览又有 exhibition, exposition, expo, trade show, exhibit hall 等表达方式；活动则包括 function, festival, ceremony, wedding, party, entertainment, golfing, sporting games 等。今天，EIC 为了美国会展业的国际化，终于把"会展活动"统一称为"活动（events）"了，这有利于会展基本概念的规范。

在我国，会展界的前卫学者们，在 CIC 更名为 EIC 之前的几年中，已经呼吁：不管是会议、展览还是各种活动，应该统称为"活动"。

所以，"活动"是对"会展活动"的新定义，只要是有人为了一定的目的/目标，通过一定的方式聚集起来去实现既定目的/目标的，就是活动。我个人的理解是，活动这一概念更大，从小到大包括更多，小到一次午餐、一次结交聚会，大到奥运会、世博会，都是活动。

但是由于历史原因，也为了便于各位读者理解方便，本书在目前"活动"这个新词汇的适应期内仍不能脱离传统习惯的束缚，书中有的地方用"会议"，有的地方用"会展"，有时又用"活动"或"会展活动"，说的都是同一个意思，敬请各位读者谅解。

三、什么是活动风险管理

在活动的策划和运营过程中，任何可能干扰活动正常流程的，对活动的成功举办具有负面影响的，对实现活动的目标带有负能量的事件或不确定的状态，都是活动中的风险。

活动中的风险包括：可能发生的麦克风不正常工作、活动期间停电、展品不能如期抵达、流程中断、设备故障、客人受伤、食品中毒、经济损失、信誉损失、媒体应对失误、活动期间的骚乱、闹事、罢工、洪水、台风、极端天气、火灾、地震、恐袭、战争等。如果按风险发生的起因划分，可分为不可抗力（force majeure）风险和非不可抗力风险两大类。所谓因不可抗力而发生的风险，是指发生风险的诱因是人力不可抗拒的；所谓非不可抗力风险，是指通过活动主办方或承办方人为的努力有可能提前化解的。前者包括地震、台风、极端天气等；后者包括设备故障、参会者受伤、信誉损失等。对不可抗力风险，虽然人为无法控制，风险团队可以不承担责任，但在风险发生后风险团队必须迅速反应，设法减轻损失，不能不作为，也不能有意拖延；对非不可抗力引起的风险，通常在人力可以控制的范围内，所以需要活动承办方对其后果承担责任。

从外向里看，活动风险管理是个连续不断的循环过程，其中的一个基本循环由准备（preparedness）、反应（response）、恢复（recovery）、减灾（mitigation）四个阶段组成（Hilliard，2014，p.60）。这里，减灾（mitigation）指的是在活动中发生风险后，对其负面效果的控制，可以理解为止损。

在活动的策划和运营过程中，常有想不到的事，也常有让别人很累的人，使活动的过程中常常存在各种风险。活动风险管理的目的是控制和应对风险，为活动目标的实现、为活动的成功举办、为活动及其组织方的可持续发展而保驾护航。

但是，大家别对风险管理期望过高，以为做了风险管理就一定会轰轰烈烈地成功。风险管理与成功之间只有相关性，没有必然的因果性。在活动的策划和运营过程中引入风险管理，更多的是为了活动及其组织方能够正常地运行、健康地生存、经得起风险的挑战和考验。很多情况下，一次活动取得成功并不难，难的是一直成功地做下去，而不出现重大失误。现实中多数企业、组织或个人，没有在风险中倒下去，虽不能说成功，但却能够正常地生存下去。我们从2000年创业开始，算起来做风险管理到现在已10多年了，远远没有达到像成功学里讲的那样成功，只不过是活了下来而已。企业运转就像人的生命一样，有时的确非常脆弱，风险管理能够让风险像机体内的"疾病"一样，从疾病初期就得到控制，它是企业健康生存的保障。虽然做了风险管理不一定成功，但是成功却离不开风险管理。没有风险管理，即使成功了，也是暂时的。活动风险管理[2]（Event Risk Management）是对活动过程中风险及其发生后的后果的控制，它对活动的正常运行至关重要。

从里向外看，活动风险管理是通过风险团队、风险评估、风险分析、风险计划、风险工具、媒体（风险）管理等这些基本模块，对活动中的风险进行控制。本书通过这些基本模块以及常见风险和看不见的风险，讲述在活动中怎样保护参会者的人身安全、生命健康，怎样保护各利益相关方[3]的切身利益、财产安全，怎样保障活动的流程顺利、资料安全，怎样避免或减轻经济损失，怎样实现风险转嫁[4]，怎样制订应急预案，怎样有效实现活动的目标，怎样做好紧急事态下的媒体管理，怎样维护活动组织方的声誉和品牌等内容。

活动风险管理是底线思维，它在客观上要求我们一直思考怎样避免风险、避免失败。成功的活动，不一定风险管理做得好；不成功的活动，一定是风险管理没做好。

四、其他相关概念

在活动风险管理的基本概念中，尽管风险（risk）、突发事件（emergency）、危机（crisis）、灾难（disaster）这几个词经常交换使用，但它们在含义和覆盖范围上有所不同。

活动中的风险，需要强调的是，它是一种可能性，它指的是活动过程中给各个利益相关方造成损失或伤害的可能性（potential or possibility），一旦发生会给活动带来负面影响。

活动中的突发事件指的是人们始料未及的、必须快速应对处理的紧急事态，处理不当会带来各利益相关方的财产损失、身体伤害、生命危险、信誉损害等，引起活动中断、业务中断、经济损失等。突发事件有短期可预知的和不可预知的之分，短期可预知的有极端天气、罢工、流行疾病等，不可预知的有现场暴力、火灾、食物中毒等。

活动中的危机是突然发生的、处理不当会严重危及活动各利益相关方形象、利益、生存和发展的事件。危机可以是实体危机，比如在海上游轮内开会时全体与会者失踪；也可以是虚拟危机，比如某活动场馆刚发生恐袭的消息让未来参会者觉得那里不安全，或者某活动组织方关键人物携巨款而逃，让准备参加活动的人闻风生畏。

活动中的灾难则是自然地或人为地突然发生的、短期内带来重大损失或严重伤害的事故。灾难没有实体与虚拟之分，灾难是实实在在的。

除了风险是可能性因素之外，突发事件、危机和灾难这三者都是风险发生后的后果（Hilliard，2006，p.672）。

会展活动中并不只是鲜花美酒，过程中充满各种大大小小的风险。一场活动办下来，可能客人并没有感觉到什么风险，但是作为承办者，我们心里明白整个过程中遇到了多少次风险的挑战。就像海底捞的老板张勇说的那样：客人觉着海底捞服务好，是因为他们不专业，客人对服务差的地方觉得无所谓，但从专业的角度来看，服务做得还是有些不尽如人意。

活动风险管理的四个基本步骤是：①提前计划；②迅速反应；③减轻危害程度（包括减小风险发生的可能性及减轻发生后的后果）；④全面恢复（包括无形资产的恢复、声誉恢复等）。

活动风险管理中的人员培训、咨询和聘请专家、合同及谈判、购买相应保险等工作环节，都属于上述第二步，在风险发生前后"减轻危害程度"的范畴。

有经验的风险团队，通常能预测到某次会展活动的常见风险范围、风险发生的概率并做出风险评估和风险分析，在此基础上制订出风险管理计划及其相应的应急预案，安排好风险快速反应团队，提前准备。

如果是国际性活动，不管在境内还是境外举办，需要了解或者向专家咨询相关国家的法律、政策和文化习俗，以避免执行风险计划过程中不必要的麻烦和纠纷。对于初涉活动风险管理的人来说，可能对其品性及重要性认识不足，也可能经历一个从一片空白、没有头绪到突破空白、进入角色的过程。

五、基本工具

合同是风险管理的一个基本工具，所有会展活动都牵扯到组织方和分供方[5]的合同。分供方是质量管理术语，指的是供应商，在活动管理中包括酒店、会展中心、展览综合服务商、广告公司、音像公司、搭建装修公司、花卉公司、注册公司、安保公司、运输公司等。出资方出资，分供方提供产品或服务，合同约定双方或多方的关系。不管是大型活动还是小型活动，最复杂的合同应该是主办方和场地提供方之间的合同，合同内容包括对会展活动过程中可能出现的问题、风险发生后的责任的约定，缔约各方通过合同来保障双方的合法权益。近年来的趋势是，场地提供方越来越多地把风险转嫁给会展活动主办方。

理想情况下，合同双方都有履行合同的义务，并为未履行合同的行为做出赔偿，但事实上并非如此，常有例外让合同无法执行。比如不测事态、不可抗力、合同无法实施、合同目的落空（合同条款履行了还不如不履行）、恐怖活动、流行传染病、罢工、纠纷等。所以在讨价还价之后签了合同并不等于万事大吉，还要买好相应保险，以保护自己、自己的组织以及各利益相关方的利益。

另一个基本工具是保险，尽管严格说来保险也是一种合同。活动中的风险，有些可以通过合同和保险来转嫁给第三方，有些可以通过合同及其谈判过程化解掉。关于活动保险的细节，请参阅第七章第一节。

这两个基本工具的背后，特别是合同的背后，一定是由谈判来支撑的。几乎所有的商务谈判，其目的都是签订合同。同时，活动中的很多风险，也是在谈判中提前化解的。所以掌握了保险、合同及其背后的谈判，就掌握了风险管理的基本工具。

第二节 风险意识及风险管理功能

一、风险意识

风险"意识"并不是抽象的词藻，它是很具体的，它是人们对风险的觉知和准备采取行动的意向，是活动能够平稳运行的理念支撑。风险意识让我们知道活动风险管理是活动正常运行所必不可少的幕后工作。与幕后对应的是台前，参加活动的人在台前之所以能够享受"岁月静好"，是因为幕后有风险团队在保驾护航。

活动管理是个过程管理，从底线思维的意义上说，是对这个过程中潜在风险的管理。

凡事预则立，不预则废，事先做好计划，做好准备，才能有备无患。会展策划和会展运营不仅需要战略战术，还需要有一支沉着、坚定、勇敢、富有风险忧患意识的团队。再幸福的人都有过悲欢离合，再顺利的活动中都潜伏着风险。另外，要坚信没有战胜不了的困难，坚信没有过不去的坎儿。最大的风险是在风险来临时的一无所备。

由于风险只是一种可能性因素，活动风险管理中经常遇到的一个挑战是主办方、承办方的决策者不愿意为风险管理投入预算，觉得活动搞了这么多年，还没遇到过什么大的风险，为什么要白花这笔钱？实际上，风险就在我们身边，只是我们不能预知它的发作时间而已。就像昨晚虽没有盗贼上门，今晚仍然不能敞开大门，得照例去关门上闩一样，不能说上次活动没有遇到麻烦，这次活动中风险管理就可以缺位。经历了风险、危机、灾难发生后的后果，经过痛定思痛之后的归因总结，才知道"年年防旱、夜夜防贼"是多么重要。这方面需要我们耐心地与有关决策者沟通到位，尽到责任，等待决策者定夺。客户认为风险管理不重要，是因为客户不专业；客户如果专业了，风险管理团队也就没有存在的必要了。树立风险意识并做好风险管理，需要有耐心，受得了暂时不被人理解的委屈。

在一场活动从最初策划到中间执行再到效果评估的整个过程中，决策者的风险管理意识很重要。在大型活动的实际运作中，决策者至少应该把一半以上的精力用于风险管理。决策者需要清楚地知道为什么要做风险管理以及怎样做好风险管理。不能因为做了风险管理，但风险并没有发生就否定风险管理的重要性和必要性，要知道风险管理属于战略管理，其目的是防患于未然。然而遗憾的是，我们在调查和观察中发现，很多时候因为工作忙或缺乏兴趣，决策者让下属替代他来参加活动风险管理会议。有的决策者对风险管理没有耐心，可能是在活动顺利进行的情况下造成了一种错觉，觉得风险管理"没有用"。为了利润再高一点、成本再低一点，就舍不得为正常的风险管理工作投资，非要等到事故发生之后才意识到风险管理那看不见的作用。

风险管理贯穿于整个活动策划和运营的全过程，风险团队必须提前到位并在风险评估和风险分析方面提前培训，风险计划及其应急预案必须提前做好，等到风险发生之际或危机灾难来临之时再做计划、再组织团队实施计划就来不及了。所谓"血的教训"，就是因为没有防患于未然。

能称得上"血的教训"的灾难，其发生概率相对较低，多数会展活动的从业者可能一生中不一定能碰上一次。实际工作中经常发生的风险，大都是危害程度较小的事件。近年来的调查显示，活动中的经济风险一直很受重视，安全风险也越来越受到重视，但是对活动本身的质量风险、活动中的服务质量风险、活动和企业的信誉风险、活动和企业的品牌风险等仍认识不足，或者说对活动风险缺乏系统的认识和管理。

美国会展业委员会在2014年出版的新标准中已经明显提升了活动风险管理知识和技能在整个标准中的比重和排名，把活动风险管理作为会展活动专业知识体系的十大模块之一，排位第三，仅次于战略策划和项目管理。我们希望《活动风险管理》一书的内容能够在系统性和科学性方面带给读者一些思考，为会展活动的成功举办和在形成民族会展品牌方面起到一点促进作用。

二、风险管理的功能

会展活动和其他服务产品基本上一样，是即时性产品，在提供产品的同时就被消费者消费了。它不像实物产品，发现不合格了可以重新生产、可以退货、可以返工，会展活动产品没有这样的机会。实际情况是，在活动运行过程当中，经常有想不到的事情发生，就是英文中所讲的 you have to expect the unexpected in an event。所以会展活动的质量只能靠活动前长时间缜密的准备和强大的应急预案来支撑，应急预案和紧急情况下应急团队的反应速度是活动风险管理中非常重要的组成部分。等到风险出现时再制订计划、组织实施就太晚了。会展活动风险管理中常见的两个工具是合同和保险。在合同的背后，是商务谈判，它能在很大程度上化解潜在风险。

就像一辆行驶中的汽车需要油门和刹车那样，在活动的整个准备和展现过程中，也需要油门和刹车。风险管理就像汽车的刹车一样，它让活动具有刹车功能，因为它可以防范、减缓事故灾难。有了刹车我们才敢踩油门；没有刹车，油门是不敢踩的。

风险管理属于底线思维，它的目的是防范风险，控制风险，降低事故、危机和灾难造成的损失和负面影响。需要说明的是，并不是汽车有了刹车就一定不会有风险，不会发生事故，只是说汽车如果没有刹车是万万不行的。会展活动这部汽车，它必须要有油门和刹车。在汽车运行过程中，需要踩油门，也需要踩刹车。踩油门需要有一批人，如会展策划者、创意设计者、会展营销者等，如果没有人踩油门，汽车不会前进；踩刹车也需要一批人，这就是活动的风险团队。如果没有人踩刹车，就可能会发生剐碰、发生事故，甚至车毁人亡。运行中的汽车，只有避免了风险，才能到达成功的彼岸；会展活动有了风险管理来保驾护航，才有可能实现活动的目标，给各个利益相关方以回报。

风险管理的最高境界是防患于未然。但遗憾的是，如果一个活动进展顺利，没发生什么风险，人们会觉着风险管理没必要、毫无意义甚至多余。然而，一旦活动中爆发风险，发生大事故，影响到活动及其组织方的声誉、品牌、生存或能否可持续发展，在痛定思痛之后人们终将意识到风险管理的重要性。希望各位活动专业人士警钟长鸣，知道我们的服务对象是高密度聚集的人群，活动风险管理就必然成为一种责任，更是长远战略。

活动风险管理一直在路上。

【名词解释】

1. 活动（events），指会议、展览及各种活动。本书中所说的会议、会展、会展活动、活动等概念，是同一个意思。详见本章的延伸阅读。

2. 活动风险管理（event risk management）。活动风险管理是对活动过程中的风险进行风险评估/风险识别、风险排序、风险应对、减少损失、媒体应对、效果评估等模块组成的整个过程及其循环的控制。活动风险管理的目的是让活动运行平稳（go smooth）、避免风险发生和减轻风险发生后的损失，从而提升活动成功的机会，顺利实现活动目标。活动风险管理的具体做法可以简单地概括为，识别活动过程中损失、损害、伤残等情况发生的可能性，并为这些可能发生的情况准备好应对办法或买好保险。

3. 利益相关方（stakeholders），指在某一活动中有相关利益的个人、团体或组织，他们为实现活动目标投入了时间、资金或精力，并在活动成功后从中受益。活动的利益相关方包括：活动的主办方、承办方、组织方、场馆方、参加活动的人及其批准者、买家、参展商、赞助商、供应商、活动目的地、媒体等。

4. 风险转嫁（transfer of risks），也叫风险转移，指通过合同或非合同的方式将风险转嫁给另一个人或单位的一种风险处理方式，是对风险造成的损失或承担的责任的转嫁。比如购买保险就是转嫁风险给保险公司。

5. 分供方（sub-contractor），质量标准术语，就是供应商（supplier）。早期惯例中，供应商只提供产品，分供方却提供产品和服务，随着社会分工的发展现在两者之间的区别越来越模糊了。

【思考题】

1. 风险管理与失败之间的关系。
2. 风险管理与成功之间的关系。
3. 风险管理与生存之间的关系。

【本章参考资料】

1. Hilliard T. W.. Risk Management. Convention Industry Council Manual（9th ed., pp. 60）. CIC Publications，2014.
2. Hilliard, T. W.. Risk Planning and Emergency Management. PCMA's Professional Meeting Management（5th ed., pp. 672）. Dubuque, IA: Kendall/ Hunt Publishing Company，2006：672.

【延伸阅读（一）】

美国会展业委员会昨日更名

今天上午收到雨阳老师发过来的几条短信，才得知美国会展业委员会（CIC）已正式更名为 Events Industry Council（EIC）。

自成立之初，CIC 就把"会展业"叫作 convention industry；2012 年，CIC 制定新标准时，为了更好地国际化，在新标准中把 meeting、convention、exhibition 和 event 等统称为"event"。从 2017 年 4 月 26 日起，CIC 的名称也改了。

News Headlines

All news

Introducing the Events Industry Council

Apr 26, 2017

Discover the new name and look for the Events Industry Council.

The Convention Industry Council is pleased to announce it is now the Events Industry Council, and revealed a new logo to correspond with its name change. As a leader in the business of events, the Events Industry Council represents a collaborative industry of innovators and thought leaders who drive our profession forward. After a rigorous process to understand the needs of all organizations represented, the Events Industry Council recognized the value and relevance it provides to its members as the global champion for event professionals and event industry excellence.

The Events Industry Council will continue to power the Certified Meeting Professional (CMP) program, driving and advancing the education, certification and professionalism of the industry. Event professionals with the CMP designation represent the best and the brightest throughout the world, and will continue to proudly display their accomplishment of the CMP milestone.

Announcing the Events Industry Council

The Convention Industry Council Board and our Brand Task Force recognized a need to refresh and refine our organization's brand to ensure that our focus and work provided true value to our members, all Certified Meeting Professionals (CMPs) and the industry we all serve.

To be truly representative of our industry, it became apparent a name change was needed to better reflect the direction of the industry and the organizations we represent. 'Events' consistently came to the forefront as the most universal, progressive, and preferred descriptor.

Beginning today, we are the Events Industry Council. Your credential remains the same — Certified Meeting Professional — but your credential is taking on a fresh new look.

We hope you are proud of the new look for your credential. **You are a CMP — powered by the Events Industry Council.**

Please note our new website is www.eventscouncil.org.

根据官方声明，CIC董事会和品牌委（Brand Task Force）认为，此次更名有利于CIC更好地反映行业发展的方向，因为event这一词汇更显国际化、更与时俱进，并能更好地描述"会展"的内涵。协会更名后，原有的认证项目 CMP（注册会展师）名称保持不变，但内涵将发生变化（taking on a fresh new look）。

其实，在很长一段时间内，CIC 所定义的 meeting 是一个宽泛的概念，包括会议、公司活动、展览会等。*CIC Manual 8th Edition* 一书的开卷前言中写道："The Convention Industry Council（CIC）defines a meeting as 'a coming together of a number of people in one place to confer or carry out a paticular activity'."在其老版网站上一直用这样一句话来表述会展业：the meetings, conventions, exhibitions and events industry。这下好了，全部用 events industry，简洁明了，也符合欧洲的习惯。

那么问题来了，如何翻译 events industry？

根据我的观察，国内学者对其理解大致可分为"活动产业"和"会展业"两类。对于两者的边界，还会存有争议，这很正常。关键是，我们在做研究、做统计、制定产业政策或开展专业教学时，要界定清楚自己所指的是什么，切忌胡子眉毛一把抓。

借 CIC 更名的机会，我想再次强调自己的几点基本判断：

1. Event 作为一个更具包容性的词汇，能把会议、展览、公司活动、奖励旅游、婚庆等不同领域的力量聚集在一起，这有助于提升整个活动产业（会展业）的地位和影响力。这些人所形成的群体，就是我所提及的"会展大家庭"。

2. 正因为这样，大家要寻找共同点，否则不同领域的专业人士不可能 play together。从学科角度来讲，要进一步凝练和强化 event 的本质属性，构建 event studies(eventology)的学科体系。

3. 用 event 的思维来理解当前中国的会展业和会展教育，更容易发现这个产业以及专业教育发展拥有广阔的前景。Getz 的"event studies–event management–event design"提供了一个很好的思路。

4. 单从项目管理的角度来讲，Event Management Body of Knowledge（活动管理知识

体系，简称EMBOK）的完善显得至关重要，而且还有很大的空间。

5.在相当长时间内，"会展"和"活动"两个词汇仍将交替使用。

6.期待旗帜鲜明地以"活动"为主题的行业专业会议的出现。

资料来源：王春雷.活动研究（微信公众号），2017-04-27.图片来源：EIC官网.

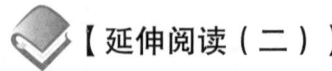

【延伸阅读（二）】

美国活动业委员会EIC简介

美国活动业委员会EIC（原名会展业委员会CIC）成立于1949年，最初只有四家会员单位、两个买家和两个卖家，当时名叫CLC，是The Convention Liaison Council缩写来的。2000年由CLC更名为CIC（Convention Industry Council），2017年又更名为EIC（Events Industry Council）。今天EIC的30多家会员单位中，还是行业买家和行业卖家各占50%的。1961年出版了《会展手册（CIC Manual）》第一版，现在已出版到第九版。

EIC的职能是领导行业教育、创新行业实践、制定行业标准、增进活动产业的科学性和艺术性、提升从业者的专业化水平。

下面是EIC官网（www.eventscouncil.org）上公布的会员单位名单，大家熟悉的MPI、PCMA、IAEE等，都是EIC的会员单位。IAEE提供CEM认证，EIC提供CMP认证。

01. AMC Institute

02. American Hotel & Lodging Association（AH&LA）

03. ASAE & The Center for Association Leadership（ASAE & The Center）

04. Association of Collegiate Conference and Events Directors-International（ACCED-I）

05. Association of Destination Management Executives International（ADME International）

06. Convention Sales Professionals International（CSPI）

07. Corporate Event Marketing Association（CEMA）

08. Destination Marketing Association International（DMAI）

09. Event Service Professionals Association（ESPA）

10. Exhibition Services & Contractors Association（ESCA）

11. Federacion De Entidades Organizadoras De Congresos Y Afines De America Latina（COCAL）

12. Financial & Insurance Conference Planners（FICP）

13. Hospitality Sales & Marketing Association International（HSMAI）

14. IACC

15. International Association of Exhibitions & Events（IAEE）

16. International Association of Professional Congress Organisers（IAPCO）

17. International Association of Speakers Bureaus（IASB）

18. International Association of Venue Managers（IAVM）
19. International Congress and Convention Association（ICCA）
20. International Live Events Association（ILEA）
21. Meeting Professionals International（MPI）
22. National Association for Catering and Events（NACE）
23. National Coalition of Black Meeting Planners（NCBMP）
24. National Speakers Association（NSA）
25. Professional Convention Management Association（PCMA）
26. Protocol & Diplomacy International – Protocol Officers Association（PDI-POA）
27. Religious Conference Management Association（RCMA）
28. Society of Government Meeting Professionals（SGMP）
29. Society for Incentive Travel Excellence（SITE）
30. Society of Independent Show Organizers（SISO）
31. Southern African Association of the Conference Industry（SAACI）
32. U.S. Travel Association（U.S. Travel）

资料来源：①Milton T.Astroff, James R.Abbey.Convention Management and Service（7th Edition）[M].CT Connecticut:Waterbury Press，EI of AH&LA. ② EIC 官网.

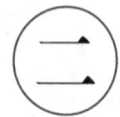

风险团队

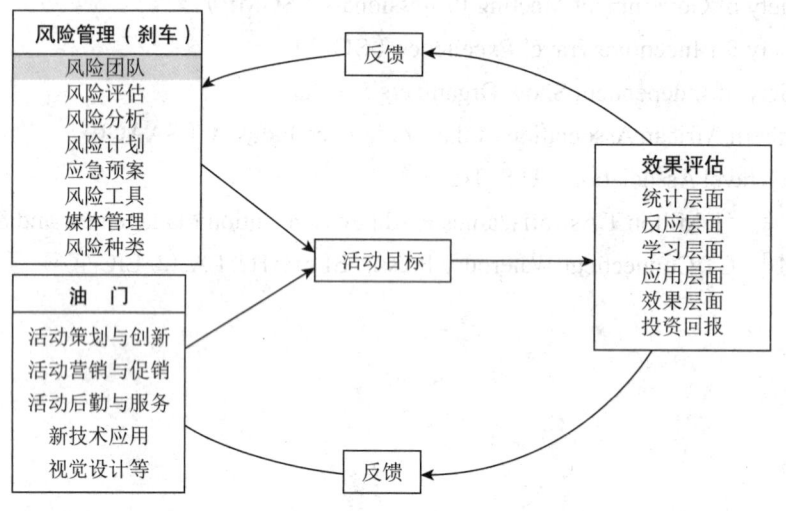

【学习目的】

- 理解内部风险团队、外部风险团队
- 理解风险团队的职责
- 有风险宣传教育意识
- 树立防患于未然意识
- 能够组建风险团队

第一节　风险团队存在的必要性

一、活动中安全感的重要性

安全感是人的基本需求之一，一个活动需要让参会者有安全感，否则谁会来参加这个活动？根据国际会议专家联盟（MPI）2016年的行业展望调查报告（MPI Meetings Outlook Report），业内44%的会展师对会展活动中参会者的安全状况感到担忧，48%的会展师预计活动中的安全保证成本会上升。参会者的安全感和活动期间的安全问题是活动管理中非常重要的问题，尤其是在大到恐怖袭击越来越频繁和反恐形势越来越严峻、小到食品安全事故多发的今天，活动产业作为人群高密度产业面临着前所未有的威胁和挑战。除此之外，参会者是否会在活动中受伤、发生意外，各个利益相关方是否会出现经济损失、信誉损失等，都与其安全感直接相关。

活动中的风险管理，不仅包括一般的风险管理，还包括突发事件和紧急事态的管理、危机和灾难的管理，这些管理模块之间的区别是风险发生后其危害程度的不同，有的只是让参会者不满或者一度紧张，有的则与参会者的生命健康安全息息相关，所以应急预案的级别[1]和反应团队的组成也因紧急事态发生后危害程度的不同而不同。

只有风险意识远远不够，必须有时刻准备着的风险团队，在提前制订的风险计划、应急预案下待命。小时候常听村里老人讲，"年年防旱，夜夜防贼"，这是祖祖辈辈传下来的风险意识，如果防旱团队不到位，每天晚上没有专人去关门上闩，那防旱、防贼的风险意识就只是一句空话，防旱防贼就不能落地。就像昨晚虽没有盗贼上门，今晚得照例有专人去关门上闩一样，不能说上次活动没有遇到麻烦，这次活动中风险团队就可以缺位。

任何一个活动的风险团队都要按风险计划行事，人员提前到位，时刻准备着，防患于未然。遗憾的是，现实对风险团队多少有些不公。如果风险管理做得好，一个活动进展得顺利，运营过程中没发生什么事故或没出现什么紧急事态，让人们没有感觉到什么风险，大家会觉得风险团队根本不存在、没必要或者多余，甚至觉得风险团队的存在毫无意义。

二、防患于未然

风险计划也好，应急预案也罢，说到底需要有一个精良的风险团队，风险团队如能防患于未然，那是成本最小的，也是效率最高的。

春秋战国时期，我国有一位神医，就是大名鼎鼎的"扁鹊"。扁鹊出自中医之家，两个哥哥都是医生。在谈到他们兄弟三人谁的医术最高的时候，扁鹊说："我们三个人各有侧重，各有所长，但论医术的高明程度，大哥最好，二哥次之，我是最差的一个。"扁鹊的回答，魏文王听得十分纳闷，于是问："可你是全国知名的神医，他们的名气显然不如你。既然你不如他们，为何最出名？"扁鹊解释道："大哥治病，是在病情发作之前，那时候病人自己还不觉得有病，但大哥就下药铲除了病根，由于一般人不知道他能事先铲除病因，让他的医术难以被人认可，所以他的名气就无法传出去，只是在我们家中被推崇备至。二哥治病，主要是治病于病情发作初起之时，症状尚不十分明显，一般人认为他只能治轻微的疾病，所以他的名气也只传于乡里。我治病，通常是治病情于最严重的时候，病人痛苦万分，病人家属心急如焚。此时，他们看到我在经脉上穿刺，用针放血，或在患处敷以毒药以毒攻毒，或动大手术直指病灶，使重病人病情得到缓解或很快治愈，所以才误认为我的医术高明，自然我就名闻天下。"实际上，扁鹊三兄弟都好，他们一脉相承，不分彼此，解决患难者强，防患于未然者神。如果说有分别的话，扁鹊的战术好，能解除病人的痛苦；大哥的战略高，能防患于未然。

除了天灾之外，活动中的人为风险，通常有一个演变发展、从量变到质变的过程，就像机体内的疾病从病灶产生到病情发作的过程一样，如不及时治疗，它会从小变到大、从感觉不到变成病情严重。如果在爆发之前能得到有效控制，常见的人为风险并不一定会发生。一旦风险发生，便会演变成为突发事件、危机或者灾难。活动风险管理是从战略上考虑风险发展变化的全过程，从战术上配备具有相应技能的内外风险团队，所以扁鹊三兄弟的角色在风险团队的人员技能配置中都有相应的体现。

但凡是战略层面的东西，它一定是格局大、眼光远、总体成本低，因为它是在经营现在的同时，谋划着未来。虽然活动风险管理及其风险团队的目标和使命是保障活动顺利进行，在突发危机和灾难后把损失降到最低程度，但是活动风险管理及风险团队的最高境界仍然是防患于未然。从这个意义上说，风险管理是风险团队的一种软实力，它需要风险团队人员具有能够长期忍受默默无闻的耐心，经受得起被人误解，他们相信金子迟早是会发光的，浮躁是他们的天敌。

第二节　风险团队的组建及工作

活动的风险团队是活动风险管理中的人力资源。任何一个单位或组织，但凡要举办一个稍有规模的活动，风险团队必须提前到位，风险团队是风险计划落地的载体。很多酒店、会展中心的安保部或风险防范部都有其现成的风险团队，但是他们的关注点在会展场馆上，所以他们只是风险团队的外延。活动的风险团队关注的，是从策划、准备到运营的整个过程以及这个过程中的风险。一次活动的风险团队，其职能、组成和特点会因活动的不同、举办单位的不同、举办地点的不同、举办时间的不同而不同。

所以，当风险管理的战略运用到具体活动时，一定要注意和该活动的目标、特点、举办的时间、地点等具体情况相结合。我们经常看到，同样一个活动，今年在这个城市搞，明年在那个城市办，即便是同样一批人参加，也会因为时间、地点的不同，从而使每一次活动都面临不同的风险。正因为如此，通常的风险管理套路需要根据活动的具体情况而做出相应调整，风险团队的组成也不尽相同（Hilliard，2006）。

一、风险团队的组建

关于风险团队的组建,美国联邦突发事件管理局(Federal Emergency Management Agency,FEMA)在其颁布的《工商业突发事件管理指导》一书中指出,必须安排专人或团队来负责活动的风险管理,风险团队的职责是:起草应急预案,定期复核应急预案,必要时修订应急预案,并在紧急事态发生时作为现场应急行动的指挥部。尽管不同活动的风险团队不同,不同活动组织方的风险团队也不相同,但是FEMA给出的组建风险团队的指导原则是(Hilliard,2006,p.673):

(1)风险团队成员——风险团队成员要积极活跃,能担当风险顾问这一角色。虽然大量的实际工作只落到一两个人的头上,但所有风险团队成员要事先和各职能部门充分沟通,包括管理层、财务部、营销部、法律部以及活动的主办承办部门,充分听取各方在风险方面的意见和建议。

(2)管理层支持——风险团队必须得到管理层的切实授权,管理层要重视风险管理,风险团队的领导最好由管理层人员兼任,以便顺利制订出切实可行的风险计划和应急预案、申请风险管理预算。由于风险团队的成员通常都是内部有经验的员工来兼职做的,所以管理层的支持、与各部门的协调也很重要。很多大型企业、机构有专人(Risk Officer)负责日常风险管理工作,至少每个季度开一次会分析和评估潜在风险。普通员工在工作中发现有可能存在的风险,也知道通过什么渠道向谁报告。

(3)任务和职能陈述——制订出风险团队的目的目标、职能任务,以便得到管理层的支持和紧急事态时上上下下的鼎力配合。

风险团队通常由内部团队和外部团队组成。对于重要活动,如果活动组织方没有自己的风险团队,可以考虑聘请专业风险管理公司、危机管理公司介入,或外包风险管理业务。

我们通常说的风险团队,如果不特别指明的话,通常指内部风险团队。理想情况下,一个活动的内部风险团队由主办方/承办方各个部门、活动的各个利益相关方以及活动流程中各个环节的代表组成,大家按照本次活动的风险计划相互协调工作。如果漏掉了哪个部门、方面或环节,与其相关的风险就有可能被忽视。风险团队的成员通常并不是专职的风险管理人员,而是各部门、各模块中富有经验、善于思考的人,他们对可能发生的风险心中有数,并深知风险发生后可能带来的后果,大家为了活动风险管理的共同目标,走到了一起。通过就本次活动的具体情况和活动前、中、后面临的风险或威胁进行头脑风暴,用沙盘模拟出活动可能面临的风险,并制订相应的应急预案。

外部风险团队通常包括但不限于,场地方的风险团队、安保人员、医疗救护人员、消防救援队伍、心理干预专家以及员工心理救助人员等。必须说明,内部风险团队和外部风险团队有时难以区分开来,特别是活动规模比较小、风险比较低的时候。外部风险团队不一定每次活动都到位,在应急预案中有外部风险团队的联络渠道、联络人及其联系方法就可以了。外部风险团队一般情况下同时和多个组织或单位合作,哪里有突发事件就奔向哪里。

如果活动期间遇到像"9·11"恐袭或汶川"5·12"地震那样的灾难("9·11"当

天当地就有正在进行中的会议），风险团队中除了心理救援队伍之外，还需要一支二线的心理干预队伍来对一线的救援人员包括心理救援人员进行心理维护，这个概念最早来源于大型企业的员工援助计划（Employee Assistance Program，EAP）和组织压力的解决方案，后来发现在活动的紧急事态或大灾大难后的减灾（Mitigation）方面有不可或缺的作用。

比如，在"5·12"地震后，很多志愿者包括心理救援的志愿者奔赴汶川，大部分心理救援人员每天的工作就是把自己的肩膀拿给别人靠，让别人靠着他们哭，其他什么事情都没做。但是接下来之后，二级的心理干预人员每天要做一件事，就是找一线的心理救援人员聊天，让他们把心里受不了的东西也释放出来，因为在他们之前的生活中没有遇到过特大灾难事件之后的悲泣场面。心理救援团队不仅要解决经历灾难的这部分人的心理问题，还要去关注来帮助解决危机的那部分人的心理健康，在这两个层面上去解决心理救援问题。这才是完整而实际的风险团队，否则，别人还没帮助好，却把自己搭进去了。

成功、圆满、顺利地举办一个活动不容易，背后的辛酸和汗水只有自己知道。参加一个活动和筹办一个活动是完全不同的两个概念，想想参加别人的婚礼和筹办自己的婚礼过程就知道了。参加别人的婚礼需要两三个小时，筹办自己的婚礼没有三个月到半年的时间准备不行。马上就到大婚的日子了，还是发现有地方没准备好，有些地方疏忽了，有的地方有漏洞，忙得不可开交，还有可能婚前整个一个礼拜里因丢三落四睡不好觉。一场婚礼操办下来，方知道什么是"台上一分钟，台下十年功"。

一个活动，少则几个小时，多则很多天，可能比承办婚礼要复杂得多，其成功举办的背后，是和场地方协调，和餐饮方沟通，让 A/V[2]、搭建装饰、花卉艺术等供应商按照 ESG[3] 中的时间、空间、质量等要求提前准备到位。到了活动开幕的时候，现场还可能出现演员迟到、给素食客人上来荤菜这样的小问题，也可能遇到像"9·11"、汶川地震那样的不测灾难。这些都是内部风险团队需要考虑的。

二、风险团队的工作

风险团队的工作，也就是其分内职责，是要保护：人、财产、无形资产、活动本身。

对风险一无所知的人，其实很幸福，特别是在风险不断积累但是终究没有爆发的情况下。可惜风险团队的人员大都知道风险发生后的后果，脑海间时常浮现着风险爆发后的情境，心里便总有放不下的责任。

风险团队的分内责任是做好风险评估、风险分析、风险计划，编制基本预算，用好风险工具，重大事故后的应对媒体，与各个利益相关方充分沟通，做风险管理的效果评估等。但是风险管理工作能否按计划落实，很大程度上取决于活动组织方的决策者，风险计划要能落地必须得到管理层的理解和切实授权。

2016 年 8 月，笔者开始关注国际特殊活动协会 ISES[4]（现名 ILEA）。改名前，在恐袭事件频发的背景下，ISES 总部的 Kelly Rehan 以威胁参会者人身安全的风险为话题，组织了一次由四位来自世界各地的顶级活动管理专家（top event management professionals）参加的高端访谈，这四人都是 ISES 的会员，分别是伦敦的 Jane Hague、悉尼的 Romaine Pererra、加利福尼亚的 Heather H. Thomas、北卡罗来纳州（美国）的 Sally Webb，他们都是企业高管或行业专家。下面是这次访谈的部分摘录，我们可以从中看到国际会展界风险团队的分内职责及其面对的挑战。下面这六段内容为访谈中不同受访者的谈话内容,所以各段之间不存在上下一致的逻辑关系。在原文中找不到这次访谈的具体时间,特向各位读者致歉。从访谈内容看,应该是在波士顿爆炸案后到 ISES 改名前这段时间内,即应该在 2013 年 5 月到 2016 年 5 月之间。

尽管近年来恐袭事件频发,但客人的反应最多就是不去刚刚发生过恐袭的地方举办和参加活动,但是要说起风险计划、应急预案这些事,那几乎全是我们的责任,客人不管。我们的风险管理模式也没有太大的变化,客户在咨询时鲜有主动问及活动中风险管理的细节,怎样根据所面临的挑战做好风险管理,应该是我们的分内责任和义务,通常是我们主动问客人要不要考虑保险责任以外的风险。

在活动准备期间,我们会每周,必要时每天,从外部渠道获取安全情报并及时通知供应商。如果其中有和我们有关的,有和活动有关的,我们会和警察局联系以进一步获得情报细节,然后做出风险评估、风险分析和风险计划,和我们的判断依据一起呈交给客户,让客户参考定夺。我们采取的措施包括,提升防范措施级别,培训风险团队人员,包括内部风险团队和外部风险团队,使每个人都能在紧急情况下快速做出反应。我们也要求各个供应商做出自己的风险评估,并把他们的评估结果融入我们的风险计划当中,整个系统在计划上保持一致。

保险公司的投保条件在提高,"9·11"事件后一直在提高,尽管近两年提高得慢一点。和 10 年前相比,有关活动的保险条款更苛刻了,尤其是对恐袭和不可抗力,保险费用上调了,但更多风险不在保险责任之列。

由于活动类型太多,客户有时不专业,需要我们把可能的风险及其应对办法耐心地说给他们听。我们不能要求客户也专业,这正是客户找我们的理由,我们必须承担起说服教育的角色。客户喜欢听让人眼前一亮的创意,但与其相伴的风险及安全问题却不愿意听,不愿意听也得说,这太重要。如不提前准备,出了事就来不及了。

我们的客户很好,他们很愿意和我们讨论风险话题,乐于我们能提前想到风险管理。

如果活动在室内举办,风险管理中我们会讨论现场安全、紧急疏散、现场医疗设施、有无恐袭时的安全区域,通常恐袭(包括生化恐袭)和不可抗的灾难被列为大型风险,但是我们没有任何情报能证明会场受到了恐袭威胁。

尽管此处只摘录了这一小部分,但我们还是能够看到,对活动风险团队不理解、对活动风险管理意识淡薄的问题,在哪里都可能出现,不只是我们身边的问题。风险团队人员有时真的是需要有一种能忍受寂寞的情怀,需要一定的坚强和毅力来忍受别人的不理解,以工匠精神默默地为活动的成功保驾护航,"玉在匮中求善价,钗于奁内待时飞",时刻准备着,当活动突然需要你的时候,你就在那儿。

风险发生后,风险团队的工作必须反应快、效率高,这是其工作性质的特殊性使然,特别是重大事故发生后,时间耽误不得。要做到快速、准确、有效的反应,风险团队的工作需要注意三个关键点。第一,统一指挥;第二,权利与责任匹配;第三,有效的管理宽度(span of control)。统一指挥不仅是指突发事件后谁来决定启动应急预案、指挥全盘工作,而且要保证风险团队中的每一个成员任何时候只听一个人指挥。如果一个队员有两个以上的领导,同时听两人指挥或多人指挥,不只是执行层面上的服从冲突问题,

更无效率可言,紧急情况下只会贻误时机。权利和责任匹配,指的是风险团队的领导既然承担了风险管理的责任,就要有与之相匹配的决定权,不需要紧急情况下再临时请示,得到批准后才能启动应急预案。不能只承担责任而没有权利,没有权利就无法在紧急事态下做出快速反应。所谓有效的管理宽度,是指风险团队的领导能够快速准确而有效地管理团队成员。紧急状态下的快速反应和非紧急状态下的岁月静好中处理问题截然不同,指挥五个人没有问题,指挥五十个人就不一定,指挥五百人呢?紧急情况下,要保证反应快、效率高,风险团队的领导者能够最多管理好多少人,这和他的能力、威信、情商、遇到困难时解决问题的态度和意志等心理素质密切相关,是因人而异的。通常情况下,一个有能力的领导者根据以往成败的经验,对于自己完成某一活动任务的有效管理宽度具有明确的判断,知道自己能有效管控多少人。尽管如此,在制订风险计划时仍需要认真考虑突发事件情况下的有效管理宽度,并在风险管理的效果评估中考虑是否需要修正。

风险团队成员需要定期开会,特别是活动开幕前一段时间和活动中需要每天碰头,活动后一周内开总结会。风险团队成员与各部门经理及一线员工之间要有相互沟通机制,在活动现场的重点岗位上要确保风险团队人员在一线服务人员的视线以内,确保新出现的问题、风险、脆弱点能及时被发现并得到控制,突发的大灾大难能得到"军事化"救援。

第三节 风险团队的延伸角色

风险团队的延伸角色,体现在风险管理理念的宣传和教育上。由于活动中的风险发生概率,特别是重大突发事件的发生概率较低,所以活动产业内外有风险意识的人是少数,有时是极少数。

在和平年代待久了,生活中各种保障越来越完善,多数客户通常没有系统的风险管理概念,他们也许会想到给VIP客人加强安保的事,却想不到给参会者、志愿者购买意外保险的事,活动中的风险管理这个环节,要么想不到,要么不重视,经常被忽视、被忘记。这需要我们去耐心提醒、反复说明一个活动所面临的风险及其可能的危害程度。在现阶段,活动风险教育和培训的责任及义务,就落在了活动的风险团队身上,当然也落在了活动专业教育者和专业从业者身上。

身边的很多活动,如果从局外人的角度来看,可能认为非常成功,但是如果从业者的角度来看一次活动,通常都是一大堆问题没解决好。这些问题都是风险,只不过是在活动期间没有明显爆发出来,让外人明显地看出来而已。这行业内外两个视角的不同,正是专业与不专业的区别,越是专业的人看出的问题越多。

活动产业的特点决定了在活动举办的那几天时间里,我们需要大量的临时工作人员和志愿者。遗憾的是,现实中很多活动项目对员工的培训,尤其是对临时工作人员、礼仪人员和志愿者的培训不到位,让参会者常常觉得临时工作人员只是形式上的摆设。曾有一活动发生过此类事情,当活动刚开始不久,参会者问现场的礼仪小姐洗手间在哪里,礼仪小姐回答说:"对不起,我是今天刚来的,请您问保安吧。"这简单的一问一答,暴露出活动的事先准备和培训的不足。参会者如果对本次活动不满意，下次活动的营销就会面临很大的挑战或风险，这方面的问题只对参加活动的人做调查通常反映不出来，而通过对不来参加活动的人进行调查就会知道了。我们说，活动现场的服务人员，包括临时来的礼仪人员和志愿者，都要提前进行一定的培训，让他们知道活动的概况、活动的目标、参会者简况、VIP 怎么辨认、服务要求以及最简单的卫生间位置、消防灭火设备位置、紧急逃生通道在哪里，知道最佳的逃生路线和方式，以便在出现紧急情况时不会茫然不知所措，自己先乱起来。

人无远虑，必有近忧。活动风险教育和培训工作，需要我们以工匠精神不断地展开立体式宣传，面向活动产业的管理者、客户、参与者、员工以及我们身边的朋友们，长期不懈、不厌其烦地坚持下去。活动风险管理，一直在路上。

【名词解释】

1. 应急预案的级别：按照突发事件发生后的危害程度把应急预案分为一级、二级、三级和四级，分别用红色、橙色、黄色和蓝色标示，一级级别最高。详见第六章《应急预案》中的延伸阅读。

2. A/V：指 A/V 设备，会展行业术语，是会展活动现场使用的音频与视频设备的统称。A/V 是 Audio/ Video 的缩写，指带有音频、视频接口的设备，如音响、视频、DVD、功放、投影仪、LED 等实现音频视频信号放大功能的设备。

3. ESG：全称 Event Specifications Guide，尚没有标准的汉语翻译，有些会展企业在用。笔者曾试图把 ESG 翻译成活动流程表、活动执行方案、前期准备和现场作业指导书等，但终觉不大能对上号。如果在体育赛事或运动会上，它相当于"秩序册"，如果在作战室里，它就相当于"作战计划"。美国会展业委员会（EIC）对 ESG 的解释是：ESG is the industry's official term for the document prepared by an event organizer to convey information clearly and accurately to appropriate venues and/ or suppliers regarding all requirements for an event（参考译文：ESG 是会展业内的专业术语，它是活动组织方起草的、发给活动场馆方和活动供应商的、清晰而准确地表达活动各项要求的文件）。活动组织方对活动各项准备工作的要求和活动现场的要求都写在 ESG 中，各供应商一看 ESG 就知道怎么准备、在什么截止日期前准备好、活动现场该怎么运行。ESG 的内容包括三个基本部分：

1) Part 1 – 活动概况。

2) Part 2 – 活动流程时间表，包括同时租用多个酒店、场馆时的流程，各个分会场的流程，晚上演出或舞会的流程等。

3) Part 3 – 布场要求，包括会议布场 Part 3a 和展览布场 Part 3b 两部分。

4. ISES，即 International Special Events Society。2016 年 5 月初，为了适应 DT 时代，ISES 改名为 ILEA（International Live Events Association）。

【思考题】

1. 风险团队的重要性何在？
2. 怎样组建风险团队？你们团队的现有人员中哪些人最适合进入风险团队，为什么？
3. 为什么说防患于未然成本低、效率高？
4. 风险团队的工作内容包括哪些？
5. 为什么制订风险计划时，风险团队通常的倾向是对最近刚爆发的风险做出反应？

【本章参考资料】

1. Hilliard, T W. Risk Planning and Emergency Management. PCMA's Professional Meeting Management（5th ed.，pp. 672-673）. Dubuque, IA：Kendall/ Hunt Publishing Company，2006.

2. Hilliard, T W. Risk Management. Convention Industry Council Manual（9th ed.，pp. 59-76）. CIC Publications，2014.

【延伸阅读】

PCMA 及其会展教材简介

PCMA 是美国职业会展管理协会 Professional Convention Management Association 的缩写，美国人说，convention 在这里是"会展活动"的意思，不单指会议。PCMA 是一个非营利性组织，它是美国活动业委员会 EIC 的会员单位。PCMA 组织编写的、2006 年出版的 *Professional Meeting Management*（第五版）也是本书写作时的主要参考书之一。

PCMA 于 1957 年成立于费城，2000 年搬到芝加哥。经过几十年的发展，现在会员已遍布世界 35 个国家和地区，在美国、加拿大和墨西哥有 17 个分支机构。

自成立之初，教育和培训就一直是 PCMA 的核心工作，《职业会展管理》（*Professional Meeting Management*，PMM）》一书是 PCMA 的旗舰教材，也是本书的主要参考资料，至今已经出了六版，最新的第六版已有汉译本，就是会唐网出的《会议圣经》。（*Professional Meeting Management*，PMM）这本书 1985 年出了第一版，在庆祝 PCMA 成立 50 周年前夕的 2006 年出到第五版。

1985 年，PCMA 的一位狂热志愿者，Barbara Nickols 女士，任 PCMA 教育委员会委员。她发现美国所有大专院校都没有正式的会展管理课程，便结合自己为《会展新闻》做专栏作家的经历，根据当时会展活动组织方的作业流程，向 PCMA 教育委员会建议出一本会展手册并提交了一份会展手册大纲。委员会欣然同意后，他们随即一起组织人力编写，这就是第一版的《职业会展管理》，Nickols 之后因此被称为 PMM 之母。

1989 年，PMM 第二版问世，Barbara Nickols 在编辑上花费了很大心血使各个章节内容前后协调一致，在这方面，后来成为 PCMA 刊物 Convene 主编的 Peter Shure 给她提供了专业指导。

1996年PMM出第三版时，正值美国大专院校的会展专业迅速发展，为在校学生和教师出一本好教材是第三版的主要动因。书中第一次提出绿色会展，书后第一次出现索引和名词解释。

2002年，PMM的第四版中强调了新技术的应用，强调合同的公平互惠，并首次编入风险管理内容。计划把风险管理和应急预案写入第四版的时候，"9·11"事件还没发生。"9·11"事件的发生，让即将出版的第四版写作人员进一步认识到风险管理对会展活动的重要作用。

2006年出版的PMM第五版中，开始包含了美国活动业委员会EIC的APEX（Accepted Practices Exchange）

内容，整个内容紧跟会展业的发展变化，更加实用。APEX是EIC推荐的行业样板。在第四版的修订过程中，有90多位活动行业代表参加了整个内容的审阅，其中每一章至少有四个人分别审阅并提出修改意见。

个人认为，出到第四版和第五版的时候，PMM进入了它的成熟期。它是会展人特别是北美地区会展人，手头离不开的一本综合工具书，书中可以找到各种不同类型会展活动的策划和运营思路。从准备论文的接待（hospitality）专业学生，到遇见问题寻求答案的会展界前辈，从查阅行业标准的会展活动服务者，到学校备课的会展专业老师，如果走近他们的案头，会发现这本书有被反复翻阅的痕迹。

2014年，PMM第六版面世。第六版内容是按照EIC在2012年制定的新标准CMP-IS（CMP International Standards）架构来编写的，同时修订了绿色会展和可持续发展的有关章节并强调和倡导其重要性。第六版有汉译本。

资料来源：Torrence, Sara. Meeting Management By The Book. PCMA's Professional Meeting Management（5th ed.）. Dubuque, IA: Kendall/Hunt Publishing Company, 2006: 745-748.

第三章 风险评估

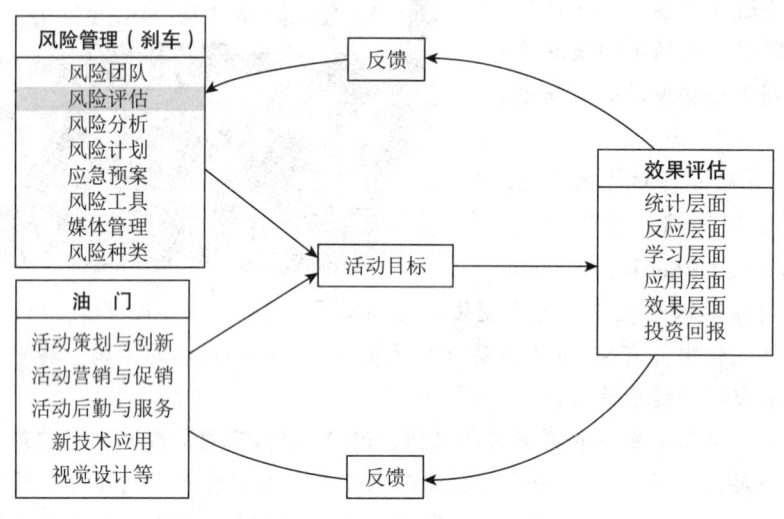

【学习目的】

- 理解风险评估的作用
- 学会从哪些方面去预估风险范围
- 能做简单的风险评估

第一节 怎样做风险评估

风险管理的普遍原理，应用到会展业实际当中的时候，它是这样一个连续不断的循环过程，这个过程由准备（preparedness）、响应（response）、恢复（recovery）、止损

（mitigation）四个模块组成（Hilliard，2014，p.59）。其中的"风险"，是指会展活动中包括参会者在内的所有利益相关方，以及会展活动本身所面临的潜在威胁。其中的"管理"，是对风险发生的可能性进行监视、控制并使风险发生后的负面影响最小化。

在活动风险管理中，风险被定义为不测事态发生的可能性，而不是"发生"本身。风险一旦失去控制，爆发出来（即发生）之后，将对会展活动产生不同程度的负面影响。按其发生后的危害程度，常被分为紧急事态（emergency）、危机（crisis）和灾难（disaster）三种。

在活动目标管理中，活动的风险指的是活动效果的不确定性。前面说的"可能性"和这里说的"不确定性"是两个从不同视角下所说的"风险"，其实是一回事。风险评估[1]，对应的英文是 Risk Assessment，或者 Risk Identification，就是要找出一个具体项目所面临的风险之所在（Hilliard，2014，p.60）及其可能造成的负面效果。这一章，我们讲风险评估，与风险评估紧密相连的是风险分析（Risk Analysis），将在下一章讲述。

请留意这里说的风险评估（Risk Assessment），和另一个概念——风险管理效果评估（Evaluation）——的区别。对于风险管理效果的评估，不在这里谈及。

对于活动组织方而言，在其所有的风险管理工作中，没有比参会者的安宁更重要的事情了，它是实现活动目标所必需的最基本的前提和基础。然而，在长期和平、稳定、无忧无虑的生活环境里，活动中风险管理的重要性常常被人忽视，因为很多活动中的风险并没有在活动运营过程中爆发出来。

实际运作当中，在一个活动项目前期策划的时候，就要纳入风险评估，风险评估是活动风险管理中的第一个重要环节，也是国际会展界在遇到各种麻烦，特别是重大事故，痛定思痛之后总结经验所形成的业界共识。"有备无患"也好，"警钟长鸣"也罢，都是在提醒人们做好风险管理，别在失去之后才知道珍惜。依笔者的经验，在项目策划初期，特别是在活动的举办地和具体场馆确定之后，就要做项目的风险评估。

风险存在于活动的各个环节和整个过程中，常见的风险包括：财务盈亏波动，准备时间不足，上下衔接脱节，过程重复浪费，流程被迫中断，嘉宾临时缺席，餐饮安全问题，过量饮酒事态，偶然极端天气，参会者健康风险，残疾人特殊要求得不到满足，供应商延时拖拉、抗议、罢工、火灾、极端天气、恐怖袭击等。

没有人能预知所有风险，在分析管理的实践中，人们也不会为意识到的所有风险都做好相应的准备。那么，在活动风险管理中怎么进行风险评估呢？

做风险评估最好的办法，就是从自己和别人所犯的错误中找到风险的潜在根源，总结自己和别人失败的经验教训，提前做好准备，以保证活动成功。

为了能在活动风险管理中正确地决策，对一次具体的活动来讲，风险评估就是由活动专业人士和富有经验者一起，结合活动流程、场地和具体的利益相关方，通过头脑风暴[2]来确定本次活动中哪些地方容易出问题、哪些风险最可能影响到本次活动的成功举办，其中哪些风险一旦发生对本次活动的影响最坏，哪些影响次之，哪些又次之。通过这样的办法将活动面临的风险罗列出来，并依次排序。即：

（1）通过头脑风暴确定风险范围。

（2）按从低到高的可能性和从低到高的危害程度，即风险的严重程度分出级别，依次排序（详见第四章《风险分析》）。

头脑风暴（brainstorming）法，是由美国人奥斯本（Osborn，1957）提出的，该方法是团队讨论式的脑力激励法，由团队在自由融洽、不受约束的气氛中，以会议的形式针对要解决的问题进行讨论、座谈，让团队成员毫无顾忌地任意思考，畅所欲言，充分发表自己的看法，一起来提出解决问题的办法。

使用头脑风暴法时需要注意五个方面的要点：①明确需要解决的问题，鼓励每一个团队成员努力提出尽可能多的解决问题的办法；②团队成员间要形成一种气氛，使每一个成员都不用担心自己提出的意见会受到批评，而是相信每种观点都是受欢迎的，甚至包括那些看起来荒谬、狂妄、不合常理的意见也是如此；③每个团队成员都不评价其他人提出的方案，而是鼓励别人充分发表意见；④如实记录每一个团队成员提出的意见，而不是用任何既定标准进行评价性筛选，并在会议结束前鼓励团队成员补充与完善所提出的每一个方案；⑤在会后对每一个方案进行综合评估。

所以，在使用头脑风暴法时，不是不对团队成员提出的方案进行评价，而是为了鼓励团队成员发言而延迟评价，把评价环节放到会后，不放在会议当中。因为对不好的方案进行当场评价会影响或打击发言者的积极性。

头脑风暴法本质上是一个集思广益的过程，它试图发挥团队成员的"社会助长（social facilitation）"作用（社会助长指的是个体的活动效率由于他人在场或参与而提高的现象）。虽然很多时候头脑风暴法的确收到了良好效果，但同时也有不少研究结果（Dunnette，1963; Diehl & Stroebe，1987）反驳了奥斯本的头脑风暴法的效果。这些带有不同声音的研究表明，用头脑风暴法并不一定能得出比个体单独思考更多的问题解决方案，特别是遇到复杂战略问题的时候，个体独立思考比团队头脑风暴得到的办法更多。

在活动的风险评估中，特别是大型活动面临复杂风险的时候，宜采取"民主"加"集中"的办法，即在头脑风暴的基础上再加上专家评估，通过这样的民主和集中来确定本次活动所面临的风险范围，然后报呈决策层审批。

第二节 风险评估的范围

一、天灾人祸

美国发布灾害权威信息的国家防火协会建议，做风险评估时，最低限度要考虑两方面的风险：一是自然风险；二是人为风险。自然风险指地质灾害、生物危害、极端气候等；人为风险又分为偶然发生的风险和有意而为的风险（Hilliard，2006，p.673）。这里自然风险可以理解为我们日常说的"天灾"，人为风险则可以理解为我们日常说的"人祸"，如图3-1所示。笔者认为，天灾人祸的负面效果比

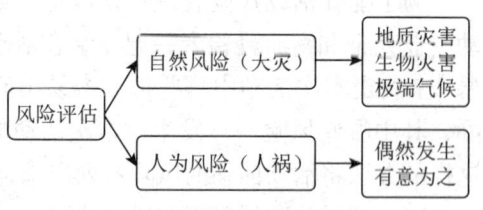

图3-1 风险评估的两个基本点

较大，而在我们日常的风险管理中做风险评估的时候，除了天灾和人祸这两个基本点外，要考虑的另一个基本点是常见风险，比如活动中可能发生的技术故障等。常见风险一般可以通过和供应商之间的谈判和合同来化解或避免。

二、内部风险

拉斯维加斯内华达大学的 Tyra Hilliard 教授认为，风险评估包括内部评估和外部评估两部分。内部评估是对主办方/承办方内部风险的评估，外部评估是对活动目的地、活动场馆方面风险的评估。内部风险评估包括火灾预防、人员紧急疏散措施、安保程序、活动流程、后勤保障等，这些是活动组织方内部工作人员的职责，所以属于内部风险评估的范畴。

外部评估时，如果活动场地方已经有现成的这方面的风险评估结果，活动组织者在活动准备期间也要把这些文件拿过来，和风险团队成员一起再复核检查一遍，并根据本次活动的具体情况做相应调整。内部风险评估时，风险团队还要知道主办方/承办方的内部风险政策和风险计划，如买保险要求、财务制度、物料采购制度、员工工作手册、活动注册程序、参会者紧急联络信息的存放地以及怎样及时索取这些信息的方法等（Hilliard，2006，p.674）。其中任何一个环节没准备好，在风险爆发后都会手忙脚乱，至少会引起恐慌。

三、外部风险

除了内部风险，活动组织方还需要评估外部风险。比如供应商的信誉不佳，食品来源渠道违法；一个国际会议的举办地或主办国家政局不稳，已经是恐怖袭击的目标；冬季举办的活动遇到举办地的大雪，造成停水停电，交通混乱，航班取消；马上就到赛事开幕的日子了，场地设施还没安装调试完毕；在活动举办期间，环卫工人借机示威、罢工游行，等等。

为了恰当地评估外部风险，活动组织者及其风险团队要知道到底哪些诱因会给活动带来不利影响。多数活动组织者认为，活动前去看看政府发布的国际旅游警示就可以了，其实不然，这种关于遥远地区的旅游警示和活动本身的相关性有时候并不是很大，比如当地交通运输工人罢工或清扫垃圾工人罢工给活动举办所带来的尴尬，是看了旅游警示也想象不到的。要避免类似的尴尬，需要和活动目的地的相关单位或风险防范部门取得联系，包括当地的会议观光局、警察局、消防队、政府机构等，搜集它们的联络办法和已经掌握的资料，包括电话号码、官方网页链接及其网站内容等，并把这些信息和资料写入本次活动的风险计划中。

另外，活动组织者可能在运作国内活动时对自己国家内的各种风险了如指掌，但在操办国际活动时对异国他乡的潜在风险知之甚少，了解不多。这种情况下，经验告诉我们，还是当地人知道的最多，他们可以告诉你什么时候会刮飓风，什么时候容易起山火，城市的哪个地方夜间不安全等（Kemp，2005，p.39）。

中国原国家旅游局、美国国务院、英国外交与英联邦事务部，以及许多国家的相关部门都经常在其官网上发布旅游警示，这些都是国际活动的风险团队在做风险评估时经常参考的信息资料。如果与本次活动相关的话,这些信息要及时通知给所有参会者以便控制风险。比如:当地的食物可能引发某些疾病、地摊上的小吃可能引起食物中毒、室内的自来水不能随便就喝、某个区域晚上9点后常发生抢劫、某些过激人群可能会对某个国家的公民产生敌意、当地恐怖组织可能把集会人群作为目标等。

另外,在第九章/延伸阅读(二)的全球地缘风险中还列出了各大洲的最大杀手,它们分别是:非洲的交通事故、美洲的洪水、亚洲和澳大利亚的地震和海啸以及欧洲的极端天气(Reuters Foundation,2005),详见第九章/延伸阅读(二)。

四、风险后果

做风险评估时,不管是从哪个方面入手,一般都是通过头脑风暴的办法,根据某一活动及其参与者的具体情况特征,找到本次活动可能面临的具体风险。活动所面临的风险,随着活动的不同而不同。同样的活动,随着时间、地点和参会者的不同而存在差异。在通过头脑风暴法列出一次活动可能面临的各种风险之后,接下来就该确定这些风险爆发后可能产生哪些后果了。

一般来说,风险爆发后产生的后果包括以下方面:

(1)健康与安全。涉及参会者、活动组织方员工、参加活动的自愿者等在整个活动过程中的饮食、意外伤亡等。

(2)活动流程中断。要考虑和准备如果某风险发生,活动流程是否会被迫中断。

(3)财产损失、场地设施毁坏。风险发生后,是否会造成酒店、会展中心、办公场所的财产损失。

(4)服务能否兑现。风险发生后,酒店、会展中心、供应商是否仍然能按时、按质、按量提供所需服务?活动组织方(比如协会)对活动参与者(比如会员)计划提供的服务是否会受到影响或被迫中断。

(5)环境影响。风险发生后,对环境会造成什么破坏。

(6)经济和财务。风险发生后是否会引发经济损失和财务状况恶化。

(7)合同义务。风险发生后,是否在不可抗力条款下合同另一方不承担任何责任。

(8)活动主办方的信誉。风险发生后,是否会影响到活动组织方的声誉、公信力、品牌等。

并非有意危言耸听,一个活动,和做任何事情一样,所面临的风险是多方面的。写到这里的时候,正值我国新一代大型运载火箭长征五号在海南文昌航天发射场"首飞"成功,它的发射成功是我们从航天大国迈向航天强国的重要标志。据媒体报道,当日发射由于临时出现参数异常和冷却意外等问题,发射时间几经推迟,从原定的18时发射延迟到20时40分,在这漫长而又短暂的两个多小时里,正是几百项应急预案起了重要作用,在当天窗口期的最后时刻圆满解决问题,才使发射最终取得圆满成功,而这几百项应急预案的基础就是风险评估。航天专家在发射后第一时间公布发射推迟原因的举措备受好评,有评论称:"中国航天需要更多这样的自信表达。"试想,如果没有风险评估和在风险评估基础上的应急预案,在场的科技人员能够自信得"非常镇定,采取各种措施,最终解决问题"吗?正是:凡事预则立,不预则废。

风险评估后，有些风险不适合告诉活动参与者，因为说出去会引起人心不安。有些风险必须告诉参与者，以便引起客人注意，使客人有一定的准备。在合适的时候说合适的事，这是风险计划及其执行过程中不可或缺的考虑要点，因为来参加活动的人听到可能面临的风险后的各种反应，是活动组织方必须提前进行预判的。

五、SWOT 分析

做风险评估时，也可以用 SWOT 分析法，即进行这次活动的优势（strengths）、弱点（weaknesses）、机会（opportunities）、威胁（threats）几方面的分析。在 SWOT 分析中，优势和弱点是本次活动固有的内部因素，包括主办方因素、活动内容及流程因素、参会者因素和其他利益相关方因素。机会和威胁是活动的外部因素，包括目的地因素、场馆因素和其他同期活动因素（如同期举办的其他活动方是抗议者的目标，却给你的活动带来影响）等。

通常情况下，用 SWOT 分析法得出的风险清单，和通过前面说的风险评估得出的风险清单结果非常相似，但 SWOT 分析法的好处在于，它在风险评估的同时进行了优势和机会分析，相当于把风险评估工作和早期的风险分析工作结合起来，所以能让风险团队更早地认识到自己的优势，在风险发生后减轻其负面效果方面能更好地发挥优势，也能使活动成功的机会最大化（Hilliard，2014，p.61）。

第三节　风险评估的好处

风险评估的结果，是用来制订风险计划（含应急预案）的。有了风险计划、应急预案之后，就能使风险管理落到实处，这会带来许多好处，比如：

（1）所有想到的风险，都有其责任人，出了问题可以追溯。

（2）活动的相关方，特别是主办方、承办方人员，对活动面临的风险有预先认识和准备，不会临阵乱了方寸。

（3）提升实现活动目标、提高活动成功的概率。

风险管理是由风险评估、风险分析、应急预案、风险应对、怎样减少损失、如何应对媒体、风险管理的效果评估等模块组成的整个控制过程及其循环，单——一个循环可概括为风险评估、应急预案、恢复正常和减轻不良后果（止损）四个组成部分。其中，风险评估、风险分析、应急预案属于"准备"过程；风险应对和"响应""恢复"相对应；减少损失和媒体应对大致相当于"止损"。这些都是风险管理的不同流派使用的不同概念，套路上大体相当。活动风险管理的目的是通过顺利而平稳的流程来提升活动成功的机会，以实现活动的目标。

总之，风险评估的过程，通常是活动专业人士和富有经验者，甚至包括保险公司的代表和财务部门的代表，一起进行头脑风暴，通过头脑风暴列出某次活动所面临的风险清单，也就是本次活动中容易出问题的薄弱环节、脆弱点。从这个意义上说，在活动风险管理中，"提前发现的问题"和"风险"的含义大体相当。

要想找到所有的潜在风险并不容易，因为没有人能够预知所有风险，总有想不到的事情发生，每次风险评估的结果也都不尽相同。不同的活动有不同的风险，哪怕是同一种活动，如果举办的时间地点不同，参加活动的人不同，所面临的风险也不相同。

常见的风险包括人身风险、财物风险、目的地特有风险、场馆固有风险（如偏僻的场馆紧急情况下求医的不便）、流程风险、企业生存风险等。其中生存风险中，大家通常首先想到的是财务风险。财务风险指的是和历次活动相比时本次活动收益的波动，即有时盈利，有时持平，有时亏本。统计数据显示，大部分已经形成品牌的会展活动，前三届的收支基本都是持平或勉强持平的，后边才开始慢慢盈利。像今天已大名鼎鼎的 TED 会议，其实第一次（1984 年）是亏本的，以至于停办了 6 年。

很多活动项目挺不过 3 年，这和开发初期对风险的评估不到位直接相关。

【名词解释】

1. 风险评估，指找到可能的风险并评估其危害程度。英文为 Risk Assessment，有时也叫 Risk Identification。

2. 头脑风暴（brainstorming），指召集有关专家和富有经验者群体决策，由与会者自由提出尽可能多的方案、办法、思路等。

3. PCO/ DMC（本章延伸阅读中名词），这两者意思相同，是在欧洲和北美的不同叫法，在欧洲叫 PCO（professional congress organizer），在北美叫 DMC（destination management company）。PCO/DMC 指的是做异地活动时，活动目的地当地的专业策划者、运营者，他们既是外地活动主办方在当地的供应商，也是当地专业的会展公司或活动公司，精通会展活动和旅游等业务（APEX Industry Glossary，2005）。另外，据 Keith Patrick 在 2006 年出版的 *Convention Management and Service* 一书中介绍，PCO 中的 congress 一词所表达的意思，相当于美国会展界的 conference 一词（Patrick，2006，p.9）。

【思考题】

1. 风险评估由谁来做？
2. 怎样做风险评估？
3. 什么时候做风险评估？
4. 怎样确定分析评估的范围？
5. 风险评估的好处是什么？

【本章参考资料】

1. Hilliard, T W. Risk Management. Convention Industry Council Manual（9th ed., pp. 59–61）. CIC Publications, 2014.

2. Hilliard, T W. Risk Planning and Emergency Management. PCMA's Professional Meeting Management（5th ed.）. Dubuque, IA：Kendall/ Hunt Publishing Company, 2006：673–674.

3. Kemp, A. Risk Management And Insurance. Convention Industry Council International Manual（1st ed.）. CIC Publications, 2005：39–42.

4. Patrick, K. Introduction to the Convention, Meeting and Trade Show Industry. Convention Management and Service（7th ed.）. Cranbury, NJ：Waterbury Press & Lansing, MI：EI of AH&LA, 2006：9, 25.

5. APEX Industry Glossary,（2005）. CIC Publications.

【延伸阅读】

　　场地/场馆是活动的载体，一场活动的风险评估、风险分析和应急预案等工作必须和活动场地结合在一起，特别是在活动的运营过程中。并非一个风险计划就能适用于所有场地，对每一次活动，都要提前勘察场地，以"相见如初"的眼光审视场地，充分听取各个利益相关方，特别是场地方的意见，听取他们过往的安保措施，根据活动和场地的具体情况制订或调整风险计划，既保留其中已被实践检验过的好办法，又争取有所创新和突破。特别是紧急疏散方案，必须详尽勘察场地并和场地具体情况相结合。

　　现代活动的场地越来越多元化，有时在我们意想不到的地方也能举办活动，比如温州的电子电工展，前六届都是在温州当地的麦田里搭棚子办的，面积甚至达到几万平方米，而且成交旺盛，办得有声有色。

　　（资料来源：郭海霞. 会展场馆经营与管理［M］. 北京：教育科学出版社，2013：101.）。

活动场地，你知多少？

　　毫无疑问，任何活动都有其发生的地点，或者叫场地、场所、场馆。也许你会提出疑议，一个网络活动有其发生的地点吗？仔细想一想，难道没有吗？网络是一个虚拟的场所，这个活动发生在网上。并且，更为重要的是，为了使这一网络活动发生，必须有相应的人员来使其发生，而这些人员应该有其工作场所。

　　如果把活动主办者称为买家的话，那么活动场地则为当之无愧的卖家。我以前提到过，活动的举办者可以是个人，可以是政府，可以是非政府组织，也可以是公司。他们组织了大量活动，这些活动都有其发生的地点，有些地点无须付费，比如就发生在个人家庭的庭院中，或组织的办公区域中的会议厅中，但也有很多情况，活动的举办者需要向场地付费的，尽管有时场地费用是通过PCO或DMC间接支付的，但这种情况下，我们还是把PCO或DMC等机构看作代理机构或中介机构，是联系作为卖家的场地和作为买家的活动举办者而存在的，而一种新的代理机构或中介机构的形式是活动场地寻址机构。

一、什么是活动场地

活动场地（Event Venue）是举办活动的场地。

在中文中，应注意其与场馆的区别，场馆是专门用来举办活动的封闭性场地（室内活动场地）。因此，活动场地包括场馆，也包括室内非专门用于举办活动的场地（如餐馆），以及室外专门或非专门用于举办活动的场地。也就是说，不管场地的性质是否专用于举办活动，只要其适合举办活动，在举办活动时，都可以称其为活动场地。

在英文中，应注意其与 site 的区别。Site 亦是活动场地，但强调的是"现场"。所以，当说 Venue Management 时，说的是场地管理，是场地管理方对场地的管理；说 Site Management 时，说的是现场管理，是活动组织者/专业组织者对活动现场的管理。

大多数情况下，一个活动只涉及一个场地，但有时候，一场活动可能会涉及多个场地。比如春晚，可能在不同的城市设置分会场；旅行活动，会涉及不同的景点；外宾来访活动，会有一系列活动在不同地点举行。即使在一场活动的一个场地中，也会涉及同期活动的不同场地，只是小场地包含在大场地之中罢了。在这些情况下，我们都以涵盖这些场地的最大半径作为活动的大场地，而系列活动、子活动、衍生活动等分别考察小场地。

二、有哪些类型的活动场地

1. 自有场地

很多个人活动可以发生在自己的家中，比如家庭聚会。在中国的农村地区，婚礼、寿礼、葬礼等活动的举行，也发生在自家的庭院中。

而由机构组织的活动，不管是政府活动、非政府组织活动，还是公司活动，大多数活动发生在机构的办公区域，这些活动通常是会议、小组讨论等。有些组织内部还有娱乐场所、餐饮场所等，供组织举办活动。

2. 餐馆酒楼

餐饮酒楼是举办活动的重要场所，活动形式如朋友聚会、相亲、宴会等。很多婚庆等庆祝活动也发生在餐馆酒楼。一般情况下，餐馆酒楼并不收取场地费，但场地费实则包含在膳食的成本中。

3. 酒店

酒店是一个非常重要的活动场所，在以活动产业为题材的展览会（如 IT&CM）中，酒店是数量较多的参展商。酒店可以作为主要活动场所，因为酒店中多设有会议室，甚至有酒店还有较大的场地可以办展览会，酒店的餐饮设施又可以举办类似餐馆酒楼中举办的活动，如聚会、宴会、婚庆等。另外，酒店可以作为一些活动的辅助场所，因为酒店的最基本的业务——住宿服务，是大多数为期不止一天的活动所需要的。

4. 会展中心

会展中心是各地方政府最为重视的活动地点，从各地方政府乐于建设会展中心就可见一斑。会展中心有三种：会议中心（Conference Center）以举办会议为主，兼有一些酒店的功能如住宿、餐饮，如上海国际会议中心；展览中心（Exhibition Center）以举办展览为主，如上海展览中心；会展中心（Convention Center）既可以举办会议，也可以举办展览，又可以举办大会，如上海国家会展中心。

5. 公园

很多个人或组织的活动可以在公园举办，公园场地方自己也会举办一些活动，如顾村公园樱花节。

6. 广场

广场有大有小，小的广场可能就在一个大楼的下面，如上海的港汇广场。在港汇广场的楼前，天气晴好的时候，经常会有一些公司的产品促销活动。大型广场，如上海的人民广场，可以举办节庆活动。更大的广场，如天安门广场，还可以举办大阅兵活动。

7. 体育场

体育场是体育活动的举办地点，足球赛等各种体育比赛发生于体育场中。体育场还是大型演唱会的举办地点，因为这里可以容纳更多的人。

8. 校园

校园是当仁不让的活动集聚地，校园中最不缺的就是场地，有体育场，有会议室，有教室。校园中有学生会和很多校园社团组织，学校官方和社团组织在这里举办了大量的活动。有时这些场地还可能租给校外的机构。

9. 游船

如果让活动有点惊喜，何不把活动的地点放在游船上呢？2004年参加上海交大管理学院成立20周年庆的时候，其中晚宴就放在了黄浦江上的一艘游船上。2001年APEC上海会议，也有一场会议放在了周庄的一艘游船上。游船上可以举行宴会，也可以举行会议，甚至还可以举办婚礼。如果是邮轮，恐怕效果更会出奇。

还有很多活动场地，比如，博物馆，可以举办艺术展览；剧院或电影院，可以举办演出，甚至可以召开公司大会；风景区，可以奖励旅游；网络，可以举办网络活动……

活动的地点无所不在，任何人之所到的地点都可以是活动的地点。生活是由活动组成的，生活所到之外无不是活动发生之地。但一个计划性的特殊活动需要有创意地策划，你可以把活动安排在上述地点，但何不再创意一下，把活动安排在沙漠里、草原上、森林中、山顶上、巴士中、飞机上、太空中、水下、树上……呢？

三、如何找到这些场地

互联网时代，使我们可以在网络上寻找到我们想要的活动场地，而这也归功于那些场地寻址机构（Venue Finding Agencies，VFA），或称为场地寻址公司（Venue Finding Companies，VFC）或场地寻址商（VenueFinders）。

目前，在VFA行业，竞争非常激烈。如果在Google上搜索Venue Finding Agencies，你会找到很多这样的机构，提供各种各样的场地，如Cvent、Zibrant、AbsoluteVenues等。在中国，我们百度一下"找场地"，类似的机构也不是小数量，例如会唐网、会小二、酒店哥哥、淘会场、云Space、场地网、场地通、会聚网、会议客、丫空间、我要开会等。还有一些网站平台，专门有场地的专栏供查找场地使用，如活动家–会场、携程–会场、游天下–北京聚会别墅、踢球人–球场等。

很多场地查找平台，实际上也是活动发布平台，甚至是活动管理平台。而这必定将成为未来的一个趋势：在一个平台上，既能寻找场地，也能发布活动，还可以管理活动，即所谓的all-in-1平台。

我们还应从更广泛的视角来看待VFA，尤其是活动形式较为单一的情况下。比如活动的主要形式是聚餐，那么去大众点评网就可以找到一家餐馆；如果活动的形式是看电影，去蜘蛛网上找个影院买几张票也就是了；如果活动的形式是K歌，也有那么多的K歌网站呢……

四、与场地有关的协会和认证有哪些

如果想了解一下有关场地的协会，你可以看看下面这个表格。这些协会，既有展览中心协会（如EMECA、CAEC），也有会议中心协会（如IACC、AIPC），也有泛指的活动场地协会（如IAVM、EVVC、VMA、AEV）。

位置	名称（中）	名称（英）	简称
美国	国际场地经理人协会	International Association of Venue Managers	IAVM
美国	国际会议中心协会	International Association of Conference Centres	IACC
比利时	国际会议中心协会	Association International des Plalis de Congres	AIPC
比利时	欧洲主要展览中心协会	European Major Exhibition Certres Association	EMECA
德国	欧盟活动中心协会	Europäischer Verband der Veranstaltungs-Centren e v	EVVC
澳大利亚	场地管理协会	venue Management Association	VMA
英国	活动场地协会	Association of Event Venues	AEV
中国	中国展览馆协会	China Association for Exhibition Centers	CAEC

另外，IAVM还在推出了场地管理的认证——设施执行官认证（Certified Facilities Executive，CFE），该认证对学历、经验和在线学习时长都有一定的要求，笔试内容参看下表：

CFE考试内容	预订和安排	公共关系
	人力资源管理	客户服务
公众聚集设施概述	政策和运作程序技术	
会议和博览会行业	风险管理与保险	建筑物运营
体育和娱乐行业		物业
露天剧场		保养
体育场	财务管理	搭建与活动制作
礼堂和演艺场所	有效的预算	劳务关系
会展中心/展览厅	审计控制	
竞技场	成本分析	客人服务
设施设计、搭建和维修	财务报告	售票处
管理者的角色		餐饮
	营销	安全与人群管理
公众聚集设施行政管理	营销计划	其他服务（停车、纪念品、设备租赁等）
合约服务	广告	残障人士的无障碍通道

资料来源：刘春章.活动策划家（微信公众号），2016-06-23.

第四章

风险分析

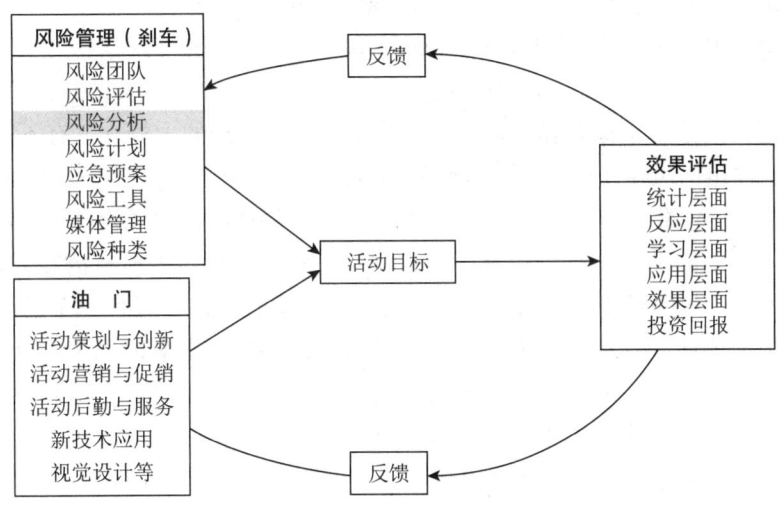

【学习目的】

- 理解怎样量化风险
- 会做风险分析表
- 能区别风险评估和风险分析

第一节 风险分析的基本概念及量化

一、风险分析的概念

对风险评估、风险分析这些风险管理的词汇，我们可能会有些生疏感、距离感，其实它离我们并不遥远。生活中道别的时候，我们常说"慢走""慢点"，就是提醒客人路上小心；防范风险。不管是过去骑马，还是今天开车，太快了容易发生事故，慢一点事故就少，安全系数高。"打得赢就打，打不赢就跑"，就是在敌强我弱的高风险环境里的斗争策略，其中既有风险管理的理念，也有应急预案的办法。在日常的新闻报道中，我们也能看到、听到有突发事件时，有关方面启动了二级或者三级应急预案，所以这些词汇我们实际上并不陌生，只是平时不大留意而已。

在会展活动中，风险管理不是简单的买保险、找医生或雇用保安这样的一次性活动，它是一个边执行风险管理计划边检验并通过反馈环节不断修改完善的过程，这个过程包括并超越了那些所有的一次性活动。即便是制订好的风险计划，也要根据不断变化的环境因素、政局是否稳定因素、各利益相关方需求变化因素、会展活动本身因素以及其他相关因素，来不断复核和修订风险计划（Hilliard，2014，p.59）。

上一章我们讲了风险评估（Risk Assessment），这一章讲与其紧密相连的风险分析（Risk Analysis）。到目前为止，对"风险分析"尚无统一的权威定义，但各种不同的定义都与风险管理的其他基本概念相关联，来一起说明风险管理的大概念。有不同观点认为，风险分析中应该包括风险评估、风险特征等环节，但本书中主要是参考美国会展业委员会（EIC）的行业词汇标准（APEX Glossary）和PCMA会展教材中对风险分析的定义来讲述。

尽管风险评估的结果中已经包含了通过团队头脑风暴得出的所有潜在风险清单，但这并不意味着这个风险清单中包含了活动面临的所有潜在风险。任何一个活动的组织方，再有经验的风险团队，在活动的准备期内，都没有足够的资源和时间来预知、判断和应对所有的潜在风险并为之准备，另一方面，活动中总有想不到的事。比如，2010年4月冰岛的艾雅非亚德拉火山突然喷发，导致整个欧洲交通混乱，一连几天上千架次航班取消，进出欧洲的几万人，包括参加会展活动的客人和旅游者滞留（Hilliard，2014，p.63）。当时，因参加会展活动进出欧洲的客人，不管你来自全球哪个地方，干着急没办法，多数活动被迫中断，即将开幕的活动无奈取消。

尽管有这样的局限性，但是风险评估和风险分析的重要性却不容忽视，不能被否定，不能因为突发事件的不可预知性而否定风险管理的必要性和重要性。制订应急预案之前，需要做风险评估和风险分析。

风险分析是根据风险评估的结果——潜在风险清单来逐个做出一次具体活动所面临的所有风险的严重程度分析，通过对这些潜在风险逐个进行剖析，得出以下两个基本数据：①一个具体风险发生的可能性；②这个风险发生后带来的后果（Hilliard，2006，p.675）。

二、风险分析的量化

做风险分析时，可以用定性分析法，也可以用定量分析法。风险的定性分析在业界比较常见，尽管在很多时候大家是在不知不觉中加以运用的。风险的定性分析，它是用文字描述或不同颜色来表示风险的严重程度。

风险的定量分析，则是设法对风险的严重程度进行量化，以确定风险的等级。

通常情况下，一旦我们说起风险的大小，实际上指的是风险转化为不测事态后的危害程度。就是说，一旦风险失去控制或无法控制时，转换成危机或灾难以后，其危害程度有多大、有多严重。为了量化风险，丹尼斯（Denis）在 Expert Program Management 中提出了风险严重程度的概念：

风险的严重程度[1]（RS）= 风险发生的可能性（RP）× 风险发生后的危害程度[2]（RI）
这里，RS 是 Risk Severity，RP 是 Risk Probability，RI 是 Risk Impact。

其中风险发生的可能性 RP 分为 5 个递增等级，1 表示发生的可能性最低，2 表示发生的可能性高一级，3 表示发生的可能性又高一级，以此类推，5 表示发生的可能性最高。风险发生的可能性，也可以理解成为风险的脆弱程度（vulnerability）。

其中风险发生后的危害程度 RI，即风险转化为不测事态后的危害程度，也分为 5 个递增等级，1 表示危害程度最低，5 表示危害程度最高。对一个活动中某一项风险的危害程度进行分析，就是要考虑和界定它发生后对参加活动的人、对参与活动举办的组织、对本地区、对国家以及在国际上会产生什么危害、危害程度如何。

依照丹尼斯的定义，理论上，最严重的风险就是发生可能性最大（当 RP=5 时）、危害程度最高（RI=5 时）的风险，它的严重程度 RS=5×5=25；同理，严重程度最小的风险，RS=1×1=1。

这样一来，一个活动的风险严重程度就被定义在 1~25 之间的范围内，怎么来管理风险就变成了怎么应对上述可能性与危害程度的 25 种组合，即 RS 的 25 个可能值（1~25）。如果某种风险，有很高的发生可能性 5，但它的危害程度却微不足道，为 1，那么我们就不必为这种 RS=5 的风险投入大量时间；如果某项风险的危害程度为 5，但发生的可能性却极低，那么依据小概率事件实际不可能原理，对这种小概率风险就可以选择在风险计划中不予考虑。

比如，一个小型新药品信息发布会，按申报批准程序估计的批准时间确定了发布会的开幕日期，但批复的时间却因故延迟，因此发布会的日期面临延期的风险，而且通常情况下这种延期风险很高，但是这种延期的不良后果却是这次活动中所有风险中较低的。当然，对于一个有成千上万人参加的大型协会年会，更改时间的风险就不会这么简单。如果一个风险让会展活动在运行过程中被迫中断，比如发生火灾，那就要为它制订高等级的应急预案，这时 RS 的值就很大了。频发重大事故或灾害的，RS 值会接近或者等于 25。

设置这样一个风险严重程度 RS 的范围，实际上是建立了一个参考标准，这个标准让我们能够在活动面临的诸多风险中进行比较，比较各个风险不同的严重程度，加以区别对待，并让我们能够了解在整个活动准备和运行过程中的任一环节在任一时间段所面临的总体风险水平。对这一系列的风险，风险团队相应的管理办法、应对措施，就取决于风险发生的可能性和风险发生后的危害程度这两者的组合值，即取决于风险的严重程度，它是一组 RS 值。

对于任一需要防范的风险，都要安排具体人员在具体岗位履行对风险的防范、应对、减轻、跟踪、监管等措施（请参阅本章第二节"风险分析实例"中的实例二，活动中安排了数百名风险团队人员对几十个重要机房和 100 多个风险点位的盘查和坚守）。

对所有意识到的风险，一旦爆发或发生，总体上有四类应对办法。

第一，转嫁风险，比如通过购买保险、签订合同的方式转嫁风险。

第二，忍受风险，这通常是指应对危害程度低的风险。比如有些风险虽然发生了，但活动参加者感受不到。

第三，终结风险，比如选址时排除高风险目的地、取消危害程度高的风险环节或对技术故障采取措施即时修复使其能很快恢复正常状态。

第四，处理风险，即采取具体行动以减小、减轻风险发生后的危害程度。

三、风险分析表

美国联邦突发事件管理局（FEMA）对风险分析的建议是，根据各风险的脆弱程度把所有潜在风险排序，列入表4-1的风险分析表。

表4-1 风险分析表

风险	可能性	对人的影响	对财产的影响	对业务的影响	内部资源	外部资源	风险严重程度
	5←→1	5←		→1	5←→1		
风险严重程度的分数越低越好							

（风险分析表来源：FEMA. PCMA's Professional Meeting Management 5th ed., 2006, p.676）

具体的风险分析，包括这样5个步骤：

（1）把风险的脆弱程度（vulnerability）分成5个等级，最脆弱的，就是上面说的发生可能性最高的风险，给其一个分值为5的赋值；发生可能性最低的，其赋值为1。

（2）把风险的危害程度，即风险发生后的后果，也分成5个等级，每个等级设一个赋值，危害程度最高的赋值为5，危害程度最低的赋值为1。

（3）业界把抵御风险的底气和风险发生时的应对能力叫作风险资源[3]（resources for risks, RR）。组织内部应对风险的资源，代表着组织对风险的控制和反应能力。内部风险资源（Internal Resources, IR）包括应急团队、维修团队、安保人员等。为了量化风险资源，并和风险脆弱程度相对应，风险资源用一个递减的等级来表示，当发现资源很有限时用5表示，风险资源很丰富时用1来表示。

（4）外部风险资源（External Resources, ER）包括火警、医院、防爆警察、保险公司等。和内部风险资源有5个递减等级一样，外部风险资源也有5个递减等级。内外风险资源结合起来也有 25 种组合。只不过对风险资源（RR）来讲，它的数值越大表明风险资源越少，即风险发生后造成的危害越大。

（5）把风险分析表中各栏的数字相加，分数高的表示风险程度高，要引起组织方特别注意；分数低的表示风险程度低。

请留意，上述的步骤 1 中，风险发生的可能性和风险的脆弱程度是同义词。

第二节　风险分析实例

这一节我们来举两个实例，分别以定量、定性两种方法来分析风险，希望能帮助大家加深对风险分析的理解，在实际中灵活运用。

实例一：定量分析（见表 4-2）

活动名称：第 ×× 届 ×× 音乐节
日　　期：2014 年 8 月 15—17 日
基本结果：共识别了 28 种主要风险

表4-2　风险的定量分析

风险		舞台前的人群踩踏
导致因素		靠近舞台区域的观众中有人突然摔倒
受影响人群		踩踏区域的观众
风险级别	发生的可能性RP（1~5）	5
	危害程度RI（1~5）	4
	严重程度RS	20
已采取的应对策略		检查靠近舞台的区域，确保地面平整
剩余风险	发生的可能性RP（1~5）	5
	危害程度RI（1~5）	2
	严重程度RS	10
进一步采取的措施		对高密度区域的人群保持警惕
备注		现场总指挥全权负责，并与各部门保持紧密沟通，同时增加现场管理人员

注：可以根据 RS（risk severity）值的大小将风险级别分为高风险（18~25）、中风险（9~17）和低风险（1~8）3 个级别。

资料来源：王春雷. 活动研究（微信公众号）.

实例二：定性分析

活动名称：金砖国家领导人厦门会晤
日　　期：2017年9月3—5日
风险项目：风险分析及应对

1. 背景

金砖国家领导人会晤是一项庞大而复杂的系统工程，时间紧，任务重，质量要求高。活动为参加会晤的元首、领导人、高级近随、会议代表和媒体记者等提供了近万人次的台前服务，并在72个重要机房和129个重点工作岗位上提供了扎实的幕后保障。实现了安全运行万无一失，接待服务滴水不漏的服务保障总目标。

2. 风险分析

风险分析是走向成功、实现目标的第一步，也是关键的一步。金砖会晤的风险管理团队在筹备过程中重新梳理了金砖会晤的各项任务，检查发现各类风险4693项，其中通过联合检查发现的各类风险有1116项，通过每日检查发现服务类问题共1042项，工程类隐患2407项，其他可能出现的问题100多项。这些问题、隐患，都是我们所说的风险。发现这4000多项风险后，风险团队对其严重程度逐个做了分析。

3. 风险排序及处理

根据风险的严重程度，把这几千项风险汇总分解、分类排序，并细化分解，寻求重点。对最大的问题、少数的关键问题和重点问题，狠下功夫让它们从根本上得到解决。对所有发现的风险都找到了相应的解决办法，汇聚成一个最佳解集（解集即解决问题的方案集——原作者注）。通过和各供应商的谈判和对工作人员的培训检查，使所有风险逐一消项，截至2017年8月31日，所有问题整改完毕。每一个环节，提前做好两个"脚本"……要求甚至达到了严苛（对每一个可能发生的风险，都提前做好应急预案——本书作者注）。同时在现场安排286名场内保障人员进行6次全场排查，531名保障人员保障值守72个重要机房与129个重点保障点位，整个检查保障工作共计1066人次，最终使各类风险得到有效控制。

资料来源：蔡清毅. 金砖国家领导人厦门会晤保障工作的项目管理. // 杨琪. 会展学研究［M］.

第三节　风险分析的点和面

填写风险分析表的过程，是在对活动面临的各个风险逐个做一次具体剖析，剖析一个风险对人体的伤害，对健康的影响，对生命的影响，经营是否会亏损，组织是否会承担连带责任，以及该风险发生的可能性及其可能发生的时间点。

那么分析风险时常考虑的基本面和基本点有哪些呢？在哪里面临风险（exposure）方面，基本点包括财产、人员、现金、声誉、环境等；在风险成因方面，基本点包括自然灾害，恶意人为灾难，责任事故等；在谁会遭受风险方面，基本点包括主办方、承办方、目的地方、场地方、参会者、参展商、赞助商、会员、股东及其他利益相关方；在风险可能发生的时间方面，基本点包括会前、会中、会后、白天、夜间、途中等（Hilliard，2014，p.64）。

知道了每个风险的严重程度、可能发生的时间后，为了方便管理风险，我们把这些分析结果汇集在一张风险示意图上（见图4-1）。图中，纵向坐标表示风险的严重程度，不同的风险用不同的颜色表示。恳请各位注意的是，一个风险的严重程度最大值为25，多个风险严重程度的叠加值不止25。

图中横坐标表示风险可能发生的时间，请大家留意第三个风险靠右端的部分用虚线表示，这是指在这段时间内该风险主要发生在夜间，比如展览场馆的展品在夜间容易被盗。

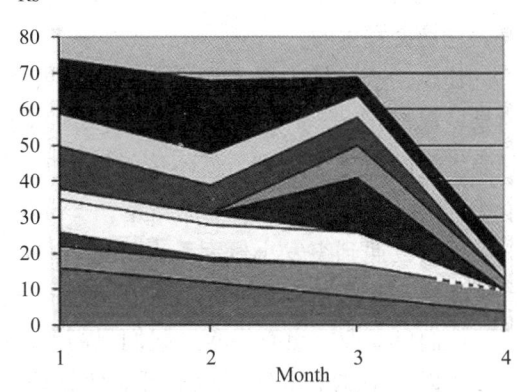

图4-1　风险示意图

这张图做出来后，能让我们了解和掌握整个活动准备和运行期间，包括活动后的一段时间内、任一时间点上所面临风险的总体水平。在活动风险管理实践中，这张图和前边的风险分析表是结合起来同时使用的。

风险评估和风险分析这两个词汇在业界经常交换使用，但它们还是有所区别的。风险评估是找到风险的范围，风险分析是分析和量化风险的严重程度。我们已经知道，风险评估的结果是用来制订风险计划及其应急预案的，那么风险分析的结果与它有什么区别呢？区别就在于，风险分析的结果是用来指导我们制订什么样的应急预案，所以风险分析也是制订应急预案的依据，而且是更进一步的依据。有了风险评估和风险分析的结果作依据，下面就可以制订风险计划及应急预案了。

有必要说明，在会展活动的实际运作中，通常危害程度小的风险发生概率高，经常在会展活动中遇到；危害程度大的风险，发生概率低，这在统计学、概率论里被称为"小概率事件"，可能会展活动从业者一生不见得会碰上一次。

对小概率事件（小概率风险），在活动风险管理中广泛采用的一个原则是：小概率风险在一次具体活动中被认为基本不会发生，这就是所谓的"小概率事件实际不可能性原理"。

那么，到底概率小到什么程度才算小概率呢？通常是用"显著性水平（significance level）"来作为界定小概率事件的标准。统计学中，显著性水平以 α 表示，α 通常取值为0.05或0.01，它反映着决策时活动主办方愿意面对或承担责任的风险水平。概率不超过 α 的风险，就被视为小概率风险而在风险计划中不予考虑。如果 α 被定义为0.05，那么发生概率在5%以上的风险，我们才为它制订风险计划；而发生概率在5%以下的风险，在本次活动中就不再考虑、忽略不计了。如果 α 被定义为0.01，和 $\alpha=0.05$ 的情况类似。

但是，如果在一次活动中，被我们忽视的小概率、大危害事件，比如地震或恐袭，确实发生了，那又该怎么办？

首先，这是我们在风险分析和决策时犯了错误，这种错误在统计学里叫作 α 错误。因为小概率事件是会发生的，它不是绝对不会发生，而是发生的可能性很小。小概率风险在一次活动中不会发生，不等于在每次活动中都不会发生，当统计样本量足够大的时候，它是会发生的。

其次，这时候小概率事件实际不可能性原理就不适用了，适用小概率事件的确发生的是"墨菲定律"。墨菲定律的基本内容是：任何风险，不管它发生的可能性有多小，只要发生的概率大于零，就不能够假设它不会发生，它是会发生的。墨菲定律成立的两个条件是：①事件有大于零的概率；②样本量足够大。

再次，遇到突发小概率、大危害事件我们改怎么办？通常这已不是内部风险团队能有效解决和管控的问题了，我们国家有应急管理部门，各省、市、地方有应急管理办公室，他们更专业、更有经验。我们只需要及时上报、认真配合。

所以，小概率事件实际不可能性原理和墨菲定律在活动风险分析中各有其局限性。在活动风险管理实际工作中，风险评估和风险分析的思路不能局限在某个原理或定律的固定套路中，在一次具体活动中对风险理论的成功运用应充分考虑风险发生的历史数据，站在当下的时空点上，对活动中可能出现的风险做出判断和预测。

在今天的大数据时代，有各种各样的回归分析（regression analysis）[4]结果，可借用在风险评估和风险分析中，来预测风险。回归分析是用变量的观察数据拟合一个因变量与一个自变量（或几个自变量）之间的关系，并把这种关系用数学关系式或关系曲线图表达出来。比如鲁莽装卸与展品安全完好运输之间的关系、活动营销和服务人员的认知灵活性（cognitive flexibility）[5]与客人满意度之间的关系等，都可以通过回归分析来从统计学角度确定自变量对因变量有无影响、影响程度如何，从而对风险做出预测。

最后，在有的国家或地区，确定风险的严重程度时需要考虑政治、军事、文化、宗教和习俗等方面的权重。

【名词解释】

1. 风险的严重程度（risk severity）：风险严重程度＝风险发生的可能性（RP）×风险发生后的危害程度（RI）。

2. 风险发生后的危害程度（risk impact）：风险失去控制或无法控制时，转换成危机或灾难以后，其危害程度的大小。

3. 风险资源（resources for risks）：抵御风险的底气和风险发生时的应对能力叫作风险资源。

4. 回归分析（regression analysis）：指用变量的观察数据拟合一个因变量与一个（或几个）自变量之间的关系，并用数学关系式或关系曲线图来表达这种关系。

5. 认知灵活性（cognitive flexibility）：指从自己的思维定势中跳出来，改变自己的思维方式，能综合考虑各方需求的复杂性，特别是在观念和利益相互冲突时，能从别人的角度来理解他人的思想与情感，"顺"着市场来，从而使问题得到解决。认知灵活性是活动营销人员、活动服务人员在概念时代应具备的重要素质。

【思考题】

1. 怎样做风险的定性分析？
2. 怎样做风险的定量分析？
3. 风险分析和风险计划／应急预案的关系是什么？
4. 风险分析表和风险示意图结合起来用的好处是什么？
5. 实际会展活动中，你怎样使用风险分析表和风险示意图？
6. 想想近几年发生在世界各地的突发事件、危机、灾难，如果未来的活动中不巧遇到，活动会受到怎样的影响，影响的严重程度如何。

【本章参考资料】

1. Federal Emergency Management Association（FEMA）.（1993）. Emergency management guide for business and industry.（FEMA 141）. Washington，DC：Author.
2. Denis. Risk Management. Retrieved on November 21, 2016, from https：//expertprogrammanagement.com2009/06/risk-management/
3. 蔡清毅. 金砖国家领导人厦门会晤保障工作的项目管理//杨琪. 会展学研究［M］. 2017（201709190053）.
4. Hilliard，T. W.，CMP，（2006）. Risk Planning and Emergency Management. PCMA's Professional Meeting Management（5th ed.，pp. 675-676）. Dubuque，IA：Kendall/ Hunt Publishing Company.
5. Hilliard，T. W.，CMP，（2014）. Risk Management. Convention Industry Council Manual（9th ed.，pp. 59-64）. CIC Publications.

第五章

风险计划

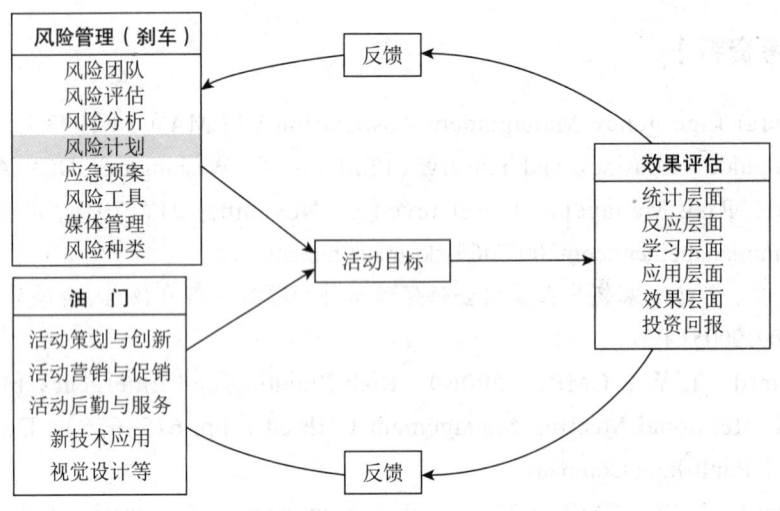

【学习目的】

- 理解什么是管控风险
- 理解风险计划的功能
- 掌握风险计划的基本点
- 能做简单的风险计划
- 能说明为什么风险计划需要不断完善

第一节 风险计划的必要性

有了前面章节的风险评估、风险分析做基础,做风险计划[1]的时机就成熟了。我们前边提过,再有经验的风险管理团队都不可能预知所有风险。现在需要说明另一点,我们也不可能为所有意识到的风险都做出相应的风险计划。到底要对哪些风险做出相应计划,这取决于风险发生的可能性和风险发生后的危害程度,即风险的严重程度(RS),取决于内外部风险资源的多少,也取决于活动各利益相关方的风险意识,风险管理的投入与回报分析/愿意承受多大风险和相关法律等。

每个活动的大小、规模、参加人员构成、决策者的风险意识、风险管理预算、单位拥有的风险资源和抵抗风险的能力等各不相同,每个活动风险计划的内容也不可能完全一样,但做风险计划的目标却是一样的,那就是让企业或组织各方面的投入得到长期保护,从战略上能够有效地可持续发展。美国前总统肯尼迪 John F. Kennedy(1917—1963)说:"虽然执行风险计划时有一定成本,它也涵盖不了所有风险,但是这种成本和所冒的风险与在风险管理上的不作为相比,要远远小得多。"

例如当汶川"5·12"大地震来临时,正在上课的安县桑枣中学近2300名师生在教室倒塌前全部冲到操场,用时仅仅1分36秒,全校师生无一伤亡。这让人难以置信的惊喜,是校长叶志平制订风险计划的结果,更是其风险计划经过演练得到落实的功劳。尽管这个风险计划在落实过程中——那是在"5·12"地震前很长一段时间的太平岁月里——被人认为是"不务正业",但震后2200名学生和90多位老师无一伤亡的结果正是对桑枣中学风险计划的认可。

在风险发生或爆发后再去制订风险计划,那就太晚了。活动风险计划要在活动策划初期就制订出来,并及时落实到位。在活动的准备期、举办期,甚至在活动结束后的收尾工作期发生任何风险时,需要按照风险计划快速启动和执行相应的预案。

如果一个活动没有风险计划,在活动的准备过程、运营过程中遇到意外事件的挑战时,我们就只能在茫然不知所措中打无准备之仗,甚至乱成一团。这种毫无准备的混乱状态,和提前制订风险计划时的冷静状态会形成鲜明对比,结果完全不同。在无准备状态下应对风险,会让我们失去生意伙伴,失去各个利益相关方对我们的信任,因为他们作为我们的客户、参会者、赞助商等,每天都在自己的领域内长期和各种风险打交道,他们一定看得出来什么是无准备状态,什么是打无准备之仗。从这个意义上说,风险计划是应对风险挑战的必然选择。

谁来做风险计划呢?风险团队[2]!但是风险团队做风险计划的时候,活动要有风险管理这个目标任务,更要有管理层的支持。如果活动组织方内部风险管理的人力资源有限,风险资源欠缺,可以考虑聘请专业风险管理公司/危机管理公司介入,或者把风险管理这一部分工作外包出去,毕竟他们做得更专业。

在风险评估和风险分析之后,我们对所列出的风险有三种选择:接受、管控、避免(见图5-1)(Hilliard,2014,p.63)。

图 5-1　面对风险的三种选择

一、接受风险

当风险发生的可能性很低，或者风险发生后的危害很小时，我们可以选择接受风险，因为这些风险并无大碍，通常是在各个利益相关方的可接受程度之内。这类风险通常在风险计划中是不被提及的，比如企业常见活动——推展训练中员工软组织扭伤的情况。

另有一种比较少见的情况，和上一章最后提到的小概率事件有关。依小概率事件实际不可能性原理，对危害程度很大但发生可能性很小的风险，万一在活动中发生了，我们也选择接受，也不在风险计划中提及。比如流星雨，它发生的可能性实在太小了，但确实发生在2013年2月的俄罗斯，当时的流星雨造成上千人受伤（Hilliard，2014，p.65）。

所以，是否选择接受一个风险，取决于活动的利益相关方，特别是主办方或资助方，是否认为不值得为它花费时间和资源去防范和管控。

二、管控风险

除了可接受的风险外，大部分风险是需要管控的。当一个风险发生的可能性比较大，发生后的危害又不能被忽视时，管控风险就成了我们唯一的选择，绝大部分活动风险团队的时间是花在风险管控上的。

管控风险主要包括三方面的工作：一是减小风险发生的可能性；二是减轻风险发生后的危害程度；三是部分或全部转嫁风险，比如通过购买保险转嫁风险，通过签订合同转移风险，在合同谈判中化解风险等。通过这三方面的工作实现风险监控、快速反应、险后止损和风险转嫁。

完成上述三方面工作的办法包括，但不限于：把风险评估引入活动的每个环节，制订和履行风险计划，选择安全会址，勘查活动场地，选择保险种类，调查供应商，谈判与签订合同，和外部风险团队合作，培训现场工作人员，雇用安保人员，提前检验现场设备，安排现场急救，勘察疏散线路，在风险发生后迅速行动，使其影响得到一定程度的控制，重大事故后怎样应对媒体，等等。

三、避免风险

我们寻求避免的风险，都是具有一定严重程度的风险。大多数的危机、灾难很难避免，比如火灾，风险团队都想避免，但由于人为的、技术的、设备方面的诸多原因，火灾很难彻底避免。

但是，的确有小部分高危风险是可以回避的，比如选址时我们不把法国尼斯选为活动举办地，参会者就不会联想到恐袭而产生恐惧；活动不在沿海城市办，就很少有台风风险；通过延期或中断活动可避免极端天气等。选择活动日期时，避开冬季，选择春夏，就不会有因暴雪造成的参会者交通风险。说到这里，也顺便说明下在活动选址时、确定活动日期的早期，风险计划就要到位。风险计划不是在活动开幕前才做的。

除了对可接受的风险可选择不做风险计划外，对其他风险评估中列出的风险，包括需要管控的风险和想要避免的风险，都要做风险计划，前提是在主要的利益相关方比如主办方和资助方同意的情况下。

第二节　风险计划的内容

一般说来，风险计划的内容包括以下基本点：活动及场馆介绍、风险计划介绍、执行计划预算、对策介绍、各岗位人员及其职责、应急预案、风险团队人员联络表（含场馆）、相关媒体联络表。

制订风险计划时，需要考虑的基本点包括：恐袭、不可抗力、极端天气、紧急疏散、长途交通工具延误、地面交通事故、主旨演讲人等主要人物临时缺席、参会人员不足、参加人员人身安全及健康风险、活动财务风险、参会者语言不通、突发设备故障，以及信誉风险、品牌风险等。

以前拉斯维加斯内华达大学的副教授 Tyra W. Hilliard，现在在阿拉巴马大学任教，她 10 多年来一直研究活动风险管理。Hilliard 认为，一个切实可行的风险计划，其内容包括三个大部分：风险计划综述、应急预案、支持文件。这三个大部分中，每个部分有其细节，现概括如下：

一、风险计划综述

（1）风险计划的目的、目标。
（2）风险团队的组成。
（3）防范风险的措施，比如提前勘察场地、盘查隐患等。
（4）应急团队的组成。

应急团队是紧急情况下快速决策、快速反应的团队，也是执行应急预案的团队。应急团队在突发风险时能够迅速、准确地作出判断并妥善处理应对。应急团队成员可以包括风险团队成员，也可以包括其他相关人员，比如场地方和供应方的人员、志愿者等。这部分综述包括紧急情况下的决策者是谁和团队中每个人的岗位、职能、权利和责任。

例如，紧急情况下，活动场馆的要害位置上，比如可能突然出现拥挤摔倒的地点、出入口、消防器材存放处、安全通道、楼梯转弯处等，都要有应急团队人员到岗或在场指挥疏导参会者。在一个场地有多个活动同时举办，或一个大型会展活动占用目的地城市几乎全部场馆时，每个活动、每个场馆都要安排应急团队到位。大型活动中，只有风险团队成员来应急常常是不够的。

（5）命令下达与执行机制。

在有些活动中，风险团队的领导就是决策者，有权下达执行命令；有些活动中，风险团队的领导不是决策者，而是决策者与风险团队间的协调者，可能无权在发生重大风险时下达执行应急预案的命令。这部分内容包括在什么情况下应该下达启动应急预案的命令，由谁来下达，下达命令的人缺位时谁来替补，所有有权下达命令的人都不在时怎么办？比如像战场上只剩下士兵的情况。原则是不因任何人不在场而影响风险计划的启动和实施，这是标准化的基本要求。桑枣中学在突发地震的情况下启动和执行应急预案时，叶校长并不在场。

（6）活动现场各风险要点的划分和管控，内外风险团队之间、内外风险资源之间的协调与合作办法及沟通策略。比如安排专人值守活动现场的重要机房、重点工作岗位、不能出差错地方、可能出现风险的隐患点位；在哪里张贴"请勿靠近"（keep off/ stay off）标识等。

（7）备用场地方案。主要指户外活动，所有户外活动都要有室内备用场地，以防活动举办期遇到极端天气。

（8）应急团队的培训演练安排。

（9）确定新闻发言人及媒体应对（详见《媒体管理》一章）。

（10）撰写事故报告的条例。

制订好的风险计划需要复审，复审时主要看它是否能对潜在风险起到相应的控制作用，主要潜在风险包括：活动参加者、活动发言人、活动服务人员等面临的事故风险、疾病风险；活动期间可能发生的自然灾害；活动期间可能面临的社会动荡；残疾人或其他功能障碍者参加活动过程中遇到的困难；活动组织方面临的经济、声誉等风险。（Hilliard，2014，p.30）

二、应急预案[3]

应急预案是各种风险发生后计划采取的应对办法，对潜在风险清单上的任一风险，一旦决定应对的话，就要有相应的应急预案。活动中常见的有 VIP 安保、火灾、急救等应急预案。

通常一个应急预案中应该包括两个部分：一是把各种风险（包括紧急情况、突发事故、各种灾难等）按大类小类罗列清楚；二是清晰而有条理地阐述针对这些风险，计划采取的应对办法。这些应对办法，有时看起来很相似，比如在发生某些紧急事态或发生灾难后最重要的环节——迅速疏散在场人群。

三、支持文件

风险计划最主要的功能，是在风险发生后能够快速做出正确决定。突发情况、危机或灾难一旦发生，就会对活动本身、活动组织方、活动场馆方等方面带来不同程度的冲击和影响。一个能落地、可操作的风险计划，其中包括能让风险团队快速找到对策、快速做出反应的所有细节说明，包括但不限于：

1. **紧急联络人员名单**
（1）风险团队和应急团队人员。
（2）关键员工和关键供应商人员，包括值班员、律师、会计师、保险公司联系人等。
（3）活动场馆方、场馆的分供方、现场各种服务提供商。
（4）所有参会者的紧急联络方式，包括第一联络方式和备用联络方式，比如手机和家里电话。
（5）外部资源紧急联络方式（比如：报警求助110、火警119、急救120、交通事故122等）。

2. **活动场馆的楼面平面布置图**
包括逃生通道位置、消防器材位置、紧急设备存放位置、应急团队人员执勤位置、避险场所位置（如操场）。

3. **活动举办地和活动场地的安保措施列表**
这个最好在选址时完成，附在风险计划中。

4. **参会者、员工的特殊需求清单**
比如客人吃素、对某食物过敏，患高血压糖尿病者的随身药品等。

5. **潜在风险列表**
包括可能发生的紧急事件、事故、灾难等。在风险分析的基础上，根据活动具体情况修订而来。

6. **风险资源清单**
除了内外部风险资源外，还包括员工和参会者中的特殊技能者名单，比如医生、会人工呼吸者、翻译、特种部队退役人员等。

撰写风险计划的基本原则是"可操作、能操作"，它的内容应该是可操作、能操作的，并在文字上表达清楚。从起草开始，不能为了显摆把风险计划写成华丽乐章或者写成天书。

第三节　风险计划的执行与完善

写好的风险计划，不是往文件夹里一放就万事大吉了，而是要像叶志平校长那样让风险计划落地，当那些潜在风险发生时能够及时被启动、被使用、被执行，对险后迅速行动提供实实在在的指导和管控作用，以免乱了方寸。

但是，现实中要做到这一点并不容易。一方面，除了企业的培训会或重复举办的活动之外，对大多数会展活动而言，我们没有机会提前培训参会者，这要求风险团队提前落实风险计划、勘察场地，在现场出现紧急情况时，对参会者有足够的管控能力。另一方面，业界重大灾、轻小险，重救灾、轻防灾，重财产风险、轻质量和信誉风险的思想还比较普遍，因缺少专业风险管理对风险不设防的状况司空见惯，不断发生的那些小规模风险也不足以让活动及其利益相关方中断或者歇业，平常看到的活动报道大都粉饰亮点，对活动中暴露出的小RS风险鲜有提及，这都给风险计划的切实落地带来相当的困难。

虽然都知道防患于未然是风险管理、实施风险计划的最高境界，但是劳神费力做到了防患于未然却很难显出成绩，得不到相关方面的认可，得不到后续人、财、物的有效支持，甚至像地震前桑枣中学的风险计划那样被人质疑。直到大事故、大灾难发生后方才显出风险计划的英雄本色，也才对大家又一次敲响警钟，足见落实难在方寸。所以，活动风险计划的制订和落实工作还有待于制度化、规范化、现代化，以提升会展业抵御和防范风险的能力。

会展策划和会展运营过程中充满着风险，每次活动面临的风险不是一成不变的，风险计划的内容也不能一成不变，它要不断地进行调整、修订，达到防范风险、抗减风险、迅速补救、快速恢复、安定人心的效果。

风险计划的内容要根据诸多风险发生的可能性、发生后可能带来的后果、目的地国家的法律、目的地当地的法律、活动现场场地的具体情况、活动的季节、主办方的内外风险资源、出资方的承担风险意愿等进行相应调整，在活动后要对风险计划的效果进行评估，看所采取的对策是否最有效、是否经受住了实践的检验、有没有更好的选择等。风险计划是活的。

风险计划制订好后，在活动过程中执行时要注意监控和测试，包括针对紧急情况的预先演练、发生事故后复审事故报告等。很多时候，一线的风险计划执行者更了解风险计划的得心应手之处和深层问题。所以，风险计划制订者要多向一线人员请教，通过调查和测试进一步完善风险计划。一线人员遇到风险计划外的新问题、新风险时，要及时汇报，请示处理办法，不能擅自做主自行处理。特别是由于一线人员（包括志愿者）本人的疏忽而出现的问题，不能用自己认为好的办法去解决处理。

很多时候，事故发生前就存在着一定的隐患，会出现异常现象或苗头，只要一个隐患被一线人员堵住、一个征兆被一线人员提前发现，往往就能避免整个事故的发生。

风险计划不是万能的，其功能像一部汽车的刹车一样，说的是在活动的整个过程中，什么时候需要踩刹车，所以它体现了底线思维。风险计划可以防范和减缓事故、危机和灾难，但不是说汽车有了刹车就一定不会发生事故，不会发生风险，只是说没有刹车是万万不能的。

会展活动这辆汽车，它必须有油门和刹车。汽车运行过程中，需要踩油门，也需要踩刹车。踩油门肯定是有一批人，比如会展策划者、会展营销者等，如果没有人踩油门，汽车不会前进；如果没有人踩刹车，也会发生刮碰甚至车毁人亡。运行中的汽车，只有避免了风险，才能到达成功的彼岸。

风险计划也需要和活动的关键利益相关方提前沟通，确保执行应急预案时能够得到各方合作，在紧急情况下步调一致。

【名词解释】

1. 风险计划，活动中准备应对风险的策略和办法。
2. 风险团队，活动中应对风险的人员，包括内部风险团队和外部风险团队。详见第二章。

3. 应急预案，风险计划中的一部分，是应对突发事件的方案。

【思考题】

1. 为什么要做风险计划？
2. 风险计划的内容包括什么？
3. 大型活动和小型活动的风险计划有什么不同？
4. 为什么风险计划需要不断完善？
5. 本章内容对未来的风险计划有什么可用之处？

【本章参考资料】

1. Hilliard，T W. Risk Management. Convention Industry Council Manual（9th ed.）. CIC Publications，2014：30，63-65.

2. Hilliard，T W. Risk Planning and Emergency Management. PCMA's Professional Meeting Management（5th ed.）. Dubuque，IA：Kendall/ Hunt Publishing Company，2006：575-677.

3. Ramsborg，G. C. Preface；Cufaude，J. A Fresh Perspective. PCMA's Professional Meeting Management（5th ed.）. Dubuque，IA：Kendall/ Hunt Publishing Company，2006：8-10.

【延伸阅读】

活动风险管理的核心是风险计划，它的功能相当于汽车的刹车。但只有刹车不行，汽车得有油门，油门和刹车配合才能安全到达目的地，实现活动的目标。活动策划就是油门的元素之一。

油门——活动策划中的 Moments

美国人 Daniel Pink 在其 2005 年出版的《全新思维》（A Whole New Mind）一书中说，现在我们正在从 IT 时代进入"概念"时代，概念时代需要的人才是创新者和利人者（empathizers，指能设身处地地为他人着想的人），他们能为用户提供右脑产品（指能给人带来愉快体验的产品）。

10 年之后的今天，"概念"的含义越来越清晰了，DT 时代就属于"概念时代"。DT 时代和 IT 时代的主要区别之一，是要给人设计出愉快的经历。体验也好，经历也罢，就是 moments（笔者在最初看到 create memorable moments 这个表述时，由于文化背景不同，并没有把 moments 和体验或者经历联系在一起）。

比 Pink 早 20 年，瑞典人 Jan Carlzon（詹·卡尔森）在 1985 年写了一本瑞典语的管理学著作——《组织结构扁平化》，书中记录了他本人奇迹般地让北欧航空公司（Scandinavian Airlines）扭亏为盈，华丽转身。1987年，这本书被美国人 Harper Perennial 翻译成英文版的 *Moments of Truth*（《关键时刻》），我们读者对《关键时刻》这个书名比较熟悉，它就是《组织结构扁平化》的英文版，汉语版时译成了"关键时刻"，就像 *Family Album USA* 翻译成《走遍美国》那样。

卡尔森在《关键时刻》中说，北欧航空公司每年大约运载1000万名乘客，平均每位乘客在乘机过程中先后接触5名员工，和每位员工的每次接触（every encounter）大概持续15秒钟。这1000万名乘客中的每个人通过和5名员工的接触，在一年当中对北欧航空公司共产生5000万次印象，这5000万次给乘客留下印象的"关键时刻"决定了北欧航空公司的成败。我们必须利用这5000万次关键时刻来向乘客证明，搭乘我们的班机是最好的选择，和顾客接触的一线员工，他们才是众多15秒"关键时刻"中的"关键人物"，所以卡尔森赋予一线员工很多权利，像我们今天熟知的海底捞员工那样。

《关键时刻》（*Moments of Truth*，MOT）一书出版后，一时间，各个行业都在寻找自身能给客户留下印象的 moments，许多企业的定位就是"创造让顾客难忘的时刻"（create memorable moments）。卡尔森对"关键时刻"的定义是，"任何时候，当一名顾客和企业的任何一个层面接触时，无论多么微乎其微，它都是形成企业印象的机会，这就是关键时刻（Anytime a customer comes into contact with any aspect of a business, however remote, is an opportunity to form an impression）"。

由于企业所在行业的不同，发展阶段的不同，其"关键时刻"的内涵也不尽相同。不知道海底捞的老板张勇是否也采纳了卡尔森的做法，但海底捞的管理模式和卡尔森是相通的。

相比之下，会展活动中的 moments 更多，因为会展活动的持续时间通常比去乘飞机或吃火锅的过程更长，比如，但不限于，展览中参展商在接触买家的时候，甚至包括暴露在远处买家视线内的身势语。在会展活动中，moments 作为会展内容载体的一部分，是给人设计的经历，是给人策划的体验。特别是在精彩纷呈的活动（events）中，memorable moments 是脑海间挥之不去的意犹未尽，是记忆中久久回响的难忘瞬间，这些 moments 对活动的效果至关重要，是活动成功与否的关键。

2015年初夏，在一个户外新产品发布会后，我们做了一次私下调查。会前主办方的目标是邀请来150个潜在客户，所以按目标给各销售人员分派了邀请任务指标。结果发布会当天到场170人，主办方非常满意。大家站着听了约半小时的领导发言和产品介绍，然后参观体验，接着在旁边餐厅吃中午饭，领礼品，散会。

在主办方感到满意、觉得活动达到了目的的同时，调查却发现，参会者反映了别的问题，比如说停车难，无人指引，无指路标识，寻找会场难，等待开始的时间过长，站着开会时感到累了看不见可以坐的地方，渴了没有服务员来送水，想上洗手间时问旁边的礼仪小姐怎么走，礼仪人员说对不起我也是今天才来的，后来找到了地方，进去后发现因当天人多天气热，里边味道大得让人进不去，等等。我们试想，这样的体验给客户留下了什么印象，他/她以后会买这个产品吗？可能不参加这个活动还会买，参加了反而不会买了。可惜的是，主办方没做反馈调查和评估，对客人的体验一无所知。

随着经济的不断发展，活动越来越多，然而我们身边的很多活动没有效果，或者效果欠佳。究其原因，我们往往只注重会展活动的内容，却忽视其过程。活动的内容是活动中要给参会者表达或展示的东西，因而内容是显而易见的；活动的过程是指用什么样的方式来表达内容、活动中的互动形式、沟通氛围以及背后的服务水平，所以过程通常是看不见的，但参与其中的人却能感受得到。Moments更多地体现在过程当中，它（们）由在活动过程中的黄金分割点上分布的一个个情节高潮组成，让活动的过程跌宕起伏，扣人心弦。这需要活动策划者了解人性，有"创新者"和"利人者"的情怀。活动管理的魅力，就在于活动过程中对参与者心理需求的把握。我们常常会感到，对参会者心理需求的把握，就像一根渐近线，可以无限接近但却无法触及。这种朦胧感，正是活动策划的魅力根源之所在，也是活动策划者需要用其一生的精力去追求的东西。

　　资料来源：王春雷．活动研究（微信公众号）．

第六章 应急预案

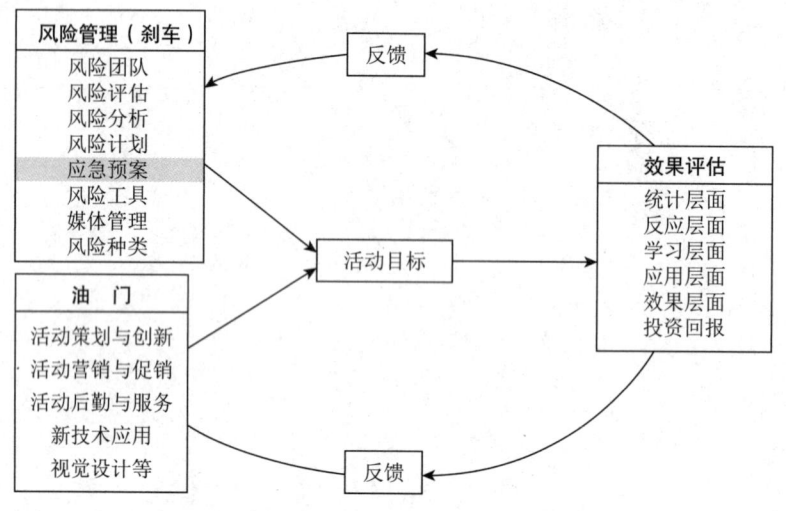

【学习目的】

- 理解风险和风险资源的关系
- 理解应急预案和风险评估、风险分析的关系
- 掌握应急预案两大部分的基本点
- 能从应急预案的角度勘查场地
- 能说明为什么疏散是关键
- 能写简单的应急预案

第一节　制订应急预案的必要性

在会展活动的运营过程中，为了应对各种突发情况，要提前制订应急预案。诚然，历史上的英雄中确有临危不乱的大将风度者，生活中也不乏临危不惊的人，但是通常情况下，这样的人是少数。活动中突发风险，特别是严重事故或大型灾难时，容易让人不知所措，乱了阵脚，不知道怎么去有效应对。没有比等到风险爆发后再去临时想办法看如何应对更坏的事了，要有应急预案，不打无准备之仗。理想状态下，现场出现的任何突发情况，都在我们的预料之中，我们都有备而来，知道怎么去快速有效地对付它，这是制订应急预案的目的。

一说起应急预案，容易让人想到的可能是如何应对火灾、地震或恐袭这样的大型灾难。实际上，任何可能干扰会展活动正常流程的、对会展活动的成功举办具有负面影响的、对实现会展活动的目标带有负能量的事件或不确定的状态，都是风险。活动组织方要在事先通过应急预案对可能发生的风险有所准备，并在风险发生后尽快做出反应。

在第四章的风险分析中，我们讲了风险严重程度的概念，即风险的严重程度（RS）与风险发生的可能性（RP）及风险发生后的危害程度（RI）之间的关系。就发生概率而言，大型灾难虽然发生后的危害程度大，但其发生的可能性却比较小，可能举办活动十年二十年了，也没遇到过一次火灾、地震或者恐袭。而危害程度小的风险发生的概率却比较高，比如无线麦突然不响、翻译与演讲者之间事先准备不足或没有默契造成尴尬冷场、给虔诚的宗教徒提供了禁忌食品或客人食品中毒、展会上设备的技术故障、失窃诈骗、颁奖仪式没有事先演练并从演练中发现问题等。应急预案的覆盖面应该是风险计划中确定了的需要应对的所有风险，而不只是大型灾难。

前面说过，活动的举办地和具体场馆定下来后，风险团队会预想在这里举办活动可能会遇到什么风险，这个过程叫风险评估。对风险评估的结果，有两点需要说明。一是总有想不到的风险；二是过往的风险评估结果不是一成不变的，它是随着活动的不同、随着活动组织方、活动流程、活动举办地、举办时间等因素的不同而不同。比如，同样的活动，举办的时间变了，风险评估的结果就不一样。这就是为什么我们说，对每一个活动，都要做风险分析或SWOT分析，不能说以前做过，这次就算了。可能以前几十年间在法国尼斯办的活动，都没出现过恐袭，但是2016年7月它就发生了。

就是说，风险的发生具有不确定性，例如我们突然发现活动现场当天的停车位不够造成参会者虽然到了却迟迟不能进场；不售门票的展览现场观众意外增多需要引导人流疏散；也可能上午还好好的，下午却突然有人携炸药进入酒店，引起恐慌。

所以，风险状态如果事后可以用一条曲线表示的话，这条曲线有说变就变的地方，可能随时出现不连续的拐点，需要风险团队提前制订好应急预案并在现场进行实时监控。

汶川桑枣中学的校长叶志平自上任后，就为学校当时新建的实验教学楼担心，这座楼断断续续地盖了多年，没找正规的建筑公司，建好后没人敢为这栋楼验收。面对这样一栋危楼，校长知道，教学楼不结实，早晚会出事。出了事，没法向学生家长交代，没法向社会交代。所以他一方面利用寒暑假长期维修加固，另一方面制订了应急预案——突发事态下的逃生计划。叶校长心里明白，只加固教学楼不行，紧急情况下如何有序地疏散学生更能解决实际问题，这一点至关重要。

所以从 2005 年开始，他每学期都在全校组织一次紧急疏散演习。在应急预案中规定好每个班的固定疏散路线，要求两个班疏散时合用一个楼梯，每个班必须排成单行，疏散到操场上的位置也是固定的，每次各班级都站在自己的地方。对每个班怎样冲出教室也做了规定，教室里学生一般是 9 列 8 行坐着，前 4 行从前门撤离，后 4 行从后门撤离，每列要走教室里的哪条通道都预先做了计划，并且要求在低层的二楼、三楼教室里的同学跑快些，以免堵塞逃生通道；在高层的四楼、五楼的学生跑慢些，否则会在楼道中积压人流，造成拥挤摔倒（这是紧急疏散中的忌讳——编者注）。紧急疏散时老师的站位更有具体要求，要求老师站在各层楼梯的拐弯处，原因是在拐弯处孩子最容易摔倒。孩子如果在这里摔倒了，作为成人的老师，有能力把孩子快速从人流中扶起来，不至于让别的同学踩到。

叶校长除了安排搞紧急疏散演练外，还亲自查看学生演练过程的实际情况，看人流量最大时哪里容易出问题，检查在各层的楼梯拐弯处老师是否到位。他还经常在学生下课后、课间操、午饭晚饭时以及下晚自习后的时间，在教学楼实地查看容易出问题的环节。他规定，每周二学校各班级要进行安全知识讲课，对学生进行风险教育。

从桑枣中学的应急预案例子中，我们能看到两个关键点：

（1）制订应急预案需要调研，演练；再调研，再演练。

（2）风险发生后的反应速度是应急预案成功与失败的关键。

对于企业会议、学生上课这样的活动，其重大风险的应急预案，关键是事先演练。对于参会者无法事先演练的会展活动，风险团队可以找适量人群设法模拟。虽然模拟人群不是参会者，但从模拟疏散演练中可以发现深层次的问题。

第二节　应急预案的内容

应急预案是风险发生后计划采用哪些风险资源[1]来应对紧急事态、危机或灾难的办法，是提前做好的备用方案。对潜在风险清单上的任一项风险，一旦决定应对的话，应急预案中就必须有与其对应的那部分内容。潜在风险和风险资源是矛和盾的关系，如果把潜在风险看成活动风险管理中的负能量，那么风险资源就是可以与之相对冲的正能量。应急预案的内容，就是设法在潜在风险与风险资源之间实现匹配。制订应急预案的过程，是从风险评估开始，到风险资源评估，再到调查研究（包括对目的地方、场馆方的调查研究），然后指定专人（或团队）起草应急预案，演练和修订应急预案的过程。

通常一个应急预案中应该包括两个大部分。第一部分是把各种风险（包括紧急情况、突发事故、各种灾难等）按大类小类罗列清楚；第二部分是简单清晰而有条理地阐述对各种风险采取的应对办法。这些应对办法，有时看起来很相似，特别是在发生重大事故和灾难的时候，比如灾难发生后首先要做的就是迅速疏散在场人群。

尽管不同的组织方在运营不同的活动时，应急预案都得按自己的具体情况来制订，我们在这里还是乐意为应急预案里的风险分类提供如下模板（Hilliard，2006，p.676）。

第一部分
1. 自然灾害
1.1 龙卷风，台风。
1.2 洪水。
1.3 地震。
2. 事故
2.1 严重人体损伤或急病。
2.2 活动中计划好的重要内容无法兑现或重要信息丢失。
3. 国际活动中的人为恶意行为
3.1 实施恐袭，人肉炸弹。
3.2 暴力冲突。
3.3 罢工，罢工工人阻止别人上班，抵制。
4. 技术故障
4.1 场馆或整个城市大范围停电。
4.2 电脑系统瘫痪，注册数据丢失。

上面列出的类别可能并不全面，对一个具体活动、具体组织方（包括主办方和承办方）、不同的具体利益相关方来讲，活动面临的突发情况、危机、灾难各不相同，其应急预案中大类、小类的划分及其内容都不尽一样。

第二部分
起草应急预案前，为了提升应急预案的实用性，风险团队要和活动目的地的风险专业人士和活动场馆方的风险专业人士进行充分沟通，了解以下情况（Hilliard，2014，p.71）后写成第二部分：
1. 通向活动场馆的各个通道
1.1 有哪些出入口？
1.2 这些出入口是怎样管理、控制、监控的？
1.3 可以进出会场、展馆的点有哪些？这些点包括进出场馆的门、窗、电梯、楼梯、和地下室的连接口等。
1.4 谁能够进出场馆？比如：参会代表、服务员、维修人员等。
1.5 进出场馆最便捷的出入口在哪里？比如一个酒店的多功能厅在酒店内一层的东南角，通常情况下进出多功能厅走大堂进去，但是多功能厅本身有一个侧门，如打开可以直接通到酒店外边，那么这个侧门就是会场最便捷的出入口。或者没有侧门，但是墙上有一个窗户，那么这个窗户就是最便捷的出入口。发生紧急情况时，应急团队人员可以从这个/这些最便捷的出入口进入会场，因为那时从大堂那边经走廊可能因为混乱中的人群挡道而进不去，无法第一时间赶到现场。

1.6 会场内外、场地内外、酒店内外有哪些潜在风险点？例如哪里可让狙击手藏身，从而让在会场的人或进出会场的人面临危险？

2. 场馆信息

2.1 紧急情况下的报警方式是什么？只有声音报警，还是对听力障碍者另有视觉报警？紧急疏散和紧急集合的报警方式有没有区别？

2.2 有没有公众广播系统或其他信息传播系统能把紧急报警信息迅速传达到每一位参会者？

2.3 公众广播系统或其他信息传播系统的覆盖范围是所有客房、整个会场，还是只覆盖公众区域和走廊？

2.4 紧急疏散的路线是什么？哪些点容易形成人流拥堵？大人流怎么沿线疏导？

2.5 紧急疏散的目的地在哪儿，即应急避难场所在哪儿？用什么办法确认所有人员已经安全撤离，没有一个人被拉下？

2.6 怎样帮助残疾人紧急疏散？

3. 现场医护人员及设备

3.1 活动现场有没有医生、护士或急救师[2]EMT（Emergency Medical Technician）？如果有，他们的所在位置在哪儿、值班时间是什么时候？

3.2 急救站在哪儿？急救设备有哪些？

3.3 活动现场有没有自动体外除颤器[3]（Automated External Defibrillator，AED）？如果有，在哪儿？谁会用？

4. 现场医疗护理

4.1 距活动现场最近的医院在哪里？

4.2 活动目的地的相关急救电话是什么？比如在我们国家，火警是119，急救是120；美国是911（消防电话、急救电话、报警电话都是911）；英国是999（紧急）和101（非紧急）；各国不尽相同。

5. 紧急沟通

5.1 会场有没有内线电话？如果有，在哪儿？号码是什么？

5.2 紧急情况下用什么方式和安保、警察、消防、急救师取得联系？

5.3 核实／确认活动主要决策者紧急情况下的联系方式和决策方式，确认紧急行动是否实施的最终决策者是谁，什么情况下现场应急团队人员可以"先斩后奏"。

5.4 目的地方和场馆方的关键人员下班后怎么联系？

5.5 所有参加活动者和为活动服务的人员，他们出现意外时，家里的紧急联系人是谁？怎么联系？

5.6 谁是新闻发言人？联系方式是什么？

上述五大点及其各小点，只是通常的基本点，需要认真了解并做详细记录，列表造册。对于某一具体活动，可能还有其他更多情况需要了解清楚，需要安排好前期准备工作，需要对紧急事件发生后的整个流程做出行动计划。比如一个国际会议，还需要了解参会者所在国的驻华使馆、领馆的所在地及其联络方式；活动的应急预案由谁编制，由谁审定批准，突发事件后如何启动、何时启动，谁有权利启动；为防范恐袭，怎样和公安部门事先取得联系，在哪些关健部位需要安排警力；恐袭后急救、减轻伤亡和财产损失的措施；如果发生恐袭或火灾，怎么报警，在警方没到场前做什么，怎么做；风险团队人员怎么培训，现场怎么布置，责任区域怎么划分；紧急情况下现场人流怎么控制、怎么隔离、怎么疏散；媒体怎么应对，消息怎么发布，舆情谁来管理，怎么管理等。

起草应急预案时，重要的是其中的第二部分，应该清晰而具体地描述好风险发生后的行动方案。因为在紧急情况下要做的事情太多太急，所以风险发生后要立即对事态的严重程度做出评估并迅速行动。行动方案内容包括如何保护参会者、员工、志愿者、注册资料、会议内容资料、展览项目资料及重要数据和记录；保护设备、保护资产等；确定是否暂停、继续或取消活动。

撰写应急预案，不一定也没必要为每一个风险都写出对应的应急预案，而是按风险爆发后所需要的快速反应行动进行分类，同一类的风险放在一起写进应急预案。例如，火灾、一氧化碳中毒或天然气泄漏后的快速反应动作相类似，最终以成功疏散、启用风险资源收场，就可以考虑把它们归为一类写进应急预案中的同一章节，其中包括快速反应的过程和步骤：从听到报警开始，到采取在缺氧状态下、可能中毒状态下的呼吸措施，到紧急疏散，再到集中到应急避难场所，迅速联系安排相应的风险资源的整个过程及其步骤。

说句题外话。这一章我们不止一次地提到"应急避难场所"，英文中多叫作 Emergency Shelter。不知道大家平时留意过没，我们所在的每个城市，都有几十处应急避难场所，每一处都有明显标识，它们分别在马路旁、公园里、单位中或者空地或草坪上。如果没留意过，今后在步行的时候可以注意看下，自己单位或家的附近是否有应急避难场所，万一出现紧急情时会有用处的。我们只知道昨天有没有发生事故，我们不知道明天甚至今天会不会发生风险。

实际操作中我们会发现，承接活动的场馆方和目的地相关部门可能已有现成的应急预案，这时应急团队需要和他们接洽/商讨，在原预案基础上根据本次活动的具体情况增、删、修改，形成本次活动的应急预案。

很少有两个活动的应急预案是完全一模一样的，每一个预案都需要针对具体的活动、具体人群的人口特征（demographics）、具体的时间地点、面临的具体风险挑战而专门设计，并根据各个利益相关方的具体情况进行调整和优化。这意味着，实际操作中，应急预案及风险发生后的应对行动可以呈现出一些不同的形式，就像数学中的 f=f(x) 那样，随着诸多 x 的变化，f 可以取不同的值。

应急预案不能写成天书，要写得简单易懂好操作，里面避免使用华丽辞藻，这样才能提高应急团队执行应急预案的效率，使应急预案具有可操作性。

尽管在紧急情况下要做的事情太多太急，但严重灾害应急预案中的快速反应部分应把握的两个关键点是：让人尽快到达安全地带；尽快联系上快速反应团队，如消防队、警察、急救车等。一般说来，快速反应过程应该不超过 10 个步骤，步骤多了反而反应更慢，写得太细了反而让人不知所措。火灾、骚乱、恐袭、急救等危害程度高的风险该如何应对，在应急预案中是要首先说明的，其他危害程度较低的风险发生后则不会那么紧

张，需要和场地方、目的地方人员好好协调合作，一般就能妥善解决或应对（Hilliard，2014，p.72）。

应急预案的执行速度，即风险发生后应急团队的反应速度是至关重要的。反应速度是成功与失败，甚至是生与死的关键因素。而反应速度是从熟练动作中得来的，对于企业会议、学校上课这样的活动，因参加活动的人便于事先集中，可以考虑会前安排演练；对于协会会议、非营利性组织会议等的活动，参会者不便事先集中，应急团队可以考虑通过适当样本人群模拟演练，以便从演练中发现问题，必要时进一步修改应急预案。在执行应急预案的过程中，现场的指挥系统、风险团队的组织架构及其执行力和通信手段，是风险发生后减少损失、减轻伤害的关键。

必须强调的是，活动现场出现突发事件特别是重大事故时，风险团队人员沉着坚定的现场指挥能力，需要有足够强大的心理状态做支撑。那个时候，人处于应激状态，它和我们在教室看书、办公室看风险案例的状态绝不相同。那不是害怕和流泪的时候，应急团队中每个人都得迅速进入应激状态，没有经验者常常脑子里一片空白，表现出不知所措。

第三节　应急预案的执行

一、现场沟通

作为风险计划重要的一部分，应急预案中应明确规定现场指挥系统的运作程序，包括发布命令者，执行命令者，何时启动、何时终止应急预案，现场通信怎样保障等。通常情况下，现场每一个风险团队人员只听一个人的指挥，除非直接指挥者缺位。

风险爆发后，有效而准确的现场沟通非常重要。当今是一个互联互通的社会，沟通方式很多，电话、电视、无线电、电子邮件、社交媒体、互联网等。尽管如此，一旦遇到大灾难，比如2001年美国纽约的"9·11"、2004年印尼的海啸时，这些沟通渠道中的一个或者多个可能会彻底瘫痪，因手机信号发射塔损坏、电视电话网络等因断电而不能使用，或因某一时间段使用人超过系统容量可暂时阻滞。联系不上是最急人的，沟通渠道/方式要有常用的和备用的。

风险发生时，即便危害程度不高，现场沟通也很重要。主办方承办方的员工之间、活动组织方和场馆方之间、承办方与供应商之间不能上下左右拧着劲儿，相互间及时准确的高效沟通对风险发生后的迅速反应至关重要。

可以在应急预案中约定，和场馆方沟通用有线电话，和供应商沟通用手机，员工之间沟通用对讲机等，以防需要紧急沟通时对方占线。还有活动组织方要有能同时通知所有在场工作人员的沟通系统，以及和上级主管者的畅通沟通渠道（Hilliard，2014，p.73）。

二、继续生存计划与备用方案

继续生存计划也属于应急预案的范畴，曾遇到过公司组织的活动，漏掉了人身意外保险却偏偏出了人命官司，对方不依不饶，公司无奈倒闭。继续生存计划是，在活动中发生了风险、危机、灾害之后，企业或组织怎样继续生存、继续运作的计划。简单地说，危机灾难之后，组织怎样渡过难关继续生存，要提前做好应对计划。

备用方案也属于应急预案的范畴，指的是会展活动因突发情况无奈被推迟、取消或必须更换场馆或目的地时使用的计划。例如，一个户外活动，因举办当天下大雨，必须换到室内，那么这个室内运营计划就是备用方案。备用方案也要求在会展项目开始前提前做好。突发情况出现后再做备用方案，可能临时抓瞎，不一定能行得通，比如遇到暴雨后临时找室内场地，不一定能找得到，即便有也可能已经被订出去了，被其他活动占用着。

为了备用方案能够有效运作，需要提前设定好备用方案的启动指标。就像"如果A试卷泄密"，就启用B试卷一样，备用方案有它的启动条件，这个条件就是启动指标。比如中共一大，因会址泄密（启动指标），最后一天在嘉兴南湖的船上召开。拟更改的活动日期或变更的活动场地，必须提前联系，落实到位。这些功课做完后，才能撰写备用方案。顺便说明下，尽管有人把备用方案（Contingency Plans）也翻译成"应急预案"，考虑到美国的同行常把 Contingency Plan 叫作 Plan B，就像学校考试时出的试卷B一样，所以本书中把 Contingency Plans 翻译成"备用方案"。

三、疏散

疏散是发生一些重大事故和灾难时，应急响应中的共同点。活动中如发生重大灾难事故，首先要做的就是迅速采取行动，疏散在场人群，疏散的效率和防灾减灾的效果直接相关。

关于疏散，有必要提醒风险管理者，风险团队中要有一支管理层参与的负责紧急疏散的分队，这支队伍需要去实地了解情况，事先培训好，并对现场疏散路线了如指掌，以便在情况紧急时能够快速组织现场的与会者疏散。培训重点是：如何让受到风险威胁的人群快速撤离现场，包括哪个位置的人群先撤，哪个位置的人群次之，哪个楼层的人群先撤，哪个楼层的又次之，怎样确认所有人员已离开危险区域，疏散线路上哪里容易发生拥堵，行动不便者、老弱病残如何获得帮助，火灾等风险爆发后紧急疏散时不能乘用无障碍电梯和电动扶梯，等等。一般情况下，当地的警察局、火警队、突发事件管理部门都可以提供这种培训。

疏散的成功指标有两个：一个是现场受到威胁的人员彻底离开风险区；二是启用了风险资源，通常是外部风险资源。

本章延伸阅读（三）中用实例介绍了疏散方案。

四、台前幕后

作为业内人士，大家千万不要只看会后的报道，就认为一个会展活动是成功的。长期在一线从事会展活动的业者都知道，我们很难办成一届让各利益相关方都满意的活动项目。如果一个活动没有出现大问题，通常媒体、参会者或其他利益相关方就认为某次会议很成功，那是因为他们对会展活动不专业，觉得遇到的问题无所谓。他们是从外往里看，就像去参加别人的婚礼一样。专业的会展活动承办方（有时也称为执行方）人员，就像给别人承办婚礼的人一样，参加婚礼和承办婚礼是完全不同的概念和经历。参

加一个婚礼大概是两个小时的事,承办一个婚礼怎么也得两三个月,而这只是时间上的差别。实际的差别大概和观众看演出和演员准备演出一样。如果我们从专业会展管理的角度去看各个环节,做个会展评估,从里向外看,就像承办一次婚礼那样经历一番"背后的故事",通常看到的是一大堆问题,有时候甚至能把人气晕,这些问题都是风险。

遗憾的是,多数会展活动的质量评估,要么不做,要么做不到位,鲜有做到会展评估的第五级"项目效果/项目价值"、第六级"项目投资回报率"(ROI)的,那些"看不见"的风险,一直就那么放着。我们经常看到主办方的报道中说活动是成功的,但是对同一场活动,在另一场合,别的利益相关方却说是失败的,而且他们之间还互不通气,没有通过会展评估的反馈环节联系起来。

很多会展项目第一届第二届好,第三届第四届就招不来人,离开政府摊派和媒体吹牛招徕就越来越困难,一届不如一届,这样下去品牌化怎样实现呢?这背后的原因值得深思。

单就让参会者心理舒适这一点,就有无数个细节要留神,有无限的策划空间去施展,因为让参会者心里不舒服是常见的高发大风险之一。之所以说它高发,是因为很普遍;只所以说它是大风险,是参会者从此不再参加这个活动。所以它直接带来活动的质量风险、信誉风险、品牌风险和营销困难等,并间接引起未来财务风险。如果他心里不舒服,能在意见反馈中表达出来,那还算好的;如果他什么都不说,就是下次不来,只在背后说,或者把自己的意见在潜在客户中扩散,那个风险更可怕。

会展活动和其他服务产品一样,是即时性产品,在产品提供的同时就被消费了。它不像实物产品,发现不合格可以重新生产,可以退货,可以返工,活动产品没有这样的机会。所以会展活动的质量只能靠事前长时间的细心准备和强大的应急预案来作支撑,以保证会展活动的产品合格率。有一些风险,可能我们在应急预案中准备了,但它并没有发生;我们没准备的,它却偏偏发生了。这是正常的,因为我们不可能预知所有风险,还有,为会展活动提供服务的是人,不是机器,是人就可能会出错,不管我们多么细心。我们本以为说过了,文字沟通过了,就应该传达到了每个人,实际上没这么简单,可能根本就没有沟通到位,只说一遍,只文字通知一遍常常是不行的,平时看不出来,到时候才出错,风险就这样发生了。

所以,在制订应急预案时,怎么细心都不为过,通知了、理解了、确认了、落地了、反馈了,才算沟通到位。应急预案的准确到位和应急团队的反应速度是活动风险管理非常重要的组成部分,应急预案就是为风险突发准备的。只有准备风险,才能避免风险;只有准备风险,才能降低风险。风险管理的最高境界是防患于未然。

第四节 应急预案实例

会展活动是如此简单,以至于公司老板让办公室或人力资源部门没做过活动的人都可以承办一次活动;会展活动又是如此复杂,以至于本科四年的会展专业毕业生,还是不会做会展。这个中原因到底是什么呢？

　　活动呢，一点不懂的人也能做，照猫画虎就行，只是没有章法，做完后没有质量，还感到特别累，按下葫芦浮起瓢。只从书本上学，只去看会展，三四年下来也不行。因为那只看到台前，不知道幕后。小孩看大人走路很容易，但是只看着大人走路，自己不在实践中摔几跤，是学不会走路的。会展产业链长，知识面广，活动背后看不见的事情太多。参加婚礼和准备婚礼不一样，看演出和排练不一样，看电影和拍电影也不同。

　　每个行业都有自己的产品。活动管理的产品，是活动效果，而不是活动本身。

　　"学习的目的全在于应用。"在第六章内容之后，让我们来看两个应急预案实例，第一个是突发事件应急预案；第二个是生化恐袭应急预案。这两个实例能让我们对风险管理中关于应急预案的知识有更深刻的理解，让我们知道所学知识怎么去运用。

　　我们先来看第一个实例，上海世博会筹备期间准备的突发事件应急预案。从该预案的细微之处，可见世博会的风险管理工作细致之一斑。用资料提供人上海市会展行业协会郑承章部长的话说，应急预案内容需要活动后不断补充，而每一次补充背后都是教训。

突发事件应急预案

目　录

1 总则
1.1 目的
1.2 编制依据
1.3 场馆现状
1.3.1 场馆的位置
1.3.2 场馆建筑构成
1.3.3 国家馆现状
1.3.4 省区市馆
1. 进出省区市馆建筑的通道
2. 正常运营过程中参观者使用的出入口
3. 应急出入通道
1.4 突发事件的界定和等级
1.4.1 突发事件的界定
1.4.2 突发事件的等级
1.5 适用范围
1.6 工作原则

2 实施机制
2.1 组织机构与职责
2.1.1 组织体系
2.1.2 工作职责
2.2 应急联动机制
2.2.1 一般突发事件应急联动机制
2.2.2 重大突发事件应急联动机制
2.3 预警机制
2.3.1 预测和预防
2.3.2 预警报告
2.3.3 预警变更和解除
2.3.4 信息报告和通报
2.3.5 先期处置
2.3.6 应急响应
2.3.7 应急结束
2.3.8 后期处置
2.4 应急保障机制
2.4.1 应急通信保障
2.4.2 应急队伍及物资保障
2.5 培训演练及奖惩机制
2.5.1 教育和培训
2.5.2 演练
2.5.3 责任与奖惩
3 自然灾害类突发事件
3.1 高温
3.1.1 分级响应
3.2 台风
3.2.1 分级响应
1. 蓝色台风预警响应
2. 黄色台风预警响应
3. 橙/红色台风预警响应
3.2.2 应急程序
3.3 暴雨、大风、雷暴
3.3.1 分级响应
3.3.2 应急程序
4 事故灾难类突发事件
4.1 火灾
4.1.1 处置措施

4.1.2 责任分工
4.1.3 应急程序
4.2 供水、供电、供气事故
4.2.1 供电故障
4.2.2 天然气漏气
4.2.3 停水
4.3 客运电梯故障
4.3.1 垂直电梯
4.3.2 自动扶梯故障
4.4 环境污染事故
4.4.1 处置措施
5 公共卫生类突发事件
5.1 食品安全
5.1.1 分级响应
5.1.2 责任分工
5.2 传染性疾病
5.2.1 预防措施
5.2.2 处置措施
5.3 意外受伤及突发疾病
5.3.1 处置措施
6 社会安全类突发事件
7 新闻管理类事件
8 附录
8.1 制定与解释
8.2 方案实施时间
8.3 应急处置通信
8.4 危险源分布图

1 总则
1.1 目的
以"积极预防，有效应对"为原则，落实园区场馆应急管理建设，形成统一、高效、科学的场馆突发事件应急管理和运作机制，确保场馆安全、有序、稳定地运行，确保场馆区域内人员生命和财产安全，减少各种突发事件的损失，确保不发生重特大突发公共事件，不发生重大责任事故。

1.2 编制依据
（1）《国家突发公共事件总体应急预案》
（2）《上海市突发公共事件总体应急预案》
（3）《运营计划》

（4）《场馆运营手册》

1.3 场馆现状

1.3.1 场馆的位置

场馆位于浦东A片区世博轴东侧，与主题馆沿世博轴对侧布置，紧邻轨道交通8号线周家渡站，由北环路、上南路、南环路和云台路围合而成，用地面积约6.5平方公里。

场馆北面过北环路是尼泊尔国家馆，东面是云台路，在云台路的另一边是斯里兰卡、巴基斯坦和阿曼等国家馆，南面是南环路，西面是上南路和世博轴。

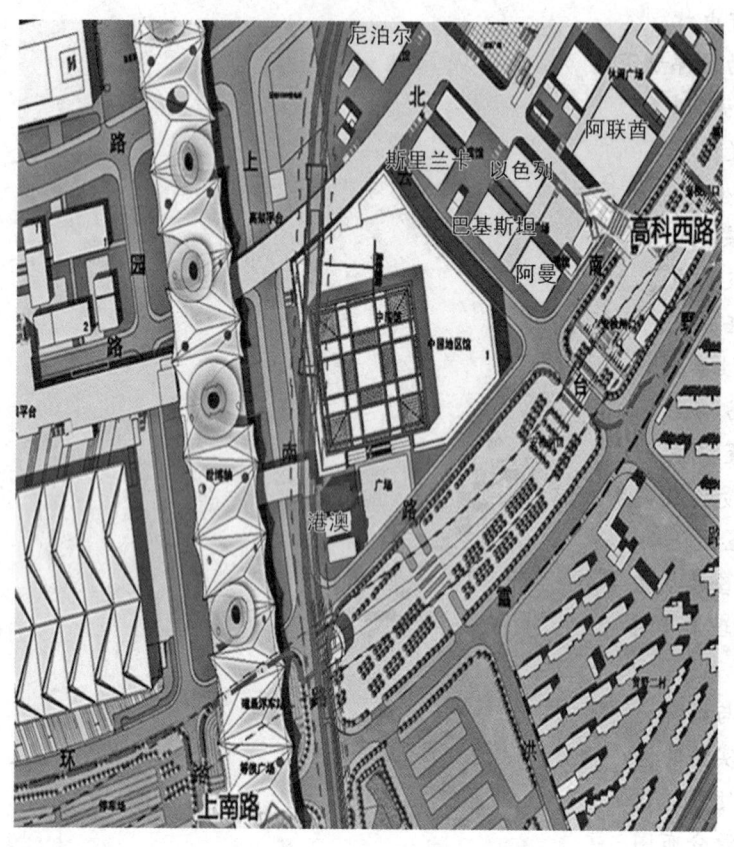

1.3.2 场馆建筑构成

场馆包括国家馆、省区市联合馆。总建筑面积162 363平方米。

国家馆在场馆区域的中间位置。建筑总高69米，顶部边长为138米。国家馆的总面积为46 457平方米，其中，地上43 904平方米，地下2 553平方米。

省区市馆在国家馆的底座上，建筑总高13米，总建筑面积为113 669平方米。其中地上62 970平方米，地下50 699平方米。

1.3.3 国家馆现状

1.3.3.1 场馆出入口

1. 进出场馆建筑的通道包括：

从南广场使用自动步道或楼梯进出9米层

从场馆北面14米层的平台使用楼梯进出9米层

经过省区市馆序厅，使用4个核心筒内的楼梯或垂直电梯进出场馆

使用中央核心筒内的2部自动扶梯从14米层出场馆

2. 应急出入通道包括：

9米层北面与14米平台相连的楼梯

9米层南面与0米南广场相连的楼梯

4个核心筒内的消防楼梯

3. 接待能力

规划日接待能力目标为50 000人/天。小时接待能力4167人。

1.3.3.2 馆内人流量

1. 根据设计团队对提供的展项设计参数，进行仿真模拟的结果显示：

49米层聚集人数为1700~1900人

41米层聚集人数为1000人

33米层聚集人数为700人

33米+40米+49米总人数约为3500人

49米层的平均停留时间为23~30分钟

41米层的平均停留时间为13~15分钟

33米层的平均停留时间为13~15分钟

33米+41米+49米层的总参观时间约为50分钟

9米层聚集2100人左右的排队人群，排队时间约为30分钟

2. 将游客平均参观时间按展示项目统计如下：

49米层影院序厅 – 4分钟

49米层影院 – 10分钟

49米层影院退场区：2.5分钟

49米层智慧长河：5分钟

49米层希望大地：5分钟

49~41米层坡道：5分钟

41米层骑乘候车区：2分钟

41米层骑乘：10分钟

33米层：14分钟

1.3.4 省区市馆

省区市馆总建筑面积为113 669平方米，其中规划布展建筑总面积为26 200平方米（含通道），序厅面积为5612平方米，辅助空间面积为20 095平方米。省区市馆地下空间面积为50 669平方米。

展馆为钢结构永久性建筑，建筑层高13米，内部净高9米。展馆馆内立柱间距分27米和36米两种，立柱直径1.5米。展馆地面为混凝土结构，每平方米最大承重2000千克。在展馆内将按照规范要求配备普通照明、消防设施、强弱电设施和给排水、空调系统等。

1.3.4.1 省区市馆出入口

1. 进出省区市馆建筑的通道包括：
- 西面主入口（1号门）
- 周边2个出入口
- 序厅内和场馆9米层相连的4部自动扶梯
- 序厅内场馆4个核心筒内的楼梯和垂直电梯

2. 正常运营过程中参观者使用的出入口包括：
- 普通观众入口－西面主入口
- 普通观众出口－周边6个出入，分别是3、6、9、12、16、20号门
- VIP出入口－西面主入口旁边的VIP通道

3. 应急出入通道包括：

在紧急情况下，周边其余14个出入口都可以打开

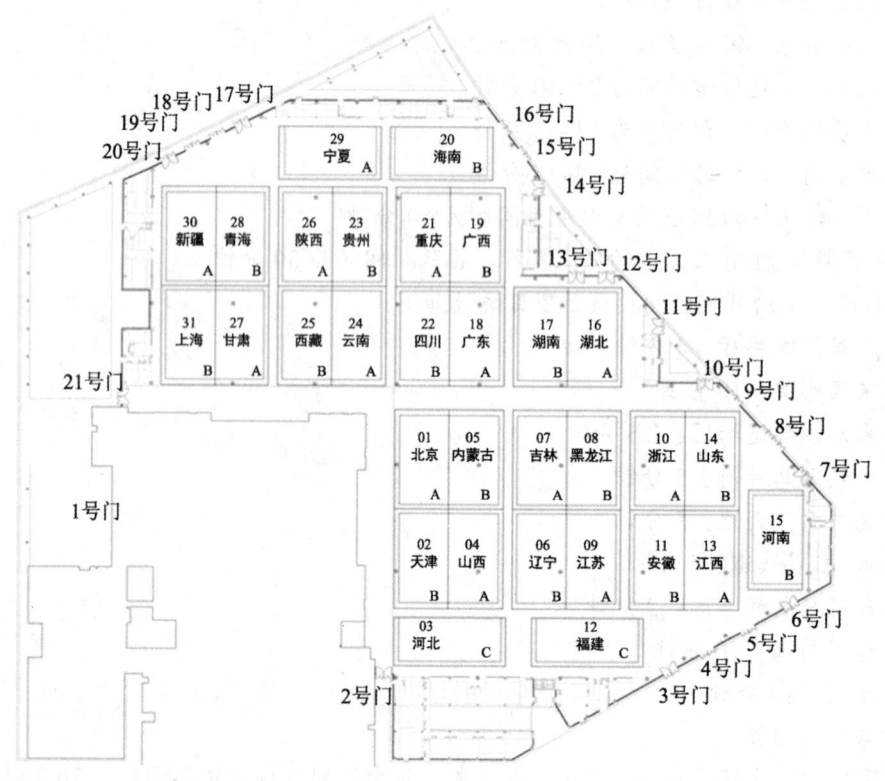

1.4 突发事件的界定和等级

1.4.1 突发事件的界定

本应急预案所称突发事件，是指在场馆各项工作中，突然发生的造成或者可能造成重大人员伤亡、财产损失及对场馆构成威胁、损害或不良影响的紧急事件。

根据突发公共事件的发生过程、性质和机理，突发公共事件主要分为以下4类：

（1）自然灾害。主要包括气象灾害，本方案主要根据场馆现状，主要涉及的是地震灾害、台风灾害、雷雨灾害和高温灾害。

（2）事故灾难。主要包括各类安全事故，本方案主要涉及的是电梯事故，公共设施和设备事故，环境污染和生态破坏事件。

（3）公共卫生事件。主要包括传染病疫情，群体性不明原因疾病，食品安全以及其他严重影响公众健康和生命安全的事件。

（4）社会安全事件。主要包括恐怖袭击事件、民族宗教事件、涉外突发事件和群体性事件等。

场馆突发事件预测种类如下表：

类别	突发事件内容	主要危险源（区域）
自然灾害类	极端天气，如高温、雷击、暴雨、台风、浓雾等	各类悬挂的标识标牌、展品、装饰品；水电气等重要管网；各类临时性建筑
		室外排队场所
事故灾害	特种设备事故	垃圾气力输送点及管道；天然气管道
	环境污染事故	全区域
	火灾事故	场馆建筑内；燃气管道和设施；厨房等动用明火处
	通信保障	网络、通信及移动机房、管线；弱电机房
	供水、供电、供气事故	水电气公配设施
	轨道车	国家馆41米骑乘展项的轨道车事故
公共卫生	食品卫生事件，如食物中毒	场馆员工食堂
	其他公共卫生事件，如意外伤害、突发疾病、H1N1等	场馆红线区域
社会安全	踩踏事件	国家馆、省区市馆热门展项前；自动扶梯；排队区域
	大规模群体性事件	参观者服务投诉点；排队区域；展示区域
	刑事、治安事件	排队区域；展示区域；其他重要设施区域和人流密集区域
	恐怖事件	内能源中心、开关站、箱式变压器、燃气站等重点要害部位；场馆人流密集处
	涉外突发事件	全区域
	民族宗教事件	敏感展区；其他公共区域
	极端高峰人流应急事件	全区域

1.4.2 突发事件的等级

上述各类突发公共事件往往是相互交叉和关联的，某类突发公共事件可能和其他类别的事件同时发生，或引发次生、衍生事件，应当具体分析，统筹应对。

各类突发公共事件按照其性质、严重程度、可控性和影响范围等因素，一般分为4级：Ⅰ级（特大）、Ⅱ级（重大）、Ⅲ级（较大）和Ⅳ级（一般）。较大和一般突发公共事件按照国务院主管部门制定的分级标准，作为突发公共事件信息报送和分级处置的依据。为适应本市突发公共事件的特点和处置要求，一次死亡三人以上列为报告和应急处置的重大事项。对一些特殊突发公共事件应加强情况报告并提高响应等级。

1.5 适用范围

本预案适用于场馆区域和各个重点要害部位，在场馆工作各团队共同遵守执行。

1.6 工作原则

1. 预防为主。场馆的安全工作坚持预防为主的原则。各展区、各部位和各级领导要加大安全知识的宣传和教育力度，提高工作人员自我防护意识，细致排查各类安全隐患，采取有效的预防和控制措施，减少突发事件发生的概率。

2. 依法管理。在场馆发生的各类突发事件预防、控制的管理及应急处置工作，要严格按照国家的有关法律法规、园区的各项规定及场馆制定的各项规章制度执行。

3. 属地负责。按照谁主管谁负责的原则，处置各类突发事件。

4. 快速反应。当各类突发事件发生时，立即进入应急状态，启动各级预案，采取果断措施，在最短时间内控制事态，将危害和损失降到最低程度。

2 实施机制

2.1 组织机构与职责

2.1.1 组织体系

1. 组织领导

场馆以二级指挥平台为依托，设立突发事件应急处置领导小组，由部长任组长，副部长（助理部长）为组员。场馆部长为场馆突发事件处置的第一责任人，二级指挥平台的指挥长为场馆突发事件处置的直接责任人。

2. 指挥平台

场馆的二级指挥平台是场馆整个应急救援工作的指挥中心，负责向上级部门报告和请示，负责与应急部门和相关片区、条线联络，负责协调应急期间各救援队伍的运作，统筹安排各项应急行动，保证应急工作快速、有序、有效地进行。

3. 实施主体

场馆各工作组是各项应急处置的实施主体，负责制定专项应急实施预案，承担突发事件处置的培训、演练，现场的预防、处置和事后恢复工作。

4. 支撑团队

场馆各类服务保障团队将协助场馆内各工作组条处置各类突发事件，协助场馆部编写各类专项应急预案，配合做好进行相关信息汇总、培训和应急演练等工作。

2.1.2 工作职责

1. 应急总指挥职责

(1) 决定场馆各类事故应急预案的启动和终止。

(2) 统一领导事故应急救援工作，确定现场指挥人员，负责应急队伍和资源的调动。

(3) 向园区指挥中心等上级部门和应急部门报告，并保持密切联系；应急救援部门人员到达单位后，配合这些部门指挥应急救援工作。

(4) 向上级主管部门通报事故情况和要求提供救援事项。

(5) 负责事故原因调查和善后工作。

2. 事故现场指挥职责

(1) 根据事故应急救援预案，在事故现场指挥救援行动，把事故消灭在初始状态。

(2) 指挥现场无关人员有序疏散，撤离到安全区域。

(3) 负责救护受伤人员和寻找失踪人员。

(4) 负责现场应急救援任务分配和人员调度。

(5) 向园区指挥中心报告事故情况，请求应急增援。

(6) 与应急部门合作，提供建议和信息。

(7) 维持现场秩序，负责事故现场的警戒和保护。

(8) 负责事故后的现场清理工作。

(9) 负责事故的总结。

3. 工作组组长的职责

(1) 在事故发生初始阶段，担任事故现场指挥。

(2) 在确认事故即将发生或已发生后，向上级领导报告。

(3) 按照应急预案的规定，启动事故应急预案。

(4) 维持现场秩序，负责事故现场的警戒和保护。

(5) 事故处理后的总结及工作预案的修订。

事项	二级运营指挥平台	各工作组	各专业团队
预测预警	●接收园区运营指挥中心的预警信息； ●通过监控发现预警事件； ●确认预警事件级别，发布预警信息； ●向园区运营指挥中心上报重大预警信息； ●统筹指挥各项预警行动。	●建立设施设备、防震、安保、消防等台账，掌握片区突发事件及危险源现状； ●通过日常巡查，发现预警事件并及时上报二级运营指挥平台； ●按照二级运营指挥平台指令，落实各项预警任务。	●进行日常巡查； ●实施预警行动。
先期处置	●接收突发事件报告； ●发布先期处置指令； ●通过监控，及时掌握事故现场情况； ●向园区运营指挥中心汇报。	●进行先期处置现场指挥； ●组织专业团队落实各项前期处置工作； ●及时上报处置情况。	●立即着手秩序维护、医疗急救等，防治事态扩大； ●立即向二级运营指挥中心报告。 ●依照二级运营指挥中心指令，落实先期处置任务。

续表

事项	二级运营指挥平台	各工作组	各专业团队
应急响应	●接收并发布园区运营指挥中心指令； ●接收现场人员报告，并及时进行人员、物资调度； ●通过监控，及时掌握事故现场情况； ●必要时，向园区运营指挥中心请求支援。 ●发布应急结束信息。	●现场指挥应急处置工作； ●现场组织专业团队，落实应急物资； ●及时上报处置情况； ●做好现场恢复工作； ●判断应急结束，并上报二级运营指挥中心。	●具体落实各项处置措施。
后期处置	●向园区运营指挥中心上报事件评估报告和整改工作。	●配合做好保险理赔工作； ●做好事件调查评估，落实恢复方案和整改工作。	●具体落实各项处置工作。

2.2 应急联动机制

在园区运营指挥中心的统一领导和支持下，场馆部具体承担场馆各类突发事件应急管理工作，充分调动馆部、片区、园区和专业团队等各方力量，快速应对各类突发事件，并整合协调片区内和局各部门资源，做好应急处置。

2.2.1 一般突发事件应急联动机制

一般突发事件由场馆部内部各工作组与专业团队联动处置，场馆部通过二级指挥平台，将相关处置情况报园区运营指挥中心。

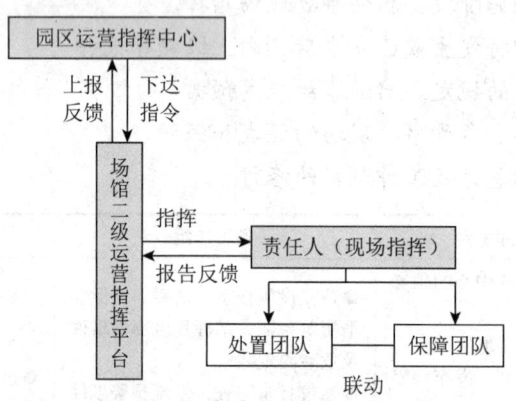

一般突发事件应急联动处置流程

2.2.2 重大突发事件应急联动机制

场馆重大突发事件处置，场馆部通过园区运营指挥中心，实现与各关片区、条线部门和专业支援团队的联动处置。场馆部依据园区运营指挥中心指令，在片区和其他条线业务部门的配合下，有效处置突发事件。

2.3 预警机制

2.3.1 预测和预防

1. 预测

场馆二级运营指挥平台负责场馆各类突发事件预警工作,事件预测信息主要来自园区运营指挥中心发布的预警信息以及场馆在日常巡检工作中发现的问题和相关的预测。

事件类别	事件内容	预测信息主要来源	责任人
自然灾害	极端天气	园区运营指挥中心预警	园区运营指挥中心
事故灾害	特种设备、火灾、供水、供电、供气、通信、交通、环境	园区运营指挥中心预警;场馆部内部发现、预警	园区运营指挥中心;相关条线部门;所属片区;场馆部
公共卫生	食品安全;传染疾病	园区运营指挥中心预警;片区部或场馆部发现	园区运营指挥中心;相关条线部门;所属片区;场馆部
	意外伤害、突发疾病	场馆发现	场馆部
社会安全	踩踏事故;大规模群体性事件;刑事、治安事件;恐怖事件;涉外突发事件;民族宗教事件;活动突发事件;极端高峰人流应急事件	园区运营指挥中心预警;片区或场馆发现	园区运营指挥中心;相关条线部门;所属片区;场馆
新闻管理	新闻及公众信息发布	园区运营指挥中心预警;片区或场馆发现	园区运营指挥中心;所属片区;场馆

2. 预防

场馆部各工作组依照各自工作职责实时测评和更新与场馆各类与突发事件相关的数据,建立突发事件数据库、信息库,重点做好预防和监控工作。

3. 实施

场馆部各工作组及保障团队人员依照各自职责,落实具体预警措施。

2.3.2 预警报告

1. 预警上报内容

因目前尚未看到园区突发事件总体方案,园区突发事件的预警报告的要求、步骤和流程不明确,待园区突发事件总体方案出台后,再作补充。

2. 预警上报的流程、方式和时限

根据园区突发事件总体方案的规则、要求上报。

2.3.3 预警变更和解除

根据园区突发事件总体方案的规则变更和解除。

2.3.4 信息报告和通报

1. 突发事件实行一事一报。
2. 突发事件发生后，各报告人应在组织抢险救援的同时，立即上报二级运营指挥平台。
3. 出现死亡、重伤等重大伤亡及其他影响范围大、后果严重的重大突发事件，由场馆负责人上报园区指挥中心。
4. 突发事件处理结束后，负责将处理情况上报园区运营指挥中心。

2.3.5 先期处置

二级运营指挥平台负责现场指挥工作，组织协调联动单位对特大或重大突发事件进行先期处置，并及时向园区运营指挥中心上报现场动态信息。

场馆相关工作小组在各自职责范围内负责突发事件应急先期处置工作。

突发事件发生及发现单位负有进行先期处置的第一责任，应在第一时间组织力量采取应急措施。

2.3.6 应急响应

现场一旦发生先期处置仍不能控制的紧急情况时，应及时呼救，二级指挥平台明确应急响应等级和范围，启动相应应急预案，实施应急处置工作。

主要工作包括：

1. 组织协调有关条线和应急队伍参与应急救援。
2. 制订并组织实施抢险救援方案，防止引发次生、衍生事件。
3. 协调有关单位和部门提供应急保障，调度各方应急资源等。
4. 部署做好维护现场治安秩序和群众安抚工作。
5. 及时向二级指挥平台报告应急处置工作进展情况。
6. 研究处理其他重大事项。

2.3.7 应急结束

1. 场馆突发事件应急处置工作结束，或者相关危险因素消除后，由二级指挥平台向各工作小组及相关单位宣布解除应急状态，转入常态管理。
2. 由园区运营指挥中心统一指挥处置的突发事件，由园区运营指挥中心宣布应急结束。

2.3.8 后期处置

1. 善后处理

突发事件处置结束后，应做好伤亡人员及家属抚恤、疫病防治和环境污染消除、保险勘察及理赔、设施设备重建等工作。

2. 调查评估

突发事件处置的相关责任人员应在事件处置结束后的3个工作日内对突发公共事件的起因、性质、影响、责任、经验教训和恢复重建等问题进行调查评估，以书面形式提交片区二级运营指挥中心。指挥长审定后，向园区运营指挥中心做出报告。

必要时，可组织相关工作人员针对突发事件案例进行讨论学习，并针对突发事件处置中的薄弱环节对应修改相关突发事件处置预案。

2.4 应急保障机制

2.4.1 应急通信保障

1. 应急联络人员通信保障

所有相关人员配备必需的应急通信保障设备，在工作时间保持开机状态。

2. 所有的应急通信系统必须处于完好和正常工作状态。

3. 在应急通信系统发生故障时，必须有第二套应急方案。

2.4.2 应急队伍及物资保障

场馆部所有工作人员、服务供应商、志愿者、参展方工作人员均为本实施方案的人力资源。场馆部按照运营需求，储备应急救援物资。

2.5 培训演练及奖惩机制

2.5.1 教育和培训

结合培训、桌面测试和模拟演练等试运营工作，对场馆部工作人员、各类服务团队、志愿者及参展方人员，进行突发事件处置意识和能力，掌握基本急救常识的专项培训，让所有工作人员了解各类突发事件处置规定，掌握各个岗位应对突发事件的操作程序。

2.5.2 演练

根据试运营模拟演练及预展工作安排，对突发事件进行专项应急演练。

2.5.3 责任与奖惩

针对培训考核和模拟演练情况，以工作小组为单位进行考评。

3 自然灾害类突发事件

对在突发事件应急管理工作中做出突出贡献的先进集体和个人给予表彰和奖励。对迟报、谎报、瞒报和漏报突发事件重要情况或者应急管理工作中有其他失职、渎职行为的，依法依规对有关责任人追究相应责任。

3.1 高温

分级响应

1. 黄色高温预警应急响应

24小时内最高气温将要升至35℃以上时，启动该级响应。

（1）信息发布

a）二级运营指挥平台通过片区公众信息发布系统及现场工作人员提示参观者注意防暑降温。

b）二级运营指挥平台通过内部通知，提示工作人员、服务团队工作人员、志愿者、参展方工作人员等（特别是在室外工作的人员）做好防暑降温措施。

（2）采取临时的防暑降温措施

卫生服务点做好相关药品的储备，增加临时的休息区域。

各参展者服务点、安保岗位、志愿者岗位做好参观者观察，帮助安排中暑症状不重的参观者在阴凉处休息，并提供饮水。

做好有序接纳参观者和实施人流疏导预案的准备。

2. 橙色高温预警应急响应

24小时内最高气温将要升至37℃以上时，启动该级响应。

（1）信息发布

依照黄色高温预警应急响应执行。

（2）采取临时的防暑降温措施

卫生服务点做好相关药品的储备，增加临时的休息区域。

各参展者服务点、安保岗位、志愿者岗位做好参观者观察，帮助安排中暑症状不重的参观者在阴凉处休息，并提供饮水。

做好有序接纳参观者和实施人流疏导预案的准备。

（3）防暑降温设施保障

二级运营指挥平台对空调等运转及负荷情况进行监控，设施设备维护保障团队应注意防范因用电量过高，电线、变压器等电力设备负载大而引发的火灾、跳闸等事故；

其他同黄色高温预警应急响应。

3. 红色高温预警应急响应

24小时内最高气温将要升至40℃以上时，启动该级响应。

（1）信息发布

a）通过场馆公众信息发布系统及现场工作人员提示参观者注意防暑降温。

b）通过内部通知，提示场馆工作人员、服务团队工作人员、志愿者、参展方工作人员等（特别是在室外工作的人员）做好防暑降温措施，通过增派工作人员、加快轮岗频率等缩短工作人员室外工作时间。

（2）采取临时的防暑降温措施

卫生服务点做好相关药品的储备，增加临时的休息区域。

各参展者服务点、安保岗位、志愿者岗位做好参观者观察，帮助安排中暑症状不重的参观者在阴凉处休息，并提供饮水。

做好有序接纳参观者和实施人流疏导预案的准备。

（3）防暑降温设施保障

二级运营指挥平台对空调等运转及负荷情况进行监控，设施设备维护保障团队应注意防范因用电量过高，电线、变压器等电力设备负载大而引发的火灾、跳闸等事故。保障团队随时待命抢修。

（4）调整国家馆参观路线，以便让在馆外排队的观众能尽早进入国家馆室内参观。

其他同黄色高温预警应急响应。

3.2 台风

3.2.1 分级响应

1. 蓝色台风预警响应

启动标准：24小时内可能或者已经受热带气旋影响，沿海或者陆地平均风力达6级以上，或者阵风8级以上并可能持续。

（1）信息发布

a）二级运营指挥平台通过公众信息发布系统及现场工作人员提示参观者注意防风防雨及出行安全。

b）二级运营指挥平台通过内部通知，提示片区工作人员、参展者工作人员、志愿者、服务团队工作人员等（特别是在室外工作的人员）注意防台防汛。

（2）应急值班及防汛部署

各工作组安排专职值班人员进入24小时值班，相关服务保障团队待命。二级运营指挥中心进行密切监控。确认所有应急值班人员和服务保障团队的联系方式。

（3）其他措施

设施保障组组织人员进行专项巡查，对外挂的标识标牌、装饰品等进行检查和加固，对较易被风吹动的门窗、围板、棚架、临时遮阳设施及其他搭建物进行加固，对广场的电源进行检查和防护，切断危险的室外电源。

2. 黄色台风预警响应

启动标准：24小时内可能或者已经受热带气旋影响，沿海或者陆地平均风力达8级以上，或者阵风10级以上并可能持续。

（1）信息发布

同蓝色台风预警响应。

（2）应急值班及防汛部署

指挥长及各工作组人员成立防台现场工作组，进入24小时值班，相关服务保障团队待命。二级运营指挥平台进行密切监控。

（3）人群疏散及其他措施

接待服务组、安保组在必要时组织好疏散人群。

设施保障组组织人员根据防台风要求，对重点部位进行专项巡查和工作部署。组组织人员进行专项巡查，对外挂的标识标牌、装饰品等进行检查和加固，对较易被风吹动的门窗、围板、棚架、临时遮阳设施及其他搭建物进行加固，对广场的电源进行检查和防护，切断危险的室外电源。

3. 橙/红色台风预警响应

启动标准：

橙色预警，12小时内可能或者已经受热带气旋影响，沿海或者陆地平均风力达10级以上，或者阵风12级以上并可能持续。

红色预警，6小时内可能或者已经受热带气旋影响，沿海或者陆地平均风力达12级以上，或者阵风达14级以上并可能持续。

（1）信息发布

同蓝色台风预警响应。

（2）应急值班及防汛部署

部长及各工作组主要负责人成立防台现场工作组，进入24小时值班，相关服务团队和专业抢险团队待命。二级运营指挥中心对整个片区进行密切监控。加强24小时值班力量，密切注意场馆运营和设施设备情况，做好必要的应急措施和物资准备。

按照展馆要害的情况，部署防台物资及抢险人员，确保事件发生5分钟内实施应急响应。

（3）人群疏散及其他措施

接待服务组、安保组在必要时组织好疏散人群。

设施保障组组织人员根据防台风要求，对重点部位进行专项巡查和工作部署。组织人员进行专项巡查，对外挂的标识标牌、装饰品等进行检查和加固，对较易被风吹动的门窗、围板、棚架、临时遮阳设施及其他搭建物进行加固，对广场的电源进行检查和防护，切断危险的室外电源。

3.2.2 应急程序

本应急程序的要点是：防范事故，确保人员安全，减少财产损失。

1. 台风来临的整个时段，值班人员和保安人员应当不断巡视，并与二级指挥平台指挥长和园区有关部门保持联系。

2. 若发现有险情预兆，立即组织抢险，并向二级指挥平台报告。

3. 指挥长接到报告后，立即赶赴现场，决定是否启动应急预。若启动应急预案，各应急小组应迅速到位，进入临战状态。

4. 若建筑物在台风中有危险：

①立即组织应急人员引导参观者撤离现场，疏散至安全区域，同时切断建筑物电源。

②若有人受伤，卫生服务点进行现场处理，或送医疗急救点。

③在危险建筑物周围设置警戒线，派专人密切观察建筑物状况。

④在安全监察部门或有资质的房屋检测专业机构检测后，经他们同意，方可在确保人员安全的前提下，组织搬迁贵重设备和重要资料。

5. 若电线杆、树木或其他高架物倾斜，应立即组织人力进行支撑和加固。

6. 对不牢固的空中悬挂物或屋顶材料要进行加固或拆除。

7. 关闭单位所有的玻璃门窗。

8. 在所有存在事故隐患的建筑物和高架物周围设置警戒线，把人员活动限制在安全区域内。

9. 应当把人员受伤、财产损失和严重事故隐患情况及时向园区指挥中心和有关部门报告。

3.3 暴雨、大风、雷暴

3.3.1 分级响应

1. 蓝色暴雨／大风／雷暴预警响应

启动标准：

12小时内降水量将达50毫米以上，或者已达50毫米以上且降雨可能持续。

24小时内可能受大风的影响，平均风力可达6级以上，或者阵风7级以上；或者已经受大风影响，平均风力为6～7级，或者阵风7～8级并可能持续。

6小时内可能发生雷电活动，可能会造成雷电灾害事故。

（1）信息发布

a）对外。二级运营指挥平台通过片区公众信息发布系统及现场工作人员提示参观者注意防风防雨及出行安全。

b）对内。通知工作人员、志愿者、服务团队、参展方工作人员等（特别是在室外工作的人员）注意防风防雨防雷。

（2）物资及人员部署

设施保障组、接待服务组、安保组组织专业及服务团队力量，做好检修、巡查及事件处置待命，做好防渗、隔离及警示标牌等的准备；做好临时遮阳设施加固；提前移除缺乏避雷安全设施的临时遮阳设施。二级运营指挥平台进行密切监控；确认所有应急值班人员和服务团队的联系方式。

（3）人群疏散及其他措施

接待服务组、安保组在必要时组织好疏散人群。

设施保障组组织人员根据防暴雨天气的要求，对重点部位进行专项巡查和工作部署。组组织人员进行专项巡查，对外挂的标识标牌、装饰品等进行检查和加固，对广场的电源进行检查和防护，切断危险的室外电源。

2.黄色暴雨/大风/雷暴预警响应

启动标准：

6小时内降水量将达50毫米以上，或者已达50毫米以上且降雨可能持续；

12小时内可能受大风影响，平均风力可达8级以上，或者阵风9级以上；或者已经受大风影响，平均风力为8～9级，或者阵风9～10级并可能持续；

2小时内发生雷电活动的可能性很大，或者已经受雷电活动的影响，且可能持续，出现雷电灾害事故的可能性比较大。

（1）信息发布

同蓝色预警响应。

（2）物资及人员部署

设施保障组、接待服务组、安保组组织专业及服务团队力量，做好检修、巡查及事件处置待命，做好防渗、隔离及警示标牌等的准备；做好临时遮阳设施加固；提前移除缺乏避雷安全设施的临时遮阳设施。二级运营指挥平台进行密切监控；确认所有应急值班人员和服务团队的联系方式。

（3）人群疏散及其他措施

接待服务组、安保组在必要时组织好疏散人群。

设施保障组组织人员根据防暴雨天气的要求，对重点部位进行专项巡查和工作部署。组织人员进行专项巡查，对外挂的标识标牌、装饰品等进行检查，加固或拆除，对广场的电源进行检查和防护，切断危险的室外电源。

3.橙色/红色暴雨/大风预警响应

启动标准：

橙色预警，3小时内降水量将达50毫米以上，或者已达50毫米以上且降雨可能持续；6小时内可能受大风影响，平均风力可达10级以上，或者阵风11级以上；或者已经受大风影响，平均风力为10～11级，或者阵风11～12级并可能持续。

红色预警，3小时内降水量将达100毫米以上，或者已达100毫米以上且降雨可能持续；6小时内可能受大风影响，平均风力可达12级以上，或者阵风13级以上；或者已经受大风影响，平均风力为12级以上，或者阵风13级以上并可能持续；2小时内发生雷电活动的可能性非常大，或者已经有强烈的雷电活动发生，且可能持续，出现雷电灾害事故的可能性非常大。

（1）信息发布

同蓝色预警响应。

（2）人员及物资部署

部长、指挥长及各工作组主要负责人成立现场工作组，设施保障组、接待服务组、安保组组织专业及服务团队力量，做好检修、巡查及事件处置待命，做好防渗、隔离及警示标牌等的准备；做好临时遮阳设施加固；提前移除缺乏避雷安全设施的临时遮阳设施。二级运营指挥平台进行密切监控；确认所有应急值班人员和服务团队的联系方式。

应急物资及抢险人员，确保事件发生5分钟内实施应急响应。人员及物资部署点具体如下：

（3）人群疏散及其他措施

接待服务组、安保组在必要时组织好疏散人群。

设施保障组组织人员根据防暴雨天气的要求，对重点部位进行专项巡查和工作部署。组织人员进行专项巡查，对外挂的标识标牌、装饰品等进行检查，加固或拆除，对广场的电源进行检查和防护，切断危险的室外电源。

3.3.2 应急程序

1. 暴雨雷击来临前，值班人员和保安人员应当不断巡视，并与二级指挥平台指挥长和有关部门保持联系。

2. 暴雨时，若展馆内漏雨，应当切断电源，有秩序地转移室内参观者，以及贵重展品和设备。关闭所有门窗。

3. 若有雷电，应当尽可能地切断除照明以外重要设施设备的电源，防止电器在雷击时遭到雷电袭击。强弱电房和电气设施周围不要放置可燃物。排险、救护等应急人员应当做好救援准备。

4. 若暴风造成展馆进水、积水：

①应当切断电源，用抽水泵等器具排水，疏通下水道，询问市政部门排水设施运行情况；

②应当尽可能防止厕所进水和溢水，防止水污染；

③应当组织观众有秩序地转移，避免推挤踩踏，堵塞通道；

④房屋积水时应当把设备、资料等物品往高处转移。

5. 如馆内积水严重或园区内汛情严重，指挥长应根据情况向园区指挥中心报请批准后，可以停止参观并疏散观众，并安排好展馆保卫工作。

4 事故灾难类突发事件

4.1 火灾

4.1.1 处置措施

1. 现场工作人员发现火灾或接到火警报警后立即核实火情，不能立即有效控制的，应在2分钟内向二级运营指挥平台报告。同时，组织现场工作人员采取灭火措施；火灾涉及参观者可达到区域的，应立即隔断，并着手人流引导工作。

2. 二级运营指挥中心接报后通过监控设施和现场负责人员确认现场情况，并在2分钟内给出火警启动指令，通知场馆消防负责人、消防负责人到位，通知附近机动安保和消防力量到位支援。立即通知消防通道和急救通道附近安保人员进行清障，确保必要时消防、急救车辆及时到位。根据现场着火物质、火势大小、控制情况、人员被困和伤亡情况等，申请消防、急救支援。

3. 安保消防负责人和支援力量在接到通知 3 分钟内到达着火点。安保消防负责人指挥现场救援工作，组织开展消防、疏散和人员救护工作，并适时向二级运营指挥平台报告现场处置情况或请求支援。着重处理：

（1）火势判断和控制。

（2）开辟应急通道，进行人员疏散，了解人员被困情况。

（3）确定电驱动大型设施运转使用情况，关闭电梯，切断电源。

4. 估计无法控制火势的，二级运营指挥平台应立即请求消防支援，馆部负责人、指挥长到位现场指挥。在消防车辆及人员到达后，现场救援人员配合开展救援工作。

5. 灭火完成后，消防小组专业人员进行现场勘察和事件调查。设施设备保障组组织力量进行设施设备检修、损失评估和现场恢复工作。

4.1.2 责任分工

类别	责任部门	主要工作内容
指挥调度	二级运营指挥中心	指令发布，指挥调度
应急疏散	安保交通组、物业公司、接待服务组、参展方工作人员、其他相关服务供应商	指挥、引导人员有序撤离；安抚现场人员；残障援助
灭火	安保交通组、物业公司、其他相关服务供应商	消防报警、启动自动灭火设施；初期灭火，引导消防车辆
	片区消防队	现场灭火
医疗救护	片区消防队	现场搜救伤员
	医疗急救站	现场急救
	安保交通组、物业公司、其他相关服务供应商	协助送医、搬运伤员、现场安抚伤员及家属
设施维修	设施设备保障组、物业公司、各展馆/餐厅/商场运营管理方	现场设备设施抢修、恢复；启动正压送风设备；关闭防火门/防烟门；电梯关闭及恢复
环境恢复	环卫公司、物业公司、展馆保洁服务商	现场清理、清洁
事后调查	安保交通组、片区消防队	现场取证、事故原因调查、事故报告

4.1.3 应急程序

4.2 供水、供电、供气事故

4.2.1 供电故障

处置措施

1. 现场工作人发现或接到停电的报告，应立即核实事故情况，并在 2 分钟内上报二级运营指挥平台。

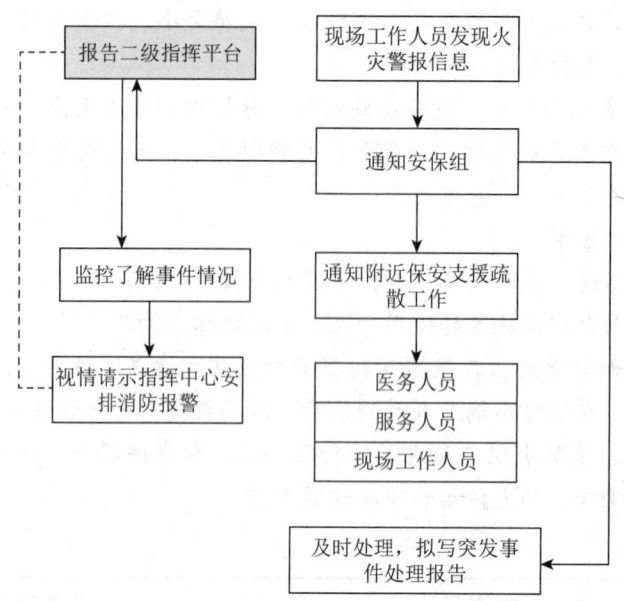

2. 二级运营指挥中心在接报3分钟内通知设施保障组负责人至现场进行前期处置指挥和抢修，并依据现场事故情况组织专业人员调查事故原因；通知周边安保、物业服务人员等至事故现场，协助事故说明、参观者疏导和安抚工作。

3. 物业公司设施设备保障组负责人、运行主管、专业抢修人员和其他支援人员接到停电信息后应在5分钟内到达现场，在10分钟内初步确认事故原因。现场技术人员根据故障情况采取以下措施：

（1）一路供电线路失电

a. 物业职位组强电条系主管立即向场馆35kV变电站查询（查询电话：20252029）。

b. 确认系一路供电线路停电后，等待变电站值班员起用联络柜联络开关，进行倒闸操作切换。

c. 由于停电，电梯有可能出现困人，安排工程部电梯管理员立即查明是否有困人，发现电梯困人，立即通知电梯维保单位，同时启动《电梯困人应急预案》进行处理。

d. 切换结束，供电恢复后，物业工程部强电运行电工处理善后恢复工作。

（2）二路供电线路失电

a. 接到二路供电线路失电的信息后，立即启动柴油发电机组，供应急照明、电梯、自动扶梯、消防设备电源，确保主要通道的应急照明正常。

b. 通知周边安保、物业服务人员等至事故现场，协助事故说明、参观者疏导和安抚工作；

c. 立即通知消防通道和急救通道附近安保人员进行清障，开辟应急通道，进行人员疏散。

d. 由于停电，电梯有可能出现困人，安排工程部电梯管理员立即查明是否有困人，发现电梯困人，立即通知电梯维保单位，同时启动《电梯困人应急预案》进行处理。

（3）如发生局部开关跳闸停电，应采取以下措施：

a. 接到停电信息后由设施设备保障组和物业设备部电气维修人员立即赶到现场进行抢修。

b. 在停电区域采取隔离措施，现场安置"设备维修，暂停开放"告示牌。

c. 通知周边安保、参观者服务人员、志愿者引导参观者到其他展区参观，并做好解释和疏导工作。

d. 抢修结束，恢复该区域的供电，恢复正常运营。

e. 各类故障跳电在恢复供电后，其后级的各类电器设备进行全面检查并及时恢复运转。

f. 确认为设备故障的，应由设施设备保障组组织力量抢修，确认为供应网络原因的，物业管理处立即上报二级运营指挥中心，要求相关供应商进行确认，并在10分钟内回复确认意见，并按情况请求急救援助。

4. 如影响场馆运营，或供电线路无法立即恢复的，立即向二级运营指挥平台报告，并现场采取措施做好解释和疏导工作。

5. 事故排除或供应恢复后，应报告二级运营指挥平台，并组织专业人员进行事故勘察。二级运营指挥平台向各相关组发布复电通知。

4.2.2 天然气泄漏

处理措施

1. 现场工作人员发现天然气泄漏或接到天然气泄漏报警后立即核实情况。不能立即有效控制的，应在2分钟内向片区二级运营指挥中心报告。

2. 查看人员关闭一切随身电器用具（如手机、BP机、对讲机等），如需手持照明应在到达现场前打开，查看时严禁吸烟或点火，禁止使用各类电器开关及照明开关，戴好防毒面具等相关防护工具。

3. 当值设备保障组人员到现场查看后，发现确有燃气泄漏，不能立即有效控制的，上报二级运营指挥中心，二级运营指挥中心通知燃气公司赶往现场维修。

4. 前往事发区域后立即打开事发区域房间的门和窗户，还可开启电源开关不在现场的排风扇、排烟窗，增强空气对流，使燃气迅速散尽。

5. 维修人员关闭泄漏点的上一级阀门后派员在岗看守，以防他人误操作，直到处理完毕。

6. 待到现场燃气迅速散尽，做好相应安全措施后，燃气公司员工方可开始检查相关燃气管路、设备。

7. 当值工程部员工关闭相关燃气总进气阀门后，仍有燃气泄漏，由安保部组织引导事发区域人员紧急疏散、撤离现场，同时，二级运营指挥中心应立即通知警方、消防队及救护中心前往现场救援。

8. 现场查看人员若发现有人昏迷，应设法救援，不可在现场使用电话或对讲机联络外界救援，应到安全地点使用电话或对讲机向外界求援，使其迅速离开现场，等待救护中心人员救治（如救护中心人员未到，则由管理处人员救治，直到救护中心人员到达现场为止)。

9. 查看人员若在查看过程中吸入燃气而感不适,应顾及自身安全立即离开现场并向同伴求援。

10. 查看人员经现场查看,若没有发现燃气泄漏现象,也应立即报告上级领导请求核实。

11. 若因查看人员因燃气泄漏无法进入现场检查泄漏部位,应立即上报管理处及二级运营指挥中心采取其他相应措施。

12. 二级运营指挥中心接到无法进入现场报告后,应立即通知燃气公司关闭该地区相关燃气总进气阀门;同时通知警方、消防队及救护中心前往现场救援。

13. 事故排除或供应恢复后,应报告二级运营指挥平台,并组织专业人员进行事故勘察。二级运营指挥平台向各相关单位发布复气通知。

4.2.3 停水

处置措施

1. 二级运营指挥平台接到停水通知后,迅速将情况通报给物业保障组、安保组、接待服务组等相关部门和服务团队。

2. 物业保障组应迅速查明停水、低压原因,排除故障,确保供水正常。同时,将停水、低压原因、影响范围,上报二级运营指挥平台。区域内如有餐饮单位,应合理调度好用水,使其影响降到最低限度。

3. 安保组应做好停水或降低水压区域的消防巡逻,杜绝火灾的行政部应将停水时间、范围和大致恢复供水时间,及时通知二级运营指挥平台。

4. 事故排除或供应恢复后,应报告二级运营指挥平台,并组织专业人员进行事故勘察。二级运营指挥平台向各相关单位发布复水通知。

4.3 客运电梯故障

4.3.1 垂直电梯

4.3.1.1 处置措施

1. 发生垂直电梯困人,二级指挥平台当值电梯监控员应及时用对讲机/电话通知驻场电梯维保专业供方进行救援,并通过电话通知二级指挥运营中心决策室,同时用三方对讲电话安慰被困人员。监控员应将被困电梯的图像切至大屏幕,监视运行状况以及被困人员的情况,并将观测到的情况用对讲机通报现场处理人员。

2. 二级指挥运营平台接到报告后,立即发出启动电梯困人预案。通知馆部、安保、物业、上安相关负责人员到决策室到位协助指挥。根据电梯监控和三方通话内容了解梯内被困人员的身体情况,申请医疗支援。

3. 设备设施部电梯管理员与电梯方保障人员在接报后5分钟内到达事故现场,察看事故现状,汇报二级运营中心后采取相关解困技术措施。

4. 安保人员接到电梯困人报告后,以最快速度到达事故现场和排队区域维持现场秩序。

5. 排队区物业服务员接到电梯困人后,向游客告知电梯运行情况,减缓游客放行数量。

6. 场馆排队预约区域人员接到电梯故障报告后，根据电梯故障的台数适时减少预约人数。

7. 在电梯故障未排除前，物业电梯管理员应于基站处设立禁示牌或扶栏。电梯保障人员根据电梯困人的位置采取不同方法。

8. 当轿厢内地坪离电梯厅地坪在 ±500 毫米之内，可按下列步骤先行释放被困顾客：

（1）进入电梯机房或楼层电梯控制箱切断此台电梯电源。

（2）用电梯专用厅门三角钥匙打开厅门，确定电梯轿厢位置。

（3）打开电梯内门，并采取措施使被困人员安全离开电梯桥厢。

（4）关闭电梯内门、厅门，确认无误。

9. 当电梯轿厢内地坪离电梯厅地坪超出 ±500 毫米，则须由电梯方保障人员专业负责采取措施，使被困人员安全离开电梯桥厢。

10. 电梯困人解除后，对身体不适人员进行现场医疗救护。设施设备保障组组织力量进行设施设备检修、损失评估记录和现场秩序恢复工作。

4.3.1.2 责任分工

类别	责任部门	主要工作内容
指挥调度	二级运营指挥中心决策室	指令发布，指挥调度
设施维修	电梯厂方保障组、物业设备设施部	电梯设备设施抢修、恢复；人员解困；故障区域隔离及解除工作
秩序维护	安保部、馆部运营组、物业服务部、志愿者服务组	指挥、引导现场游客有序排队；安抚现场人员
医疗	医疗援助中心	对身体情况异常人员进行救助
事后调查	安保交通组、片区消防队	现场取证、事故原因调查、事故报告

4.3.2 自动扶梯故障

4.3.2.1 处置措施

1. 发生自动扶梯（41-33M、33-9M、0-9M）故障报告后，二级指挥中心当值电梯监控员应及时用对讲机/电话通知驻场电梯维保专业供方进行救援，并通过电话通知二级指挥运营中心决策室。监控员应将事故电梯的图像切至大屏幕，监视现场人员以及该区域附近的人流情况，供二级指挥平台进行指挥。

2. 二级指挥运营平台接到报告后，立即发出启动自动扶梯停运预案。通知馆部、安保、物业、上安相关负责人员到决策室到位协助指挥。根据大屏图像和现场反馈了解自动扶梯突发停梯后有无人员受伤的情况，申请医疗支援。如出现伤人事件应及时向园区指挥中心报告。

3. 设备设施部电梯管理员与电梯方保障人员在接报后5分钟内到达事故现场，察看事故现状，汇报二级运营中心后采取相应的修复技术措施。

4. 安保人员接到电梯困人报告后,以最快的速度到达事故现场和乘梯排队区域维持现场秩序,对故障电梯的入口临时封闭,进行向其他通道疏导减少人流拥堵扩大事故范围。

5. 自动扶梯乘客区物业服务员接到电梯故障后,向游客告知电梯运行情况引导至疏散通道。

6. 场馆排队预约区域人员接到电梯故障报告后,根据电梯故障的台数适时减少预约人数。

7. 医疗救援中心在接到电梯伤人报告后,立即赶赴事故现场,了解人员受伤情况向二级指挥室汇报,受伤人员现场急救力量不能满足的前提下,请求园区医疗急救中心援助。

8. 电梯故障解除后,设施设备保障组组织力量进行设施设备检修、损失评估记录和现场秩序恢复工作。

4.3.2.2 责任分工

类别	责任部门	主要工作内容
指挥调度	二级运营指挥平台	指令发布,指挥调度
设施维修	电梯厂方保障组、物业设备设施部	电梯设备设施抢修、恢复;故障区域隔离及解除工作
秩序维护	安保部、馆部运营组	指挥、引导现场游客有序排队;安抚现场人员
医疗	片区医疗援助点	对身体情况异常人员进行救助
事后调查	安保组	现场取证、事故原因调查、事故报告

4.4 环境污染事故

4.4.1 处置措施

1. 工作人员发现或接到环境污染事故报告后,应立即进行初步勘察和核实,并在5分钟内上报二级运营指挥平台,并请求二级运营指挥平台组织专业团队进行事件处置支援。报告人应立即组织现场工作人员进行污染控制。

2. 二级运营指挥平台应在5分钟内将相关情况报告园区运营指挥中心,并通知设施设备保障组负责人立即赶赴现场进行处置指挥;通知物业、安保及涉事设施设备运营管理方。馆部领导、指挥长视事件情况到位指挥。

3. 相关指挥、支援人员应当在5分钟内到达事发现场,并着手进行事件处置。

(1) 立即采取有效措施,配合相关部门切断污染源、隔离污染区,防止污染扩大。

(2) 立即对污染事件进行判断,对于可能影响到参展者、参观者及工作人员的,应当立即向展馆、商业服务点、参观者服务点等通报事故,要求各部门着手开展参观者及工作人员组织疏散。

(3) 立即进行现场搜救,迅速转移受伤及受污染人员,并进行现场救治和送医协助。

(4) 维持事件周围的秩序,防止发生混乱和治安案件。

(5) 不能控制事件的,应立即向二级运营指挥平台报告,由二级指挥平台向园区运营指挥中心请求支援。在支援力量到达后,配合落实各项抢险工作。

4.事件处理完成后,做好相关善后工作:
(1)配合环保部门进行现场勘察和取证,调查事件原因和处置过程。
(2)设施设备保障组组织抢修人员对现场设施进行检修,评估设备损失及运行安全性;组织保洁、绿化人员进行环境清洁和绿化补种等。
(3)形成事故报告,报园区运营指挥中心。

5 公共卫生类突发事件

5.1 食品安全

5.1.1 分级响应

1.二级食物中毒事故处置

(1)二级食物中毒事故是指在园区内餐饮设施就餐而引起的,发病人数为3~9例且无死亡病例的食物中毒事故。
(2)当医疗急救中心发现收治的病人中,在同一餐饮设施就餐而发病的游客达到三人以上(含三人)时,立即告知商业管理部并向园区运营指挥中心报告。
(3)若病人需送医院就诊,由园区运营指挥中心派遣车辆及工作人员护送病人前往就近医院。
(4)商业管理部立即到发生事故的餐厅现场进行调查、采样、检验。
(5)商业管理部对发生事故的餐厅进行控制,封存造成食物中毒或者可能导致食物中毒的食品及其原料,封存被污染的食品用工具及用具,并责令进行清洗消毒。
(6)商业管理部负责对食物中毒事故的确认。
(7)商业管理部向园区运营指挥中心提交事故报告,对事故肇事者实施行政处罚。

2.一级食物中毒事故处置

(1)一级食物中毒事故是指因在园区内餐饮设施就餐而引起的,发病人数在10例及以上或死亡人数达1人或以上的食物中毒事故。
(2)商业管理部或医疗急救中心向园区运营指挥中心报告。
(3)园区运营指挥中心向上海市食品药品监督局报告。
(4)上海市食品药品监督局根据《上海市食物中毒事故处置技术规程》对事故进行处理。

5.1.2 责任分工

编号	部门	职责
1	上海市食品药品监督局	当园区内发病人数在10例及以上或死亡人数达1人或以上时,立即前往世博园区按照有关规定开展食物中毒事故处置
2	园区运营指挥中心	当园区内发病人数为3~9例且无死亡病例时,组织安保、医疗急救中心、商业管理部等相关部门,立即对食物中毒事故进行处置;当园区内发病人数在10例及以上或死亡人数达1人或以上时,立即向上海市食品药品监督局报告并请其前往现场处置
3	园区安保部	在园区运营指挥中心启动应急处置时,到事发现场维持秩序,同时保证事故处置车辆、救护车顺利进出园区以及到达事发现场

续表

编号	部门	职责
4	园区医疗急救中心	收治发病游客,当发现在同一餐饮设施就餐而发病的游客达到三人以上(含三人)时,立即告知商业管理部并向园区运营指挥中心报告;按照园区运营指挥中心的指定,达到事发现场并对发病游客采取必要的急救措施,将初步的救治建议反馈园区运营指挥中心
5	片区部	协助场馆部食物中毒事件应急处理工作
6	场馆部	食物中毒事件应急处置现场指近和处置工作

5.2 传染性疾病

5.2.1 预防措施

1. 在传染病高发期加强环境维护力度,对场馆参观者服务点、公共扶手、电梯、厕所等进行定期消毒;开展灭鼠、灭蝇、灭蚊等工作,阻断病媒传染。

2. 组织工作人员就 H1N1 流感等当时高发的传染病疫等预防和处理知识进行培训,学习在开展防治工作时最大限度保障工作人员健康。

5.2.2 处置措施

1. 工作人员发现可疑病例或接到可疑病例报告后,应立即将可疑病例移动至相对隔离区域,并将情况报告片区二级运营指挥中心。报告人应组织劝说现场与可疑病例有密切接触的人员原地等候,并初步询问可疑病例在园区的活动情况。

2. 二级运营指挥平台在接报3分钟内向园区运营指挥中心报告,并向片区医疗急救点说明情况,做好接收特殊病例的准备。

3. 病员送医排除疫病情况的,事件处置结束。病员送医确诊的,配合疾病预防控制机构做好相关工作。

(1) 配合病员转送及密切接触者转移;追踪病员活动轨迹。

(2) 对感染区域进行隔离并立即消毒。

(3) 在相关部门确认感染区域安全性后重新开放该区域。

4. 在处置结束后,做好各项善后工作。

(1) 配合相关专业部门进行事件调查和评估。

(2) 按照园区运营指挥中心指令或专业部门要求调整片区的疫病处置工作。

(3) 形成时间报告,上报园区运营指挥中心。

5.3 意外受伤及突发疾病

5.3.1 处置措施

1. 工作人员发现或接到有关参观者突发疾病或意外伤害报告,应立即上前了解伤员/病员情况。病员、伤员数量少,病情、伤情轻微的,可协助送卫生服务点处理;病员、伤员数量众多,或病情、伤情严重的,应向片区急救中心求助,并立即上报二级指挥平台。

2. 二级运营指挥平台接报后统一协调事件处置。

(1) 协助通知医疗急救站派遣急救车辆,做好急救准备。

(2) 调集安保力量保护现场,并维护秩序,保障救援车辆通道畅通。

（3）安排专业人员进行事件勘察。由于设施设备不当设置或运行产生事故的，应立即采取应急措施或消除隐患，并由设施设备保障处（组）进行勘察记录和方案优化；如涉及食物中毒或不明原因中毒或疾病的，应按相关预案处置，并立即报送园区运营指挥中心。

（4）安排工作人员陪同病人/伤员，做好安抚工作。

（5）协助进行理赔处理。

6 社会安全类突发事件（与公安机关和场馆安保部门联合编制，略）

7 新闻管理类事件（由媒体和新闻宣传部联合编制，略）

8 附录

8.1 制定与解释

本方案由场馆部负责解释与组织实施。

8.2 方案实施时间

本方案从 2010 年 4 月 1 日开始实施。

8.3 应急处置通信

类别	联系方式
指挥长	
值班室	
安保指挥席位	
设施设备监控和指挥席位	
运营综合监控和指挥席位	
信息收集/发布席位	
综合管理组	
接待服务组	
展示保障组	
宣传活动组	
物业保障组	
安全保卫组	
明华物业现场负责人	
泛华集团现场负责人	
点意公司现场负责人	
工程保障团队负责人	

8.4 危险源分布图

危险源（区域）	现状	位置	诱发灾害条件	可能造成的灾害程度和范围	已采取的措施	责任单位（人）	备注

资料来源：由上海市会展行业协会郑承章提供，原名《场馆应急突发事件实施方案》。

生化恐袭应急预案

1 总则

1.1 编制目的

为了加强对生物战剂、化学毒剂所致危害的防范，及时、高效、妥善地处置生物、化学恐怖袭击事件，最大限度地减少生化恐怖事件造成的危害，维护社会稳定，保障公众身心健康与生命安全，制订本预案。

1.2 编制依据

本预案依据《中华人民共和国传染病防治法》《中华人民共和国国境卫生检疫法》《中华人民共和国职业病防治法》《突发公共卫生事件应急条例》《国家处置生物化学恐怖袭击事件预案》《宁波市处置生物化学恐怖袭击事件预案》《北仑区突发公共卫生事件应急预案》等有关规定编制。

1.3 适用范围

本预案适用于应对北仑区行政区域内发生的恐怖组织或恐怖分子利用生物战剂和化学毒剂进行袭击，给公众生命和健康造成重大危害的生化恐怖袭击事件。

1.3.1 本预案所指的生物战剂主要包括以下几类。

（1）细菌类：如炭疽杆菌、鼠疫杆菌、霍乱弧菌、布鲁氏杆菌、土拉菌、鼻疽假单胞菌、伤寒杆菌、痢疾杆菌、溶血性大肠杆菌（O157：H7）、结核杆菌。

（2）病毒类：如天花、埃波拉、马尔堡、裂谷热、拉河热、口蹄疫、禽流感。

（3）真菌类：如组织孢浆菌、肺球霉菌、烟曲霉菌。

（4）立克次体类：如流行性斑疹伤寒立克次体。

（5）衣原体类：如鸟疫衣原体。

（6）毒素类：如肉毒毒素、相思子毒素、黄曲毒素、产气荚膜杆菌毒素、蓖麻毒素、葡萄球菌肠毒素。

（7）其他特别危险的生物病原体和毒素。

1.3.2 本预案所指的化学毒剂主要包括以下几类。

（1）糜烂性毒剂：如芥子气。

（2）神经性毒剂：如沙林毒气。

（3）全身中毒性毒剂：如氰化物。

（4）窒息性毒剂：如光气。

（5）失能性毒剂：如麻醉性强效镇痛剂。

（6）其他特别危险的化学毒剂。

1.4 工作原则

高度警惕，常备不懈；统一领导，分级负责；属地管理，条块接合；快速反应，高效处置；平战结合，科学防范。

1.5 事件分级

生物化学恐怖事件的确认和分级由区政府反恐怖袭击领导小组决定，根据影响的范围、危害程度及发展趋势，将事件分为特别重大（Ⅰ级）、重大（Ⅱ级）、较大（Ⅲ级）和一般（Ⅳ级）四级，并依次采用红色、橙色、黄色和蓝色进行预警。

2 应急组织体系及职责

2.1 应急指挥机构的组成及职责

2.1.1 组织机构

北仑区卫生局突发公共卫生事件应急管理领导小组（以下简称领导小组）负责卫生系统生化恐怖应急处理工作的组织、协调和领导，根据应急处理的需要，可设立侦检与控制处理、医疗救治、新闻宣传、社区防控、检查督导、后勤保障等工作组。侦检与控制处理组由区卫生监督所和疾病预防控制中心牵头，医疗救治组由局业务科牵头，新闻宣传组由局办公室和公共卫生科牵头，社区防控组由局公共卫生科和爱卫办牵头，检查督导组由区卫生监督所牵头，后勤保障组由局计财科和办公室牵头。区卫生局突发公共卫生应急处置办公室（以下简称应急办）承担领导小组办公室的职责。区突发公共卫生事件应急处置专家咨询组（以下简称专家咨询组）承担技术指导工作。各医疗卫生单位可以参照区卫生局应急处理指挥机构的组成，结合本单位的实际情况，成立相应应急处理领导机构，负责辖区内突发公共卫生事件卫生应急工作的指挥和协调。

2.1.2 领导小组职责

（1）在区政府反恐怖袭击领导小组的领导下，负责全区卫生系统生化恐怖事件的应急处理工作，制定应急预案、政策和措施，落实医疗卫生应急处理准备工作；组织现场生物战剂的侦查与检测、组织现场医疗救护；负责处理生物战剂的污染；对各地应急处理工作进行业务指导。

（2）向区政府、市卫生局报告有关生化恐怖事件及处理情况。

（3）对各街道（乡镇）、全区各医疗卫生单位应对生化恐怖工作进行督导检查。

（4）组织开展医疗救治、心理危机干预和健康教育。

（5）加强与区级有关部门单位及毗邻县（区）和上级卫生行政部门的协调和沟通。

（6）负责对卫生行政部门领导干部和医疗卫生机构法人履行职责的情况进行监察。

2.1.3 应急办职责

（1）在领导小组的领导下，具体组织实施全区卫生系统生化恐怖应急处理工作。

（2）负责各工作组的协调工作，及时汇总有关信息，做好上报及与有关部门的信息沟通工作。

（3）对应急处理工作进行评价和总结，起草预案和组织演练。

（4）承担领导小组的日常工作和领导小组交办的其他各项工作。

2.1.4 侦检与控制处理组职责

（1）负责组织生物战剂的侦检，流行病学调查，迅速查清生物战剂种类、性质、施放方式、危害程度及受影响的范围，及时提出保护公众健康的措施和建议。

（2）协助有关部门划定疫点疫区，参与疫点疫区隔离封锁工作。

（3）组织生物战剂污染的无害化处理及疫点疫区的卫生学处理。

（4）参与化学毒剂的侦查和洗消除毒工作。

（5）组织免疫接种和预防性服药。

（6）参与应急处理工作的综合性评估。

2.1.5 医疗救治组职责

（1）指导各级医疗机构实施医疗救治和心理危机干预工作。

（2）组建、派遣医疗应急专家队伍，组织现场医疗救治和心理危机干预。

（3）汇总各地医疗救治情况。

2.1.6 新闻宣传组职责

（1）负责审核并组织生化恐怖事件应急处置的新闻发布。

（2）跟踪社会舆论，及时对外澄清事实，主动引导舆论。

2.1.7 社区防控组职责

（1）根据应急处置的需要，提出社区防控指导性意见。

（2）配合侦检与控制处理组开展社区健康教育、媒介生物灭杀、环境卫生整治等工作。

2.1.8 检查督导组职责

（1）组织生化恐怖应急处置的监督执法工作。

（2）组织对各级医疗卫生机构生化恐怖应急处理工作情况的执法检查。

2.1.9 后勤保障组职责

（1）负责协调生化恐怖事件应急处理所需资金预算的落实。

（2）负责协调应急处理工作中的物资后勤保障。

（3）负责办理有关捐赠事宜。

2.2 专家咨询组职责

（1）对反生化恐怖的各项准备工作提出建议。

（2）对生化恐怖的侦检和采取相应措施提出建议。

（3）参与制订、修订应急预案和技术方案。

（4）对生化恐怖应急处理进行技术指导。

（5）对生化恐怖应急响应的启动、终止及后期评估提出意见。

（6）承担领导小组和办公室交办的其他工作。

2.3 医疗卫生机构的职责

2.3.1 医疗机构

（1）负责生化恐怖造成的病伤人员的救治及治疗进展情况的报告。

（2）北仑区人民医院为集中救治生化恐怖事件病伤员的定点医院，其他各级医疗机构应按首诊负责制的要求，对接诊的病伤员进行积极抢救，确无条件收治的应及时送定点医院救治。

（3）做好院内技术培训、消毒隔离、个人防护、医疗废弃物的处理工作，防止院内交叉感染和外环境污染。

2.3.2 院前急救机构，负责生化恐怖事件病伤员的急救和转运。

2.3.3 疾病预防控制机构

（1）负责和参与生物化学战剂的侦检和监测、报告和分析，提出保护公众健康的措施和建议。

（2）负责生物战剂污染环境处理的技术指导。

（3）负责饮用水、食品污染的检测。

（4）参与化学毒剂去污洗消工作的技术指导。

（5）负责生化战剂接触者的隔离检诊、预防性服药和应急预防接种。

2.3.4 卫生监督机构，围绕生化恐怖应急处理，开展媒介生物灭杀、食品卫生、环境卫生的卫生监督和执法稽查。

3 监测、预警与报告

3.1 监测

3.1.1 监测机构

区疾病预防控制中心和各医疗卫生单位。

3.1.2 监测内容

区卫生局应建立以预防为主的生化恐怖事件监测、预警与报告体系，加强与有关部门的联系和信息沟通，及时做好应对各类生化恐怖事件的各项准备。各医疗卫生机构在开展日常业务工作中，要加强对传染病和中毒病例的流行病学调查，发现与恐怖活动相关的要及时报告。

3.2 预警

区卫生局应急管理领导小组根据区政府反恐领导小组及其办公室的通报，及时在系统内发布有关生化恐怖的预警，督促有关单位做好应对的各项准备。预警依次采用红色、橙色、黄色和蓝色表示特别重大、重大、较大和一般四个预警级别。根据事件的变化动态，领导小组根据区政府反恐领导小组及其办公室的通知，对原发布的预警予以变更或解除。

3.3 报告

任何单位和个人都有权向区卫生局、区内各医疗卫生单位和区政府及其有关部门报告生化恐怖事件,也有权向上级政府部门举报不履行或者不按照规定履行生化恐怖应急处理职责的部门、单位及个人。各医疗卫生机构在发现生化恐怖事件后,应立即向区卫生局报告。区卫生局接到单位和个人有关生物化学恐怖袭击事件的报告后,应立即派员进行调查核实,并在2小时内向区政府和上级卫生行政部门报告。

4 应急响应和终止

4.1 应急处置措施

4.1.1 开展卫生侦检,及时判明恐怖事件的性质

在现场指挥部的统一指挥下,配合区公安分局等有关部门,调动卫生侦检专业人员穿戴生化防护装备进入事发现场,开展流行病学侦察,迅速采集现场的敌投物、空气、水、土壤、食物、媒介生物、动物和伤员等样品,进行现场快速检测,得出初步检测结果,同时立即送样到市疾病预防控制中心实验室做进一步的确认检验。在卫生侦检的基础上,结合其他部门的侦察检测结果,及时判明生化恐怖事件的种类、性质、施放方式、危险程度以及可能的污染和受影响范围,向区反恐指挥部报告有关情况,并提出卫生紧急处置措施的建议。

4.1.2 组织实施紧急卫生救援,降低生物化学恐怖的危害

应急处置中的紧急卫生救援措施需要根据生化恐怖事件的性质、种类和影响程度等因素来加以确定。

(1) 对于生物恐怖事件

①对患者和疑似患者实施现场紧急抢救和卫生处理后,采用具有防护措施的救护车运送到定点医院进行严格的隔离治疗。

②对生物战剂的暴露人群及病人的密切接触者进行医学隔离观察,实施预防性服药和应急预防接种。

③做好污染区的消杀灭工作。首先,对污染区内敌投物、被污染环境中的气、水、土、食物以及其他一切可能被污染的物品和场所进行全面彻底的消毒;其次,扑杀污染区内的蚊、蝇及其他病媒昆虫、染疫动物、老鼠及体外寄生虫(蚤、蜱)等,切断疫病的传播途径。同时,广泛发动群众,大搞爱国卫生运动,保持内外环境的卫生和整洁。

④针对具体的生物恐怖病原因子,实施污染区内易感人群相应疫苗的预防接种,提高群体性免疫水平;同时,对公众进行有关反生物恐怖的宣传教育,使他们了解掌握应对生物恐怖的基本知识,提高群众的自我防护意识和自救互救能力。

⑤配合有关部门,按照《传染病防治法》的有关规定,对进出污染区的人员、物资和车辆做好卫生检疫工作,严防传染性生物致病因子带出污染区。

⑥加强污染区及其外围周边地区的疫情监测工作。采用主动和被动监测相结合的方法,严密监视生物恐怖相应传染病的发生发展情况,确保早期发现、隔离和治疗病人,及时、全面、客观地搜集疫情信息资料,进行科学的疫情分析和预测,并及时报告区反恐指挥部和上级卫生行政部门。

⑦按照分类实施的原则,对三类人群(病人、密切接触者和普通群众)开展针对性

的医学心理干预，努力消除生物恐怖袭击引发的心理恐慌。

（2）对于化学恐怖事件

①组建现场医疗卫生应急救援指挥部，统一指挥、协调现场医疗卫生的救援行动。在冷区设立医疗救护站，分为洗消区、检伤分类区、医疗救治区（又分为重伤、中伤、轻伤救治点）和临时停尸区。

②组织实施现场抢救。迅速将伤员移出危险区域，首先进行伤员的医疗洗消，防止毒物的继续吸收，然后，按照国际统一标准对伤员进行快速检伤分类，分别用蓝、黄、红、黑四种颜色的标牌，对轻、中、重伤病员和死亡人员做出标示，进而分流到医疗救护站的相应区域，对伤病员实施现场紧急抢救。

③经紧急抢救处理后，依据中毒者的病情，后送病员到指定的医疗机构，积极开展院内救治，同时向市反恐怖基地指挥部及时汇报人员的伤亡和医疗救治的有关情况。

④对公众进行有关反化学恐怖的宣传教育，使他们了解掌握应对化学恐怖的基本知识和防护技能，提高群众的自我防护意识、自救互救和逃生的能力。

⑤加强污染区及其外围周边地区的监测工作。一方面，加强饮用水、食品的卫生监测，动态掌握化学毒物的污染程度，严密观察污染地区暴露人群的健康状况，确保早期发现和治疗中毒病人；另一方面，综合环保部门的环境监测资料，科学分析和预测化学恐怖袭击事件的健康危害程度，提出保护公众健康的措施和建议。

⑥注意人群的心理危害程度，采取正确的应对策略。调动心理干预应急机动队，按照分类实施的原则，对三类人群（伤病员及其家属、化学战剂暴露人群、疏散人群）开展针对性的医学心理干预，努力消除化学恐怖袭击引发的恐慌心理。

4.2 分级响应

4.2.1 Ⅳ级应急响应

区卫生局接到发生生化恐怖事件报告后，应立即启动本级预案，组织侦查、监测、控制处理的专业人员进行调查，并对事件进行初步的判断；如有病伤人员发生，应立即派遣医疗救治人员，开展现场医疗救护；在区政府生化恐怖事件处理现场指挥部的统一领导下，开展各项应急处理工作；并按照有关规定及时向区政府和上级卫生行政部门报告。必要时提请市卫生局派遣专家对区卫生部门应急处理工作进行技术指导。

4.2.2 Ⅲ级应急响应

在Ⅳ级应急响应的基础上增加以下措施：区卫生局接到较大生化恐怖袭击事件的报告后，在区政府生化恐怖袭击事件应急处置领导小组的统一领导和指挥下，立即组织侦查、监测、控制处理的专业人员赶赴现场，按照现场指挥部和上级卫生行政部门提出的要求，开展侦检、监测及流行病学调查；组织现场病伤人员的救治及转运；组织实施辖区内各项应急控制措施。

4.2.3 Ⅱ级和Ⅰ级应急响应

在Ⅲ级应急响应的基础上增加以下措施：在省、市政府的统一领导和指挥下，根据区政府生化恐怖袭击事件应急处理领导小组的统一安排，建立应急处理专业组，动员全区卫生系统的力量，全力开展生化恐怖的应急处理工作，及时收集和分析事件的动态，上报防控工作的效果和进展，当好区政府的技术参谋。

4.3 应急响应的终止

生化恐怖袭击事件应急响应的终止按照市、区两级政府生化恐怖袭击事件应急处理领导小组的通知执行。生物恐怖事件应急响应的终止需满足以下条件：污染区按照标准进行必要的卫生处理，污染源已经被清除，传染源得到了隔离，传播途径被阻断，隔离圈内消杀灭工作达到了卫生标准，所有易感接触者从最后接触之日算起，经过一个最长潜伏期无新发病人或感染者发生。化学恐怖事件应急响应的终止需满足以下条件：现场得到控制，化学恐怖的威胁已经消除，污染区按照标准进行了必要的卫生处理，污染源已经被清除，环境监测结果表明化学毒物的浓度达到了安全水平。

5 后期评估

应急处理结束后，区卫生局应按照区政府应急处理领导小组的要求，组织有关人员对卫生部门的应急工作进行评估，总结经验，提出问题，以指导今后的工作。评估报告上报区政府和上级卫生行政部门。

6 保障措施

6.1 物资、经费保障

各医疗卫生机构应按各自的工作职责，储备应急物资，种类包括：药品、疫苗、医疗急救器械、消毒药械、检测设备和试剂、防护器材等。区卫生局根据应急处理的需要编制经费预算，向区政府提出应急控制经费的预算报告。

6.2 组织保障

区卫生局要加强应急处理专业队伍的建设，培训一支常备不懈、熟悉生化知识，充分掌握各类生物化学恐怖袭击处置技术的应急力量；加强现场医疗救治和定点医院的建设；保证在事件发生后，能迅速参与并完成侦检、监测、除毒、防疫、救治等应急处置工作。

6.3 技术保障

区卫生局要建立和完善生化恐怖处置技术专家咨询组织，加强现场检测和实验室检测能力建设，提高检验、鉴定、监测的工作水平，为防御生化恐怖袭击提供技术支撑。

7 预案制订

本预案由北仑区卫生局组织制订并发布实施，根据预案的实施情况和工作需要对预案定期进行评估，及时更新、修订和补充。各医疗卫生单位可结合实际制定本单位的应急预案。

8 附则

8.1 预案解释部门

本预案由北仑区卫生局负责解释。

8.2 预案实施时间

本预案自印发之日起实施。

资料来源：由泽薇薇于2012年6月15日上传于百度文库，资料原名《北仑区卫生系统生物化学恐怖袭击事件应急预案》．

【名词解释】

1. 风险资源：风险资源是抵御风险的底气和风险发生时的应对能力，它包括内部风险资源和外部风险资源。对一个组织来讲，内部风险资源代表着组织对风险的控制和反应能力。内部风险资源（Internal Resources，IR）指的是应急团队、维修团队、安保人员等。外部风险资源（External Resources，ER）包括火警、医院、防爆警察、保险公司等。

2. 急救师 EMT：指紧急状况下实施急救的医护人员，最常见的就是救护车里配备的医生护士。EMT 是美国的叫法，是 Emergency Medical Technician 的缩写；在英国叫 Ambulance Technician，或直接叫 Techs。

3. 自动体外除颤器（Automated External Defibrillator，AED）：又称自动体外电击器，是一种便携式、易操作、稍加培训既能熟练使用、可由现场目击者第一时间对患者进行有效施救的急救设备。除颤过程中，AED 的语音提示和屏幕显示使操作更为简便易行。它可以诊断特定的心律失常，并且给予电击除颤，是可被非专业人员使用的用于抢救心源性猝死患者的医疗设备。通过使用自动除颤器，对猝死者的急救有望实现"黄金3分钟"。

【思考题】

1. 为什么要制订应急预案？
2. 应急预案两大部分的基本点是什么？为什么第二部分更重要？
3. 如果活动场馆突然停电，风险团队该怎么应对？如果大面积停电或整个城市停电呢？你认为突然停电属于突发事故、危机，还是灾难？在什么情况下停电会演变成危机或灾难？
4. 发生严重灾难时风险团队人员应当具备什么样的心理素质？
5. 疏散成功的两个指标是什么？
6. 突发紧急情况下现场怎样高效沟通？
7. 想想近几年发生在世界各地的突发事件、危机或灾难，如果在未来的活动中不巧遇到了，风险团队该怎样应对，怎样才能把损失降低到最小。
8. 参加活动和举办活动的区别是什么？
9. 应急预案基本知识怎样在实践中应用？

【本章参考资料】

1. Hilliard, T. W., CMP,（2006）. Risk Planning and Emergency Management. PCMA's Professional Meeting Management（5th ed., pp. 676）. Dubuque, IA: Kendall/Hunt Publishing Company.

2. Hilliard, T. W., CMP,（2014）. Risk Management. Convention Industry Council Manual（9th ed., pp. 71-73）. CIC Publications.

【延伸阅读（一）】

（作者提示：这里是我们国家的应急预案响应分级，大家在灾后新闻里听到的"启动二级应急预案"，意思就是启动了二级响应。不同国家应急预案的响应分级不同）

什么是应急预案响应分级

一、按照安全生产事故灾难的可控性、严重程度和影响范围，应急预案响应级别原则上分为Ⅰ、Ⅱ、Ⅲ、Ⅳ级响应。

1. 出现下列情况之一启动Ⅰ级响应

（1）造成30人以上死亡（含失踪），或危及30人以上生命安全，或者100人以上中毒（重伤），或者直接经济损失1亿元以上的特别重大安全生产事故。

（2）需要紧急转移安置10万人以上的安全生产事故。

（3）超出省（区、市）人民政府应急处置能力的安全生产事故。

（4）跨省级行政区、跨领域（行业和部门）的安全生产事故灾难。

（5）国务院领导同志认为需要国务院安委会响应的安全生产事故。

2. 出现下列情况之一启动Ⅱ级响应

（1）造成10人以上、30人以下死亡（含失踪），或危及10人以上、30人以下生命安全，或者50人以上、100人以下中毒（重伤），或者直接经济损失5000万元以上、1亿元以下的安全生产事故。

（2）超出市（地、州）人民政府应急处置能力的安全生产事故。

（3）跨市、地级行政区的安全生产事故。

（4）省（区、市）人民政府认为有必要响应的安全生产事故。

3. 出现下列情况之一启动Ⅲ级响应

（1）造成3人以上、10人以下死亡（含失踪），或危及10人以上、30人以下生产安全，或者30人以上、50人以下中毒（重伤），或者直接经济损失较大的安全生产事故灾难。

（2）超出县级人民政府应急处置能力的安全生产事故灾难。

（3）发生跨县级行政区安全生产事故灾难。

（4）市（地、州）人民政府认为有必要响应的安全生产事故灾难。

4. 发生或者可能发生一般事故时启动Ⅳ级响应

本预案中有关数量的表述时，"以上"含本数，"以下"不含本数。

二、参考文献：生产经营单位生产安全事故应急预案编制导则 GB/T 29639—2013 2013.10.01）。

另外2015年新修订了《国家突发环境事件应急预案》（以下简称新预案）。一是明确了突发环境事件的定义和预案的适用范围，对突发环境事件进行了界定；二是完善了应急组织指挥体系；三是完善了监测预警和信息报告机制；四是完善了事件分级和分级响应机制；五是完善了应急响应措施；六是调整了分级标准。

根据新预案，环境保护部负责重特大突发环境事件应对的指导协调和环境应急的日常监督管理工作。县级以上地方人民政府负责本行政区域内的突发环境事件应对工作，明确相应组织指挥机构。跨行政区域的突发环境事件应对工作，由各有关行政区域人民政府共同负责，或由有关行政区域共同的上一级地方人民政府负责。

在新预案中，突发环境事件被分为特别重大、重大、较大、一般4个级别。根据突发环境事件的严重程度和发展态势，将应急响应设定为Ⅰ级、Ⅱ级、Ⅲ级和Ⅳ级四个等级。

资料来源：张雪．什么是应急预案响应分级．https://zhidao.baidu.com/question/393699048.html，2016-12-02.

（2017.07）

【延伸阅读（二）】

作者提示：上面张雪的文章中讲的是应急预案的响应级别，下面这篇文章按行政管理区域从大到小讲了应急预案的分类、要点及适用范围。请各位读者朋友注意响应级别与分类的不同。

应急预案分类、要点及适用范围

1. 总体（综合）应急预案（第一级）

是预案体系的顶层，在一定的应急方针、政策指导下，从整体上分析一个行政辖区的危险源、应急资源、应急能力，并明确应急组织体系及相应职责，应急行动的总体思路、责任追究等（企业、区、街道、社区）。

2. 专项应急预案（第二级）

是针对某种具体、特定类型的紧急事件，比如防汛、危化品泄漏及其他自然灾害的应急响应而制定。是在综合预案的基础上充分考虑了某种特定危险的特点，对应急的形式、组织机构、应急活动等进行更具体的阐述，有较强的针对性（部门，某种特定的紧急事件，如地震灾害）。

3. 现场应急预案（第三级）

（现场处置方案）

是在专项预案基础上，根据具体情况需要而编制，针对特定场所，通常是风险较大场所或重要防护区域所制定的预案。比如，危化品事故专项预案下编制的某重大危险源的场内应急预案，公共娱乐场所专项预案下编制的某娱乐场所的场内应急预案等。现场应急预案有更强的针对性和对现场具体救援活动具有更具体的操作性。（与事故预想有点类似，但更具体，更具操作性，描述更规范。例如《地震灾害事故预案》是专项应急预案，针对上述问题可以编写的现场处置方案可以是《发生地震灾害后风力发电设备的处置方案》、发生地震灾害后针对风电场建筑物的处置方案》等）

4. 单项应急预案（临时性）

是针对大型公众聚集活动和高风险的建筑施工活动而制订的临时性应急行动方案。

预案内容主要是针对活动中可能出现的紧急情况，预先对相应应急机构的职责、任务和预防措施做出的安排。（临时性重大活动及高风险建筑施工活动的施工现场）。

资料来源：https://wenku.baidu.com/view/8ddf602d453610661fd9f404.html

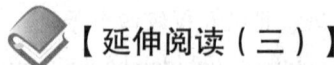

【延伸阅读（三）】

疏散方案

目　录

1　主展厅
1.1 主展厅出入口
1.2 接待能力
1.3 馆内人流量
1.4 3楼平台排队
1.5 南广场排队
1.6 紧急疏散
2　1楼展厅
2.1 1楼展厅出入口
2.2 各展厅参数
2.3 容量估算
2.4 紧急疏散
2.5 1楼展厅排队设计
3　馆内供电系统
3.1 消防用电设备
3.2 馆内配套设施明细
3.3 应急疏散设施的存放点设置

附：应急疏散设施需求

1. 主展厅

1.1 主展厅出入口

1.1.1 进出场馆建筑的通道包括：

● 从南广场使用自动步道或楼梯进出3楼
● 从场馆北面14米层的平台使用楼梯进出3楼
● 经过1楼展厅序厅，使用四个核心筒内的楼梯或垂直电梯进出场馆
● 使用中央核心筒内的2部自动扶梯从14米层出场馆

1.1.2 正常运营过程中参观者使用的出入口包括：

● 普通观众（包括残疾人）入馆——从南广场使用自动步道进入3楼
● 普通观众出馆——使用中央核心筒内的2部自动扶梯从14米层出场馆

● 残疾人出馆——方案一：使用3号（东南）核心筒内的货梯下行到0米层，从省市馆序厅的边缘出馆；方案二：使用3号核心筒（东南）内的货梯下行到3楼，使用西面的自动步道下行出馆

● VIP出入馆——使用3号（西南）核心筒内的VIP专用垂直电梯

1.1.3 应急出入通道包括：

● 3楼北面与14米平台相连的楼梯

● 3楼南面与0米南广场相连的楼梯

● 四个核心筒内的消防楼梯

1.2 接待能力

1.2.1 规划日接待能力目标为50000人/天。

1.2.2 小时接待能力4167人。

1.3 馆内人流量

1.3.1 根据设计团队提供的展项设计参数，进行仿真模拟的结果显示：

● 12楼聚集人数为1700~1900人

● 10楼聚集人数为1000人

● 8楼聚集人数约为700人

● 12楼+10楼+8楼总人数约为3500人

● 12楼的平均停留时间为23~30分钟

● 10楼的平均停留时间为13~15分钟

● 8楼的平均停留时间为13~15分钟

● 12楼+10楼+8楼的总参观时间约为50分钟

● 3楼聚集2100人左右的排队人群，排队时间约为30分钟

1.3.2 将游客人数按展示项目统计如下：

● 12楼影院序厅：100~700人

● 12楼影院：0~700人

● 12楼影院退场区：0~700人

● 12楼智慧长河：0~360人

● 12楼希望大地：30~400人

● 12楼至10楼坡道：120~480人

● 10楼骑乘候车区：100~300人

● 10楼骑乘：560人

● 8楼：700人

1.3.3 将游客平均参观时间按展示项目统计如下：
- 12楼影院序厅——4分钟
- 12楼影院——10分钟
- 12楼影院退场区：2.5分钟
- 12楼智慧长河：5分钟
- 12楼希望大地：5分钟
- 12楼至10楼坡道：5分钟
- 10楼骑乘候车区：2分钟
- 10楼骑乘：10分钟
- 8楼：14分钟

1.3.4 消防部门对各消防分区的人数控制要求，以及通过人流仿真模型获得的在场馆正常运营的情况下各个消防分区内最大和平均人数统计见下表。

防火分区	最大瞬时人数	平均人数	人数控制要求
FH-（A17）	548	277	700
FH-（A16）	1397	988	1400
FH-（A15）	570	537	700
FH-（A14）-5	919	504	700
FH-（A14）-4	89	43	100
FH-（A14）-3	198	117	200
FH-（A14）-2	372	249	400
FH-（A14）-1	84	57	100
FH-（A13）	712	648	800
总计		3419	5100

1.3.5 各消防分区对应的展项分别为：
- FH-（A17）- 智慧长河、国宝展示、VIP等候区、希望大地开始部分
- FH-（A16）- 影院、影院退场区域、同一屋檐下
- FH-（A15）- 骑乘
- FH-（A14）-5 - 影院序厅、希望大地结尾部分、坡道开始部分
- FH-（A14）-4 - 46米层坡道部分
- FH-（A14）-3 - 10楼坡道部分
- FH-（A14）-2 - 骑乘等候区域、10楼北面自动扶梯区域
- FH-（A14）-1 - 8楼北面自动扶梯区域
- FH-（A13）- 8楼展览区域

1.4 3楼平台排队

1.4.1 3楼平台正常运营情况下的排队组织如下图：

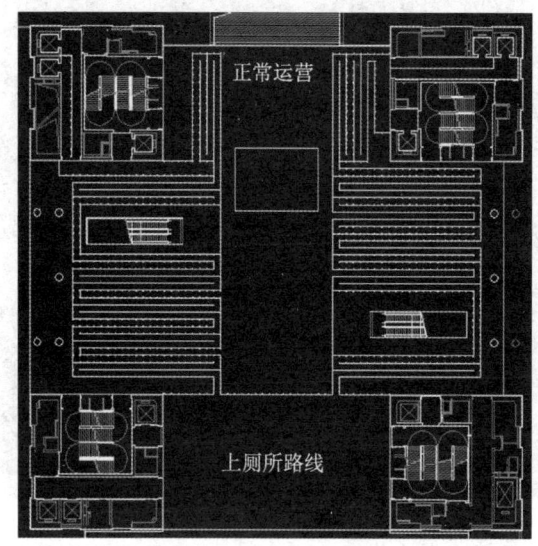

3楼平台正常运营排队图

1.4.2 2VIP人士从0米层乘坐垂直电梯，因此3楼不考虑VIP通道。

1.4.3 西面排队区域净面积为412平方米，按照排队密度3人/平方米计算，可容纳1236人；东面排队区域净面积为428平方米，按照排队密度3人/平方米计算，可容纳1284人。排队时间约为30分钟。

1.5 南广场排队

1.5.1 南广场排队示意图如下：

9米层			
正式检票	正式检票	正式检票	
500平方米	500平方米	500平方米	
预检 预检 9:30-10:00（团队） 10:30-11:00 12:00-12:30 13:30-14:00 15:00-15:30 16:30-17:00 18:00-18:30 19:30-20:00	预检 预检 10:00-10:30 11:00-11:30 12:30-13:00 14:00-14:30 15:30-16:00 17:00-17:30 18:30-19:00 20:00-20:30	预检 预检 9:30-10:00（团队） 11:30-12:00 13:00-13:30 14:30-15:00 16:00-16:30 17:30-18:00 19:00-19:30 20:30-21:00	预检 迟到
检票前观众滞留			

注：假设25%的人会在预约票上规定的时间段内到达；70%的人会提早到达；5%的人会迟到。

1.5.2 南广场的排队如下图：

1.5.3 南广场中间应急通道宽 6.8 米。

1.5.4 场馆排队与相邻馆之间的应急通道宽 9.5 米。

1.6 紧急疏散

假设在展馆正常运营的情况下，突发紧急事件，所有 14 米以上层（包括 33 米、41 米、49 米三个标高层）的参观者都需要疏散到 14 米层大平台或者 9 米层。

1.6.1 紧急疏散方案一（仅使用疏散楼梯）

在紧急疏散场景中，所有的垂直电梯、自动扶梯将不作为疏散路线。所有人员将采用 4 个核心筒中的楼梯进行向下疏散。

紧急疏散情况下的人流引导分区如下图：

（1）60 米层人员从 4 个核心筒内的疏散楼梯疏散。

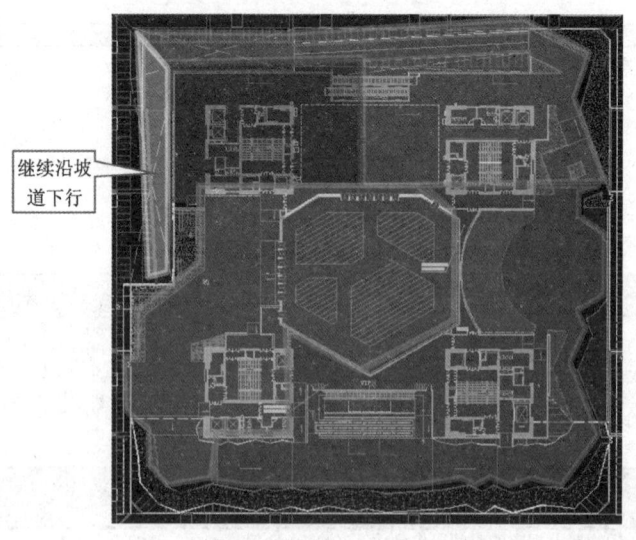

（2）12楼。紧急疏散情况下，在12楼的观众按上图中所示的4个分区分别从4个核心筒内的楼梯疏散。

（3）10楼。紧急疏散情况下，在10楼轨道区域外的观众分别按上图中的分区从东面两个核心筒内的疏散楼梯疏散。根据央美提供的信息，轨道车在紧急情况下，将采用定点停车的方式，车辆单侧开门，车上乘客使用轨道一侧0.8米宽的紧急疏散通道，按照指定路线进入疏散核心筒。轨道区域内疏散通道中的高差、跨越轨道、空间照明不足等风险尚未被评估。

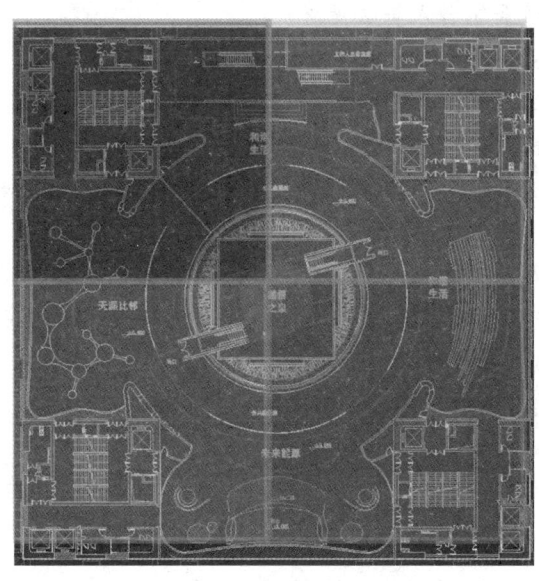

（4）8楼。紧急疏散情况下，在8楼的观众分别从最近的核心筒内的消防楼梯疏散。

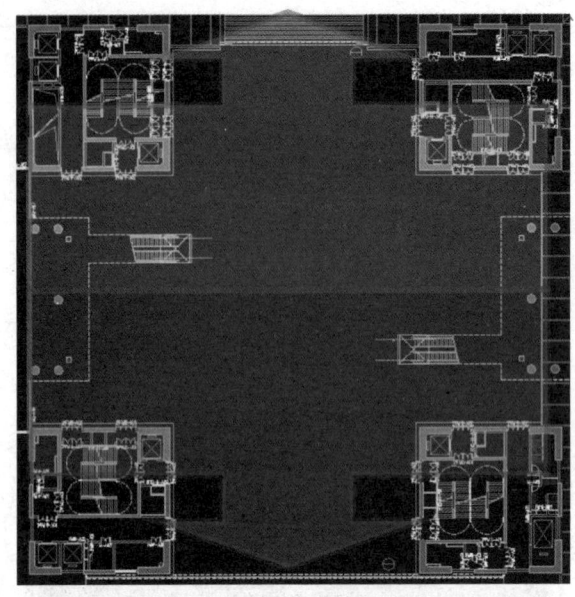

（5）3楼。从4个核心筒内的消防楼梯下行到9米平台的人员，1号和2号核心筒从9米平台向14米平台方向撤离，然后从高架步道离开；3号和4号核心筒的从9米平台向南广场撤离。9米平台等候人员快速向北侧14米平台和南广场疏散。

（6）南广场等候人员快速向国展路疏散。要求南广场工作人员在10分钟内打开所有硬隔离设施，使其全部畅通。

仿真模拟的结果显示，紧急事件时49米层及坡道上聚集人数约为2250人，41米及以上层聚集人数约为3600人，33米及以上层聚集人数约为4500人。上述人数统计中未包括60米层的聚集人流和工作人员数量。

仿真结果显示的各层疏散时间分别为：（以下疏散时间为参观人员向疏散通道撤离的时间，不包括设备反应时间、工作人员反应时间和疏散通知时间）

清空12楼－8分08秒

清空10楼及以上－8分58秒（假设轨道车区域疏散通道为水平）

清空8楼及以上－10分00秒

1.6.2 紧急疏散方案二（使用疏散楼梯和自动扶梯）

在紧急疏散场景中，所有的垂直电梯将不作为疏散路线。所有人员将采用4个核心筒中的楼梯和静止的自动扶梯进行向下疏散。

紧急疏散情况下的人流引导分区如下图：

（1）60米层人员从四个核心筒内的疏散楼梯疏散。

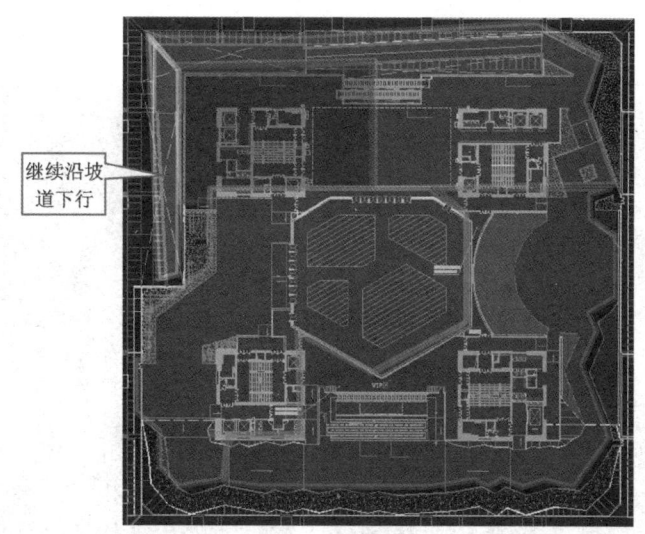

（2）12楼。紧急疏散情况下，在12楼的观众按上图中所示的四个分区分别从4个核心筒内的楼梯疏散。北面两个分区内的参观者也可以选择静止的自动扶梯下行。

（3）10楼。紧急疏散情况下，在10楼轨道区域外的观众分别按上图中的分区从东面两个核心筒内的疏散楼梯疏散。根据央美提供的信息，轨道车在紧急情况下，将采用定点停车的方式，车辆单侧开门，车上乘客使用轨道一侧的0.8米宽的紧急疏散通道，按照指定路线进入疏散核心筒。轨道区域内疏散通道中的高差、跨越轨道、空间照明不足等风险尚未被评估。从12楼使用北面的自动扶梯下行的参观者将继续使用连接8楼的自动扶梯下行。

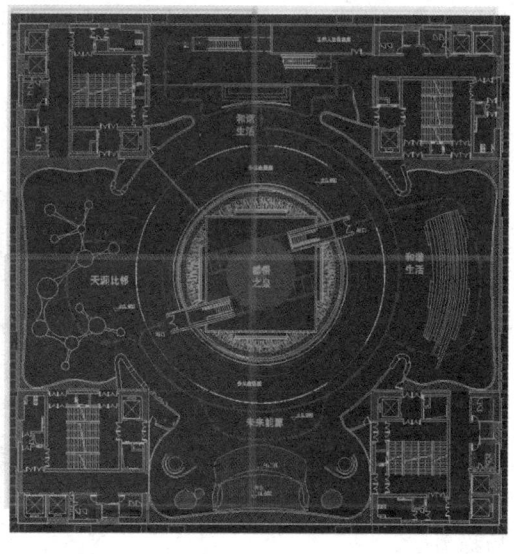

（4）8楼。紧急疏散情况下，在8楼的观众分别从最近的核心筒内的消防楼梯或中央核心筒静止的自动扶梯下行疏散。从北面自动扶梯下来的参观者将分别使用北面两个核心筒内的消防楼梯疏散。

（5）14米层。使用中央核心筒下来的参观者直接从14米平台疏散。

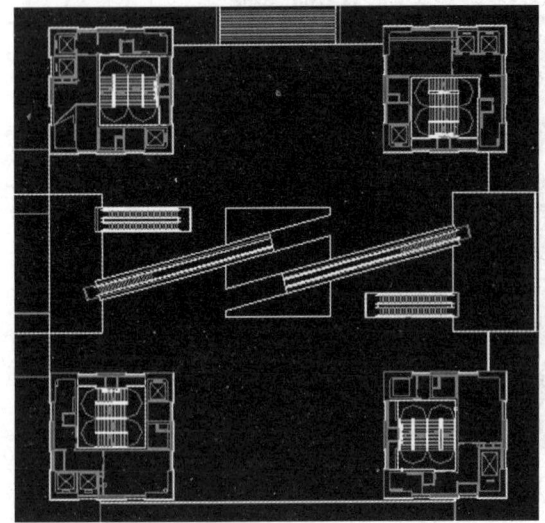 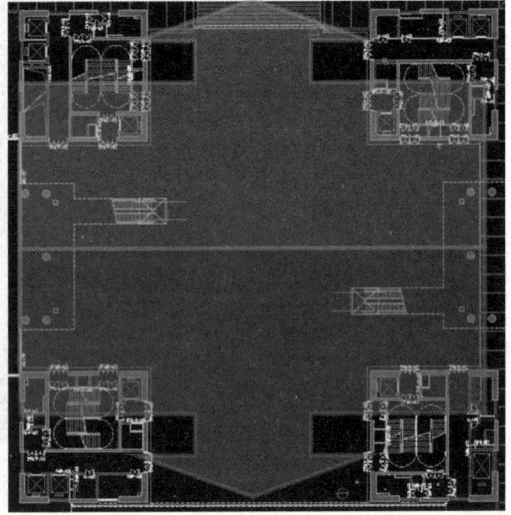

（6）3楼。从四个核心筒内的消防楼梯下行到9米平台的人员，1号和2号核心筒从9米平台向14米平台方向撤离，然后从高架步道离开；3号和4号核心筒从9米平台向南广场撤离。9米平台等候人员快速向北侧14米平台和南广场疏散。

（7）南广场等候人员快速向国展路疏散。要求南广场工作人员在10分钟内打开所有硬隔离设施，使其全部畅通。

（8）自动扶梯在静止的情况下，一部自动扶梯的通行能力相当于0.6米宽的楼梯。方案二与方案一相比，增加了两部自动扶梯用于疏散，可使疏散总时间略有减少。但电梯口容易造成拥挤，需要工作人员妥善引导和管理。

1.6.3 紧急疏散方案三（使用疏散楼梯、自动扶梯和垂直电梯）

若进行紧急疏散时垂直电梯被确定为可以使用，则紧急疏散路线安排如下：

（1）60米和12楼参观人员分别被分流到4个核心筒内的垂直电梯和楼梯快速撤离至9米平台；然后分别向南广场和14米平台撤离至国展路和高架步道。

（2）41米参观人员从4个核心筒内的消防楼梯步行至9米平台，然后分别向南广场和14米平台撤离。

（3）33米参观人员分别从中央核心筒的自动扶梯（在紧急疏散情况下，自动扶梯处于静止状态）和4个核心筒内的消防楼梯分别下行到14米平台和9米平台，然后分别向高架步道和南广场撤离。

（4）从4个核心筒内的消防楼梯下行到9米平台的人员，1号和2号核心筒从9米平台向14米平台方向撤离，然后从高架步道离开；3号和4号核心筒从9米平台向南广场撤离。

（5）9米平台等候人员快速向北侧14米平台和南广场疏散。

（6）南广场等候人员快速向国展路疏散。要求南广场工作人员在10分钟内打开所有硬隔离设施，使其全部畅通。

2 1楼展厅

2.1 1楼展厅出入口

2.1.1 进出1楼展厅建筑的通道包括:

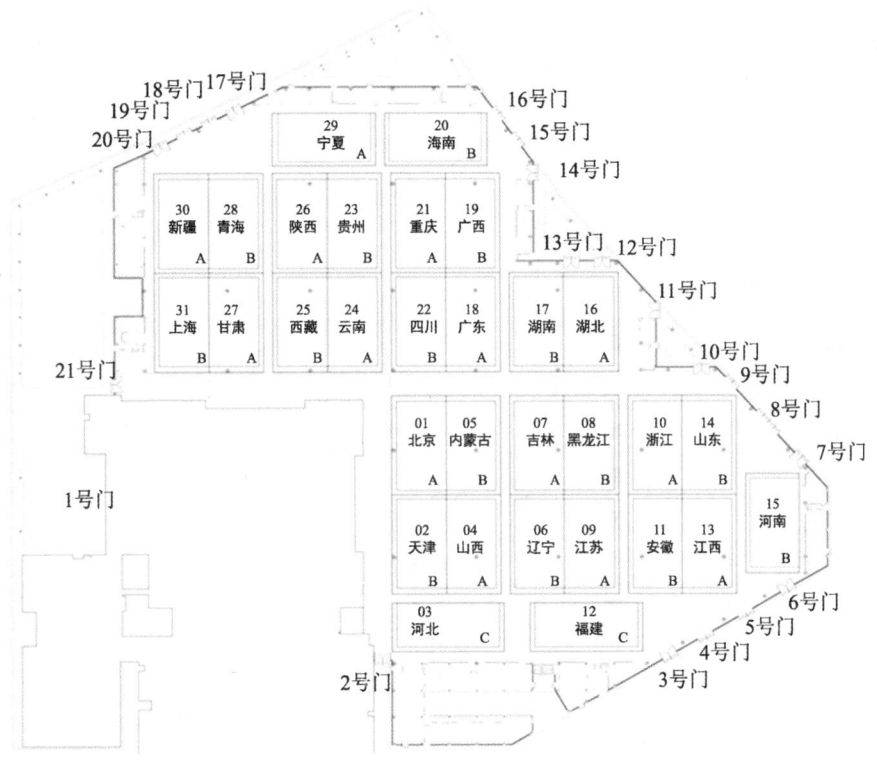

- 西面主入口（1号门）
- 周边20个出入口
- 序厅内和场馆3楼相连的4部自动扶梯
- 序厅内场馆4个核心筒内的楼梯和垂直电梯

2.1.2 正常运营过程中参观者使用的出入口包括:

- 普通观众入口 – 西面主入口
- 普通观众出口 – 周边6个出入，分别是3、6、9、12、16、20号门
- 出入口 – 西面主入口旁边的VIP通道

2.1.3 应急出入通道包括:

- 在紧急情况下，周边其余14个出入口都可以打开

2.2 各展厅参数

		参观流线		平均参观时间（分钟）	同时参观人数（人）	备注
		散处理	流处理			无相关图纸方案
1	北京					未谈到
2	内蒙古					无相关图纸方案

续表

		参观流线		平均参观时间（分钟）	同时参观人数（人）	备注
		散处理	流处理			
3	天津					无相关图纸方案
4	山西					无相关图纸方案
5	河北					
6	吉林		■	15~18	248	
7	黑龙江					未谈到
8	辽宁		■	12	50	
9	江苏		■	8~10	未谈到	
10	福建					未谈到
11	浙江		■	30	240	
12	山东		■	5~8	60	
13	安徽		■	9	65~75	
14	江西		■	10~30	小于350	
15	河南		■	15	50	
16	湖南	■		未谈到	未谈到	
17	湖北		■	7	35	
18	广东					无相关图纸方案
19	广西		■	未谈到	未谈到	
20	四川		■	18	600	
21	重庆					未谈到
22	海南					未谈到
23	宁夏		■	未谈到	未谈到	
24	贵州		■	6	50	
25	云南		■	15	150	
26	陕西		■	未谈到	未谈到	
27	西藏		■	未谈到	150	
28	甘肃					未谈到
29	青海	■	■	7	35	
30	新疆					无相关图纸方案
31	上海					无相关图纸方案
标有："■"表示参观流线处理的方式						

（散处理：参观客人像在广场上走路那样，愿意朝哪个方向、愿意以什么样的速度行进、愿意停下来，这些都随客人之意。流处理：参观客人沿着一定的参观线路循环走。——作者注）

2.3 容量估算

2.3.1 下表中，假设一为最初方案，即假设各个展厅分别能容纳200人，参观平均时间为10分钟。

2.3.2 假设二为根据上表中各展厅的实际参数调整之后的计算结果。

2.3.3 假设三在假设二的基础上，看到部分展馆提供的方案图之后考虑到各个展馆外形也可能成为展览的一部分，这就会导致参观者在通道上欣赏展厅外造型或拍照，从而导致在通道上停留时间增加。

	单位	假设一	假设二	假设三
展厅建筑面积（含通道）	平方米	26200		
各展馆面积	平方米	790		
展馆数量	个	31		
展馆总面积	平方米	24490		
展馆面积占总建筑面积的比例	%	93		
展馆观众可用面积比例	%	50		
展馆观众可用面积	平方米	395		
各展馆容量	人	200		
展馆内密度	平方米/人	1.975		
各展馆内总人数（瞬时）	人	6200	5688	5688
馆与馆之间的平均步行时间	分钟	4	4	6
单馆参观时间	分钟	10	11	11
通道总人数（瞬时）	人	2480	2009	3014
馆内总容纳人数（瞬时）	人	8680	7697	8702
日入馆小时数	小时	12		
小时服务能力				
平均参观时间60分钟	人	8680	7697	8702
平均参观时间90分钟	人	5787	5132	5801
平均参观时间120分钟	人	4340	3849	4351
日服务能力（12小时）				
平均参观时间60分钟	人	104160	92369	104426
平均参观时间90分钟	人	69440	61579	69617
平均参观时间120分钟	人	52080	46185	52213
参观馆数				
参观时间60分钟	个	4.3	3.9	3.5
参观时间90分钟	个	6.4	5.9	5.2
参观时间120分钟	个	8.6	7.8	6.9

2.4 紧急疏散

2.4.1 地面层,紧急疏散时同时打开的21个出入口。省市馆中的通道如下图所示:

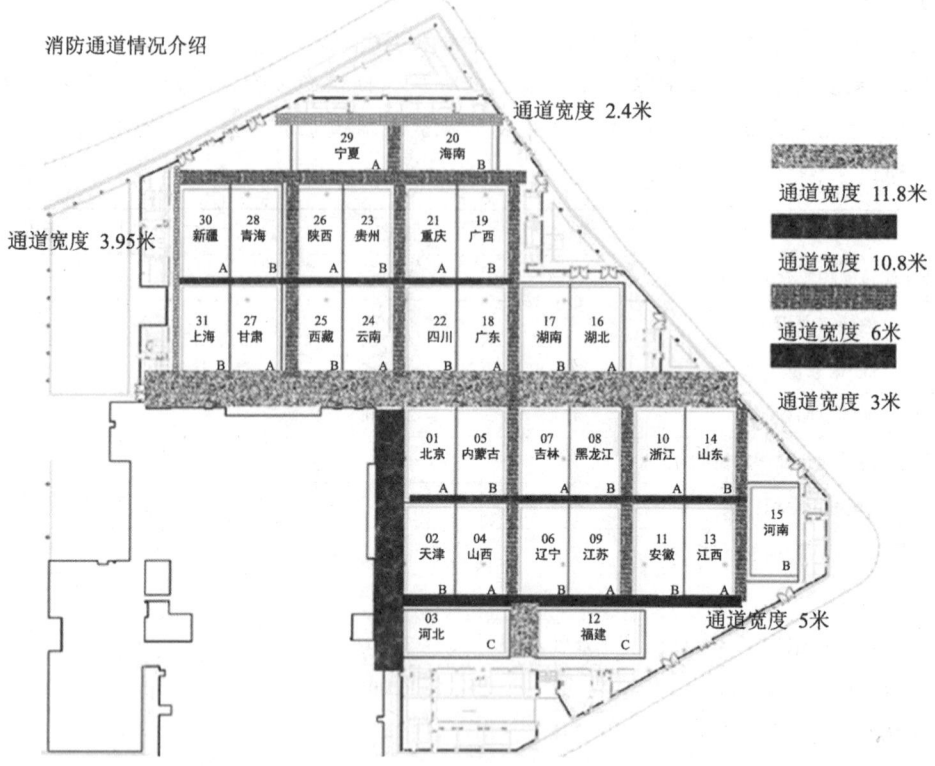

2.4.2 1楼展厅中各展厅的出入口如下图所示:

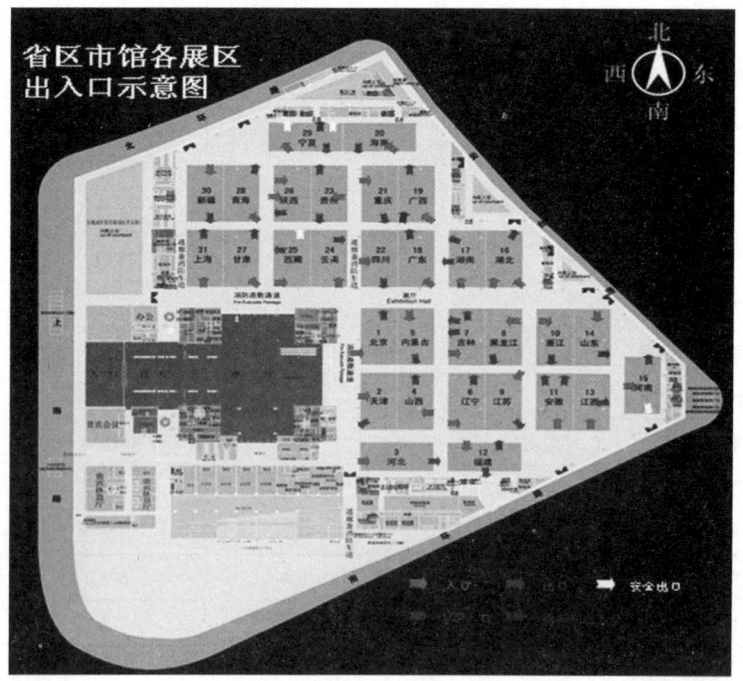

2.4.3 下表给出了 21 个出入口的门洞宽度。估计疏散总时间约为 5 分钟（疏散时间为参观人员向疏散通道撤离的时间，不包括设备反应时间、工作人员反应时间、疏散通知时间和安全门打开所需时间）。

要求 1 楼展厅工作人员在 10 分钟内打开全部大门，以最快速度撤离参观人员。

Exit	单位	
1号门	米	13.6
2号门		4.2
3号门		2.4
4号门		4.2
5号门		4.2
6号门		4.2
7号门		4.2
8号门		8.4
9号门		4.2
10号门		4.2
11号门		4.2
12号门		4.2
13号门		4.2
14号门		4.2
15号门		4.2
16号门		4.2
17号门	米	4.2
18号门		4.2
19号门		4.2
20号门		4.2
21号门		4.2
SUM	米	100
总需求	人	10500
通过率	人/小时/米	5000
理想紧急疏散时间	秒	75.6
最大疏散距离	米	118
平均行走速度	米/秒	0.854
到达疏散出口的行走时间	秒	138.2

续表

Exit	单位	
不均衡系数		1.3
实际紧急疏散时间	分钟	4.63米

2.4.4 1楼展厅地下一层为工作人员办公室,如下图所示。9个楼梯通向地面。

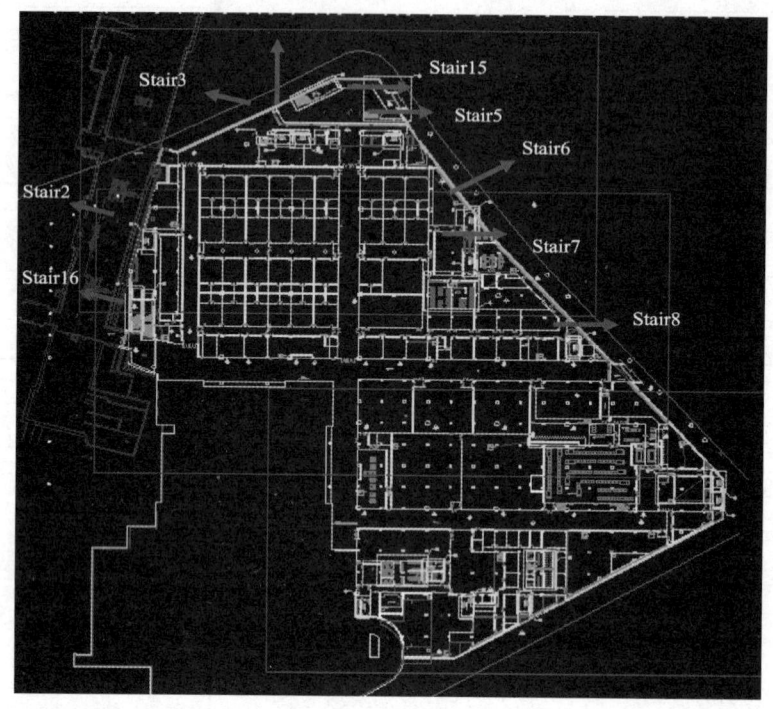

2.4.5 假设开馆时平均每个展厅约有20名工作人员在地下一层工作,在紧急疏散时将使用四周的楼梯向上疏散。楼梯宽度如下表所示,估计的疏散时间为4~5分。(疏散时间为工作人员向疏散通道撤离的时间,不包括设备反应时间、工作人员反应时间、疏散通知时间和安全门打开所需时间)

Stair	单位	
Stair 8	米	1.85
Stair 7		1.85
Stair 6		1.82
Stair 5		1.85
Stair 15	米	3.2
Stair 4		1.85
Stair 3		1.85
Stair 2		1.85
Stair 16		3.2

续表

Stair	单位	
SUM	米	19.32
馆个数	个	31
平均每馆人数	人/馆	20
总需求	人	620
通过率	人/（分钟*米）	62
理想紧急疏散时间	秒	31.1
最大疏散距离	米	141
平均行走速度	米/秒	0.854
到达疏散出口的行走时间	秒	165.1
不均衡系数		1.3
实际紧急疏散时间	分钟	4.3

2.5　1楼展厅排队设计

排队等候区域

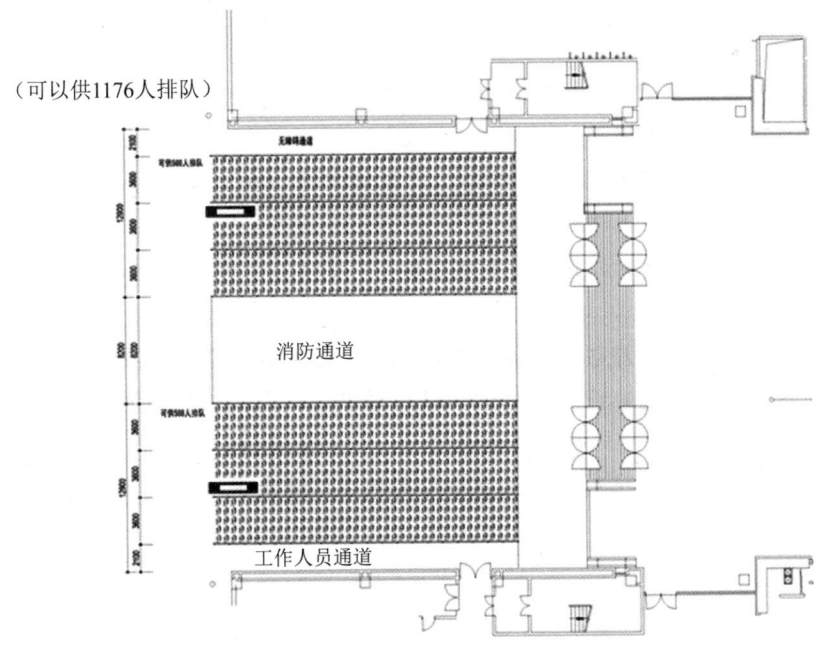

（可以供1176人排队）

3. 馆内供电系统

3.1 消防用电设备

消防用电设备（包括消防泵、喷淋泵、正压及排烟风机、消防报警系统、紧急及疏散照明等）用电均按一级负荷中特别重要负荷设计，计算机房、通信机房、安保中心等用电按一级负荷设计，展厅电源按二级负荷设计。信息机房增加UPS作为应急电源。变电所设动态模拟显示屏一套，将整个配电系统图进行显示，以便直观、有效地监控。

1. 场馆用电设备装接容量为30829.8kW；设备计算负荷为19798.7kW。馆内的B2层设置35kV/10kV变电站，两路35kV电源（云中7422、新中752）双电源进户供电，站内设两台12500kVA容量的35/10kV干式变压器。再分设12台10/0.4kV干式变压器（6台2500kVA、6台2000kVA）以及0.4kV配电柜。10kV和0.4kV侧为单母线分段，手动联络并设置机械和电气联锁。

2. 展区用电主要位于主展厅（49.5M、41.5M、33M）和1楼展厅0M层

序号	展区位置	展区展位需求负荷	展区展位设计负荷	备注
1	主展厅49M层	1250kW	1575kW	
2	主展厅41M层		725kW	
3	主展厅33M层		600kW	
4	1楼展厅0M层	3720kW	6935kW	

3. 应急照明在以下区域提供应急照明：火灾控制室、入口大厅、展厅、连接口、循环走廊和大堂、入口/出口门厅、会议室、餐厅、厨房、设备机房、地下室机房等。

4. 应急疏散诱导照明在以下区域设置：消防楼梯通道、公共走道、展厅地面等。

5. 目前场馆内应急电源设计类型

（1）柴油发电机组提供消防、保安、应急照明等一级负荷中特别重要负荷的供电。（未实施）

（2）DC110V直流电源装置（蓄电池设备），提供变电所内变配电设备操作监视控制用电。（已实施）

（3）EPS辅助电源（蓄电池设备）作为楼层应急照明灯具应急供电。（已实施）

（4）UPS电源（蓄电池设备）提供二级指挥中心、通信机房用电设备应急供电。（已实施）

（5）消防用电、应急照明设备及重要负荷均由二路电源在末端由ATS自动切换提供不间断电源（已实施）。

3.2 馆内配套设施明细

序号	商户名称	位置	面积	可容纳人数
1	可口可乐	1楼展厅主入口处	40平方米	26人
2	伊利	1楼展厅主入口处	40平方米	26人

续表

序号	商户名称	位置	面积	可容纳人数
3	中国邮政	1楼展厅主入口处	68平方米	45人
4	交通银行ATM机	1楼展厅主入口处	5平方米	1人
5	中国电信	1楼展厅主入口处	3平方米	1人
6	中国移动	1楼展厅主入口处	3平方米	1人
7	1楼展厅服务中心	1楼展厅序厅南侧	5平方米	2人
8	0M层援助中心	1楼展厅东侧通道处	81平方米	50人

3.3 应急疏散设施的存放点设置

序号	存放点名称	位置	可用面积
1	主展厅1#点	主展厅救援中心	3平方米
2	主展厅2#点	主展厅0米衣帽间	5平方米
3	主展厅3#点	主展厅46.8米准备间	5平方米
4	主展厅4#点	九州清晏	10平方米
5	1楼展厅1#点	1楼展厅一站式受理中心	5平方米
6	1楼展厅2#点	1楼展厅北区服务间	5平方米
7	1楼展厅3#点	1楼展厅外原煤表房	5平方米

附：应急疏散设施需求

1. 电动喇叭：60只
2. 防滑设备：500米
3. 隔离缆绳（软隔离）：400米

资料来源：该延伸阅读资料由上海市会展行业协会郑承章提供，资料原名《场馆应急疏散方案》）

风险工具

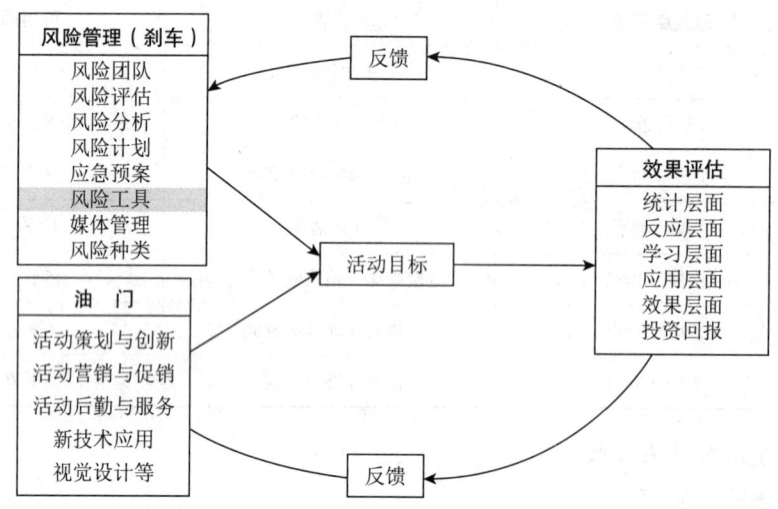

【学习目的】

- 了解买保险的好处
- 了解北美地区的活动保险种类
- 理解保险是活动风险管理的工具之一
- 能确定一次活动的保险需求
- 理解合同是活动风险管理的工具之一
- 理解活动合同的基本内容和条款
- 能看懂活动合同
- 能起草简单的活动合同
- 理解以过程为导向的谈判方法
- 理解谈判前充分准备的重要性

- 掌握谈判中的双赢理念
- 会利用谈判的机会建立互信
- 能实践走向共赢和超越共赢

第一节　活动保险

一、保险的意义

2004年在秦岭山脚下一次游览景点内的拓展训练中，参加拓展训练活动的全体企业员工都买了景点门票，但为活动开车的司机对景点检票人员说，自己是司机，所以没买门票就进去了。事后景点的票务人员讲，平时只要司机带客人来是可以不买门票的。

活动过程中，司机为了寻求刺激，为了能横着越过一条山沟，抓着山上的一棵树想荡过沟去，结果"荡秋千"的过程中树枝断裂，司机被甩到沟对面的台阶上，最终停止了呼吸。

参加活动的每个人和拓展老师都买了意外保险，车当然也买过了保险。可如果事故发生在车上，司机会在承保责任之列；如果司机买了门票，门票中也含有保险，责任可以部分转嫁给景点。但遗憾的是，所有人的保险中、车的保险中、活动组织方为这次活动买过的保险中，没有能覆盖这次事故的。

事后司机家人不去法院，不找任何第三方，只找那家企业，用经常到企业办公地点闹事的办法，迫使企业不得不做出赔偿。

这个意外事故告诉我们，活动中有预想不到的风险。一方面，怎么上保险要有计划，它和风险计划中的买保险的内容是一致的。另一方面，活动运营过程中，风险团队和一线人员（比如上述活动中的拓展训练老师以及场地方的景点检票员）要了解活动的风险计划，要有风险意识。

买保险的原因，也是买保险的好处，在于它可以帮助我们最大限度地转嫁意外风险带来的损失；可以让活动组织方规避因意外风险带来的财务危机；可以让活动组织方在在大灾大难后仍能正常运转，通过转移风险降低经营压力，避免陷入绝境，失去生存能力，甚至倒闭；可以防患于未然。

第一章中提到过，会展活动风险管理中常见的两个工具是合同和保险，就是说，活动的风险可以通过合同和保险来转嫁给第三方。这里说的合同，是活动组织方[1]与供应商之间的合同，其中最重要、最复杂的是与活动场馆方的合同；这里说的保险，是与保险公司的契约，它也是一种合同行为。与供应商的产品或服务合同比起来，保险相对简单一点，这一节我们先说保险，下一节介绍合同。

保险是会展活动风险管理的一种基本手段，它也是一种合同行为。买了一项保险，与该保险相对应的风险就转嫁给了保险公司（也叫保险人）。风险发生后所产生的直接的或间接的经济损失中的事先约定部分，由保险公司承担。

需要强调的是,并非上了保险,活动中就可以不做风险管理。从会展业职业道德角度来说,活动的风险管理与是否购买保险没有关系,只是说,风险发生后,保险公司可以帮助活动责任方承担其相应的经济责任,渡过可能的财务难关,甚至摆脱被迫倒闭的风险。另外,从美联航的案例中我们知道,风险管理工作的好坏还关系到企业的信誉、产品和服务的品牌,与企业的生存、企业能走多远息息相关。到了最后的关头,往往还能靠得住的,是企业自己!不能说买了保险,风险管理工作就可以依赖保险公司。活动组织方有责任和道义做好风险管理,这是战略。

会展活动可以选择的保险种类比较多,风险分析阶段需要对活动目的地国家或地区的保险种类做一定的研究,看看活动举办地可以使用的活动保险种类有哪些。一个保险所承保的责任范围在欧洲叫作 Insurance Cover,在美国叫作 Insurance Coverage,风险团队人员可以根据自己活动的保险需求向当地的保险公司咨询,看哪个/哪些保险更适合自己。在有些国家或地区,可能需要咨询当地律师。不同的活动在不同的国家和地区举办时,需要买的保险种类不尽相同,各有千秋。

二、保险种类

为了只承担有限责任,避免难以承受的经济损失,活动中的部分风险可以通过购买保险转嫁出去。下面列出会展活动所适用的保险种类,需要说明的是,所列保险项目的适应性及保险名称称谓可能随活动目的地的不同而不同。

下边保险是北美地区的常见险种,具体到某一个目的地国家或地区的险种,请咨询目的地当地或本国保险公司。

(一)商业责任险(commercial general liability / public liability)

商业责任险对人身伤害和财产损失提供保险,对活动场地内(有时也包括场地外)的事故损失提供保护,购买时需留意最高赔付限额。有些会展活动场馆,使用时对活动组织方有最低保险承保要求。

(二)伞覆式保险(umbrella insurance)

伞覆式保险也叫伞型保险,是一种超额责任补充保险[2],负责弥补各保险间的漏洞,通常伞覆式保险比主险更便宜,但却可以提供额外保护。这种保险在美国比较普遍,它是保障各利益相关方在整个活动过程中免遭重大损失的一个重要险种,能保障被保险人免遭因在活动场馆发生的事故而导致的对被保险人的责任索赔。之所以叫作伞型保险,是因为这种保险就像一把伞,位于基础保单的顶层,为超出基础保单保额部分的责任提供保险,同时还为基础保单不保的某些责任风险提供保护。

(三)火灾责任险(fire liability)

火灾责任险对活动主办方或承办方在活动场馆的火灾过失提供保护。一般情况下,在场馆方(乙方)的制式合同中会有这样的条款:因活动主办方/承办方的疏忽或过失引起的火灾造成的损失,由甲方负责承担。

（四）医疗责任险（medical liability）

医疗责任险为在活动场馆发生的意外伤害产生的医疗费用提供报销，该险种与谁负法律责任无关。买保险时请留意该保险是否涵盖员工和志愿者。如果现场设有急救站，弄清楚该险种在急救站治疗不当或玩忽职守情况下，是否能够保护主办方、承办方和医护人员。

（五）承包商责任险（independent contractor liability）

承包商责任险为独立承包商在活动场馆的过失责任提供保险。活动主办方/承办方在外包业务模块时，通常要求每一个承包商出具已经买好这个险种的保险单作为背书，证明其已经为自己的员工或现场工人买好了活动场馆工作中意外事故的责任保险，以免偶发事故后工人起诉承包商的过失时，附带引起主办方承办方承担连带责任。通常该险种的最高赔付额为100万美元或等值的当地货币。该险种在美国比较常见。

（六）产品责任险／主办方供酒责任险

如果活动现场提供餐饮服务，产品责任险（product liability）可为诸如食品中毒等由于食品/产品质量引起的风险提供保险。主办方供酒责任险（host and alcohol liability）则是美国的一个险种，因为在美国，多数州有这样的法律：客人如因醉酒发生事故，提供酒的一方（比如酒店）或售酒商店如果不分青红皂白、不顾客人的将醉未醉，只顾供酒，则要承担连带法律责任。在有这样法律的州举办活动时，主办方供酒责任险可以为因供酒责任引起的法律纠纷提供保护，是否需要购买这个保险的考虑因素之一是在活动计划期提前了解当地法律。

（七）追加被保险人（additional insured）

如果会展活动中牵扯到租用交通工具，包括租车、租船、包机等，从风险管理的角度来看，活动中因乘坐交通工具而产生的人身伤残和财产损失风险概率会加大。在和交通工具的承租承包方（乙方）签订合同时，活动主办方承办方（甲方）可以要求乙方在其交通工具保险合同中追加甲方的名字，以便甲方和乙方一样，也在被保险之列。追加被保险人（additional insured）的办法适用于普通责任险和财产险，虽然乙方早前买保险时可能还不认识甲方，但在和甲方的业务合作前可以在已买过的保险合同中把甲方作为新增被保险人追加进去（co-insured）。当乙方在其保险合同中通过背书追加甲方为被保险人之后，在保险期限内甲方也就在被保险之列了。保险列明责任[3]中通常包括交通事故后的财产损失、身体伤残及医疗费用等保险合同中约定的通用责任[4]以外的个性化责任（具体条款可咨询相关保险公司）。

如果乙方不能或不愿追加甲方为被保险人，活动组织方要考虑自行购买意外交通事故保险。

（八）重要文件险/重要记录险（valuable papers and records insurance）

活动的重要文件、重要资料、重要记录等，在使用前、邮寄前，可能存放在印刷厂车间或某个库房，这些重要文件有因火灾、水灾、故意损毁等原因遭到破坏的风险。重要文件和记录险可以为重要文件、重要资料或重要记录的毁坏提供保险，为部分或全部损毁的文件资料的再生产提供资金保障。

（九）现场办公险（on-site office insurance）

在会展活动现场，办公和服务用的电脑、笔记本、手机、对讲机、投影仪等自带的或租用的设备，可能因火灾、水灾、盗窃、爆炸、蓄意人为损坏等原因遭到损坏，现场办公险为活动现场办公过程中的风险提供保险，上保险前请核实保险公司的责任范围。

（十）现场盗抢险（burglary and robbery insurance）

活动现场现收的现金、支票存在夜间被盗或被抢劫的风险。现场盗抢险在失窃后可以足额赔付被盗的现金或支票。建议现场收取的现金、支票当天存入银行，以降低失窃风险。

（十一）展品险（exhibits insurance）

参展商可以购买展品险，展品的"保险期间"可以包括展品展示期和展品运输期。特别是在展品的一般责任险中，保险地点不包括本次展览的场馆时，可以购买展品责任险以及展品丢失险。展品险还适用于展品不能按时运抵展览场馆的情况，比如在第九章的不确定状态中提到的因展品过关清关铜车马展品不能按时运到的情况。

（十二）员工责任险（worker's compensation policy or employer's liability insurance）

会展活动中存在工作人员因公意外伤残需要救治甚至死亡的风险，主办方/承办方需要给员工上保险，相应的险种叫员工责任险。如果被保险员工中有临时工和志愿者，则要提供他们在工作中的岗位描述和报酬标准，这些资料关系到保险公司对因公伤残等情况进行赔付时对误工部分的计算标准，所以也是赔付前被审查的必要数据。

（十三）旅游保险（travel insurance）

参加会展活动的客人可以购买旅行保险，旅行保险的保险期间包括活动举办期以及客人抵离举办地的日期。主办方需要提醒客人的是，个人财产不在旅游保险承保责任之列。

（十四）名人缺席险（non-appearance insurance）

主办方可以为一个活动购买名人缺席险，以防给参会者承诺过到场的发言人、嘉宾、演员等名人因病、因交通工具延误、因要事等原因不能到场或不能按时到场。名人缺席险可以为活动因这方面引发的损失提供保险。活动组织方与名人一方的合同中可以包含因病等不能出席的条款，活动组织方购买此保险时应充分了解该保险的责任范围。

（十五）活动取消险（event cancellation insurance）

会展活动可能因为极端天气、工人罢工、天灾人祸等原因被迫取消或中断，为防止因这方面的风险造成的损失，活动组织方可以考虑购买活动取消险。如果保险公司认可，活动取消险还可以涵盖由列明风险发生后引起的额外损失，比如客人抵达机场后，突遇出租车司机罢工，客人不得不租用其他商用车辆所产生的额外费用，可以在保险公司报销。

（十六）参会者不足险（coverage for enforced reduced attendance）

有些会展活动，特别是国际会议一类活动，容易受到国际航班不能按期抵达的影响，造成参会人数不足。参会者不足险是一项扩展保险，它对人力不可抗拒因素造成的参会人数不足提供保险，但是由于活动组织方的营销不力造成的参会人数不足不在此列，诸如参加婚礼的实到人数低于预期、会议占房没住满一类情况（attrition）所造成的损失也不在此列。

（十七）财产险（property damage insurance）

活动组织方可以给活动现场的财产上财产险，这些财产包括活动组织方自己的财产和场馆方的财产。组织方自己的财产包括带到现场的音像设备、入口遮檐装饰、植物花卉等；场馆方的财产包括场馆固有的和配备的财产。这些财产在使用过程中可能被损坏，牵扯到赔偿问题。

（十八）现金保险（money insurance）

如果会展活动中有现金/支票收入，比如参会者现场交的会费、不同级别代表交的代表费、社会公众购买入场券等现金收入，这些现金或支票在存放期间或在去银行存放的途中有可能被盗的风险。现金保险为现金丢失和/或被盗提供保险。

（十九）一切险（all risks insurance）

一切险，有时也叫万能险，是这样一种保险：除了合同中具体列明的少数风险之外，其余任何风险都在保险责任[5]范围之内。比如，保险合同的列明风险中没有水灾，一旦发生水灾，水灾造成的损失就由保险公司承担。显然，一切险的责任范围在所有险种中是最广泛的，尽管其保费的高低是建立在索赔概率的大数据上，通常一切险的保险费还是要高过其他险种。

三、确定保险需求

做了风险分析，了解了保险种类及其责任覆盖范围之后，该确定保险需求了。

（一）Who

（1）给谁上保险？这可能包括会展活动的组织方、供应商、承包商、参展商、参会者等。

（2）谁承担过失责任？看活动举办地在哪里了，有些地方要求明确过失责任，有些地方在保险赔付时不追究过失者的责任，所以不要求提供过失责任者。

（3）有困惑了咨询谁？建议咨询会展业内的保险专业人士。

（4）保险公司的保险责任保护谁？搞清楚哪些人受保险条款保护，要考虑的被保护人群包括参会者、赞助商、参展商、员工、临时工、志愿者等。

（二）What

（1）本次活动需要买什么险种？

（2）赔付时的条件是什么？

（三）Where

（1）会展活动目的地选在哪里？

（2）目的地当地法律法规要求上哪些保险？

（四）When

（1）保险期限的起止日期及时间是什么？注意保险期限要含盖会前会、会后会、布场时间和撤场撤展时间。

（2）什么时候买保险？有些活动必须在活动前的准备过程中就提前为可能的风险购买保险。比如奥运会，大概提前7年就开始准备了，不是说等它快开幕了再买。提前买好保险，以便在活动开幕前的准备过程中发生的意外，包括天灾人祸，都在保险的保护之下，从而保障活动的准备工作正常进行。

（五）Why

为什么要买这个/这些险种？从风险分析的结果中，根据某次活动所面临的具体风险确定要买什么保险。

（六）How

怎样购买保险，并进行活动的保险管理？

做完风险分析和确定保险需求后，一旦决定要买的保险种类，要写进活动的风险计划中，呈报决策者审批。

第二节　活动合同

一、合同概述

合同作为风险管理的重要工具之一，它不但建立起合同双方的合作关系，更重要的是在合作双方之间分担了风险、化解了风险或者转嫁了风险，当然必须是在公正的基础上。上一节讲的保险和这一节讲的合同是活动风险管理的两个基本工具，而合同是更重要的、更有用的工具，它不但可以化解风险、分担风险、转移风险，而且在风险发生后的纠纷处理中扮演着非常重要的角色。只要合同内容不和法律相抵触，风险发生后合同条款对处理双方当事人之间的纠纷至关重要，是法庭或仲裁庭判断是非的重要依据。

合同是双方或多方的协议，规定了双方或多方当事人的权利和义务。比如一份餐饮合同，它规定了乙方的义务是向甲方提供一定标准的餐饮及其服务，而甲方的义务则是为乙方的合格产品和服务付款。合同应用清晰明确、不易误解的语言写成，基本内容包括：序言，活动细节描述，双方意向及期望，明确表示的产品或服务明细及其价格，包括工作量、完成工作的时间以及交付验收标准，付款方式（含是否交付订金），付款时间，各当事人方的义务，以及出现问题的补救办法和争议解决办法等。为了简单明确地说明问题，这一节内容中的签约方都以甲乙双方为例，不涉及多方当事人。

不管我们喜欢与否，也不管是做活动策划还是活动运营，会展人都得和合同打交道。一个会展活动会牵扯到方方面面、上上下下一系列合同，这些合同规范着会展活动整个过程中其产业链上各相关环节的行为，其功能体现在每天的日常工作中，一一化解着各种风险。活动的策划团队、运营团队，特别是风险团队，得花一定的时间吃透合同法中的基本概念，特别是当一个会展活动在自己不熟悉的国家或地区举办的时候，必要时咨询当地的律师。

会展活动中用到的合同有很多种类，比如展馆租赁合同、参展商合同、展位搭建合同、酒店住房—会议—餐饮合同、保险合同、供应商合同、演讲人合同、演出合同、工作人员合同等。这要求风险团队人员，知道并理解合同的基本内容和条款，合同双方的权益和责任，合同中约定的为活动提供的产品和服务标准、类型、交付验收时间，付款方式，产生纠纷、发生风险后双方应承担的责任等，以实现活动的风险管理。

每个组织方对活动都有其具体要求，风险团队人员在合同签订之前，应准确理解活动的目的和要求，准确理解合同中各条款的含义及其与之相关联的法律，看活动要求和合同条款表述之间是否一致，从风险管理的角度仔细核查合同条款中可能存在的风险，以及风险发生后需要活动组织方承担的法律责任，必要时咨询法律顾问，以降低风险或避免风险发生后给自己和活动组织方带来法律责任。通常这种责任表现为对活动组织方的起诉和索赔，结果是以一定量的经济损失告终。

对合同条款的理解能力是风险团队人员对合同内容的判断力和对潜在风险的控制力的重要表现。活动组织方应该在风险团队人员对合同条款复核之后，必要时在律师复核之后，再行签订合同。这样做的目的，是使活动的整个过程，包括漫长的准备过程，运行平稳，就是英文讲的 go smooth。

签订合同前的最后审核，是从这两个方面入手的。第一，合同中的每个条款是否表达清晰；第二，合同内容是否涵盖了所有要点。

合同在表达形式上有口头表达与书面表达之分，世界上多数国家包括国际条约都规定口头合同与书面合同的效力不受其表达形式的影响。但是口头协议的双方，在事后回忆协议内容时容易走样，常常引起双方的争执或纠纷，让大家都伤感情；文字合同在这方面好很多，但是文字合同的条款如果表达不清楚，事后发生纠纷时也会被曲解或理解成不同的版本。尽管如此，还是建议在活动管理中，特别是活动风险管理中都使用文字合同。一个完整的、具体细节清楚表达的书面合同，不仅可以使合同双方都得到保护，还可以避免以后的很多不确定因素、争执、纠纷，甚至打官司，闹得互相面都见不成。

理想情况下，合同双方都履行合同规定的义务，并为未履行合同的行为付出赔偿，但事实上并非如此。人与人之间、组织与组织之间，甚至国家与国家之间，以及各方相互之间，常有不达标、不作为、不履行，甚至单方面撕毁合同者。另外，还有例外情况让合同无法执行，比如不测事态、不可抗力、合同无法实施、合同目的落空（条款履行了还不如不履行）、恐怖活动、流行传染病、罢工、纠纷等。所以在双方谈判之后签了合同并不等于万事大吉，还要继续相互沟通、让合同落地、买好相应保险，以保护自己、自己的组织以及各相关方的利益。

由于会展活动的合同通常是在活动开幕几年前就签订了（比如奥运会的有关合同在奥运会开幕前七八年就开始签订），有很多细节问题在签约时不能确定，所以签约双方在合同签订之后仍需经常或定期沟通，以便悬而未决的问题、潜在的问题逐步得到落实和解决。这些问题包括但不限于，活动规模的变化（比如参会人数的波动），场馆方的变化（比如场馆或酒店在活动准备期进行修建或装修，活动马上开幕了还不能完工或匆忙完工），参会者的情况（demographics）和要求的逐渐清晰，用餐人数的过低或过高让餐厅难以准备，难以应变，其他活动造成本活动布场撤场时间不够，等等。

笔者的忠告是，合同双方在签约后一定要经常或定期沟通，确保对不断变化的状态有提前的把握和尽量准确的把握，并用文字记录各种变更，用文字把变更一个一个沟通到位，让每一个变更都在文字上具有"可追溯"性，坚决杜绝口口相传，以避免或降低活动风险。顺便说一句，"可追溯"是 ISO 标准系列最基本的要求，它的好处只有用过了才知道。

作为合同概述的最后一点，双方在合同谈判中、合同签订后的沟通中以及合同执行中的所有往来资料应该至少保留到合同圆满履行完毕的时候。活动结束后，要根据政府的有关法律法规和所在组织的规章制度来决定这些资料是否可以废弃、多长时间后才可以废弃。

二、合同内容及条款

一份合同的基本要素包括：要约，考虑及双方接受，必要时形成文字，签订人应具备的法律能力。所有会展活动都牵扯到主办方和分供方的合同，主办方出资，分供方提供产品或服务。分供方包括酒店、会展中心、展览综合服务商、音像公司、装修公司、花卉公司、注册公司、安保公司、运输公司，等等。不管是大型活动还是小型活动，最复杂的合同应该是主办方和场地提供方之间的合同，合同中的风险内容包括会展活动运营过程中所出现的问题、风险和责任，要通过合同来保障双方的合法权益。

合同的各项条款旨在保护双方的利益，然而近年来的趋势是，场地提供方越来越多地把风险转嫁给会展活动主办方。风险团队人员应熟悉各种各样的常见条款。我们下面以活动组织方为甲方、酒店（活动场馆）方为乙方，来说明甲乙双方合同的基本内容和条款。

1. 序言（preamble）

合同的开头一般来说是一段序言，说明合同双方的名称称谓和地址，说明双方签订合同的背景和意愿，通常是一段套话。如果合同也是要约（offer），序言部分也可以写上一个选择条款（option clause）规定另一方（受要约方）接受邀约的截止日期，受要约方必须在截止日期前签字接受，否则邀约方不履行合同义务。

比如，酒店给活动主办方发出要约，在开头的序言部分有这样的选择条款，如果主办方在某具体日期前不签署合同（即接受要约）的话，酒店的多功能厅就不再为活动主办方保留，可以卖给别人了。在序言中明确要求这样的接受（acceptance）日期，意味着如果要约方（offeror）没有在该日期前收到受要约方（offeree）签订并发回的合同，要约中的权利义务就自动终止。在截止日期以前，受要约方都可以接受要约。

2. 活动细节（event details）

活动细节包括活动名称、活动类型、布场/撤场日期/时间、参会者的早抵晚离需求、有无残疾人参会等。比如参会者中有残疾人时，通常场馆方负责给残疾人士在公共区域、客房、洗手间内提供便利设施；活动组织方负责给残疾人士在会场提供便利设施。合同中对活动基本情况细节的明确表达可以减少双方合作中可能的误解，从而降低活动运营风险。

3. 客房（sleeping rooms）

与酒店的合同中，需要明确说明：

（1）活动需要预订的房数（占房数）和房型。

（2）房价是否含早餐，不含早餐时的早餐标准。

（3）保底用房数及订金要求。

（4）午餐、晚餐、宴会的价格标准和服务标准（比如国际会议上的美式、法式、俄式等）。

（5）酒店确认时是否需要客人名单或分房表，或者是由客人自行联系酒店来确认其住房。

（6）有没有活动用房的预订截止日期（deadline / cut-off dates），截止日期后活动的占房（block）仍没住满怎么办？剩下来的房间是放回酒店的库存（inventory）里向其他客人卖呢，还是给本次活动留下来让后续来的参会者住？如果继续给本次活动留下来，对截止日期后的预订，房价变还是不变。

（7）是否给活动工作人员提供免费工作用房，客人用房是否享受40或50免一。

（8）VIP客人是否用豪标/套房，套房旁边是否预留秘书用标间。

（9）标间超预订时是否免费升级，所有房型超预订后的替代酒店是哪个/哪些，客人怎样去住到替代酒店（walk/ relocation）并尽快从替代酒店搬回，有无相应补偿措施。

（10）入住和退房的时间要求，过早或超时是否加收半天房费。

等等。

4. 多功能厅[6]（function space）

合同中应明确说明对多功能厅（即会场）的场地要求，是否有场租（北美地区有一定量住房的情况下，多功能厅、会议厅免费），是否有布场费？酒店方给会场配备的设备有哪些？在北美地区办会时必须注意的一个问题是酒店是否和当地工会间有排他性的服务合同，因为有些工作必须高价交由工会的工人来做。合同中还应该规定布场时间，必要时说明多功能厅在活动期间是否分割布场。如果活动中包括展览，合同中应约定搭建展位的材料如何存贮、布展撤展要求、安全安保要求、展出时间、酒店方配套服务、以及其他相关细节。

5. 排他条款（requirement for exclusive use）

由于酒店可能在同一个日期段内同时接待几个不同会议（multiple events），不能排除这几个会议间有相互竞争性（competitive events），比如产品之间的竞争、对同一类参会者的竞争、对同一个/一类客户的竞争等，让会议主办方之间相当难堪。针对这种情况，与酒店/场馆方的合同中可以写进这样的条款：酒店方/场馆方有义务向主办方提供同一会展档期内或相互重叠的日期内，酒店接待的同时会议/活动的其他主办方、其会议名称、会议日程等信息，包括签订合同时还没预订、合同签订后在酒店新增订的会展活动。

如果你的会议具有绝对排他性，不容其他竞争性会议同时举办，一定要写进与酒店方的合同条款，竞争性的活动不能同时举办，也不能有重叠日期，否则须考虑包租酒店或不签合同另行选址。顺便说一句，活动最怕的是做出负效果，一个会开了还不如不开，活动的负效果是常见风险之一。

6. 酒店硬件损耗（material deteriorations）

由于大型活动从酒店预订到活动开幕会有几年的准备时间，这期间酒店的硬件可能会不断老化陈旧而在活动举办期难以使用，通常合同中关于酒店硬件损耗的条款赋予了活动组织方这样的权利：如因硬件老化陈旧而不能使用时，活动组织方有权取消活动而不为单方取消而承担任何损失责任。

该条款中同时应强调酒店方在活动准备期内对自身硬件必要的装修和维护义务，而且装修和维护不能影响到活动的正常举办，特别是装修，必须在活动开幕日前××天内结束。

7. 餐饮（food & beverage functions）

餐饮合同条款中需要明确说明：预计人数、活动日期、活动地点、活动类型、确认菜单日期、费用标准。有时还需要说明：整场活动最低消费标准，保底人数/桌数，超备桌数等。通常酒店方要求活动组织方在48或72小时前最后确认这些数据，遇周末可能顺延。超备桌数的比例，国际上通常为3%~5%，超过1000人的餐饮活动，也有只备

1% 的；在国内通常为 5%~10%。

8. 茶歇（refreshment breaks）

让很多客户吃惊的是，一次茶歇的费用竟然和一顿正餐费用不相上下。事实上的确如此，可惜客户（包括很多主办方）通常会把茶歇和咖啡店的样子相提并论，不满和争论由此而生。这需要在签合同前就和客户解释清楚，以避免客人会后投诉的风险，茶歇牵扯到的物料及其人工成本的确比较高，不只是点心、软饮、水果等成本。有的客户自己准备茶歇，事后才体会到工作的不易。

9. 外部供应商（outside suppliers，北美地区叫 outside vendors）

外部供应商条款中，比较好的办法是，在合同中明确说明酒店/场馆有没有强制分供方（exclusive suppliers/ services），就是哪些服务必须由场馆方指定的供应商（即分供方）来完成，不能由活动组织方来自由选择自己用起来顺手的供应商。如果活动组织方可以自找分供方时，自找的分供方的进场条件是什么？这也应当在合同中说明。该条款多见于大型酒店、大型会展中心的合同中，也常见于在美国举办活动时牵扯到工会力量合法介入的时候。

10. 现场经营许可（concessions）

甲乙双方应在合同中明确说明是否给予合法商贩经营许可权，允许他们在活动现场经营商品、食品、纪念品等。如果允许其经营，还需要明确说明与商贩间的利润分成办法。

11. 付款方式（billing and payment）

合同中明确说明活动中的记账和付款方式是个好办法。该条款中的内容可以包括付款方式、付款时间、订金要求、早期付款的优惠政策、账单样式、认可的签单人、账单复核办法、付款决策人、出资方是否需要最终审核、争议费用的处理解决办法、不按时付款的惩罚措施等。

有些专业的活动组织方，需要酒店提供每日实际用房量、每餐实际用餐人数、茶歇实际消耗量等数据，来和预订时的计划数据做对比，这样方便来年再次办会时知道如何计划。所以付款方式条款中可以写进这样的内容：在收到酒店提供的上述数据后再付款，否则不付款。

12. 合同终止（Termination）

合同终止条款对甲乙双方都很重要，它说的是在一定条件下双方同意终止合同的情况，也可以是其中一方不遵守合同、不履行合同义务情况下双方对是否继续履行合同、是否退出合同的选择。通常情况下，战略合作的双方不会因为简单的原因终止合同，不到万不得已不会轻言终止合同。为了避免合同中途终止的情况发生，风险团队需要建立一个合同审查机制，以提醒活动组织方的决策者可能出现的履约风险。目前业内市场上，签合同前双方说得都很好，签了合同付了订金后问题出现了没人管的情况还比较普遍。从风险管理角度，我们建议签约双方承诺时给自己留出余地，履约时超额完成任务（under-promise and over-deliver），这是让客户满意、让合同另一方满意的简单而基本的办法，也是走向品牌化的战略。

合同终止的原因中有一种不履行（non-performance）可以不承担责任，这里为了区别，权且把它叫作合同中止。合同中止条款是允许一方不履行而不承担责任的条款，常见的有由于不可抗力（force majeure / act of God）造成的无法履行（outside the control），该条款保护不可抗力发生后无法履行的一方。条款中需要说明在何种情况下可以中止合同而不承担责任，谁有权中止合同，合同中止通知书的形式和要求，以及不可抗力造成的合同中止所产生的任何损失怎样处理，比如不可抗力造成参会人数太少，对酒店造成的住房损失甲方不承担责任。不可抗力造成的损失也可以考虑通过保险合同解决。

13. 合同解除（cancellation）

合同解除指的是使双方的合同关系不复存在的行为，常见的是合同一方单方面解除/撕毁合同，不履行合同义务。合同解除条款一般会规定要求解除合同的一方向受损害方（守约方）赔偿，这种赔偿包括缔约双方事前约定的解约损害赔偿金（liquidated damages for cancellation）。但是，即便没有解约损害赔偿金条款，也并不意味着任何一方可以解除合同而不承担法律责任。

实际运营中，合同中的解除条款大都是用来约束活动组织方的，很少见有合同中提及酒店方、场馆方解除合同、不履行合约义务的情况。实际上，如果酒店换了业主，如果酒店超预订，也会出现解除合同或部分解除合同的情况。活动组织方在合同签订前的谈判中，可以要求把酒店方的解约损害赔偿金也写进合同，该赔偿金中可以包含酒店解除合同后引起的会址变更对参会人数及注册费收入的影响、酒店超预订后客人换酒店及其搬迁费用等。

当然，即便没有这一条，活动组织方在酒店方解除合同时也有权要求酒店方做出赔偿，但有了这一纸合同，事后出现争议时就好处理得多。如果必须通过法庭或仲裁庭解决争端时，这个事先约定的解约赔偿金可能要等到确定了实际损失之后才能判决，只要裁决时赔偿金（damages）的数额不是高到会被界定为罚金（penalty）即可。

14. 合同履行瑕疵（attrition）

合同履行瑕疵，也叫合同未完全履行，就是平时所说的履行不到位。很多会展活动的合同中有履行瑕疵条款，瑕疵也好，未完全履行也罢，这个在活动运营中比较常见，比如甲方在酒店占了100间房，但实际用房却只有70间；预计会有300人吃饭，但实际用餐人数只有250人，等等，这种没有达到预计目标的不佳表现，就是attrition，它指的是参会人数欠佳时，实际人数与预计人数、实际人数与报名人数之间的下降额（slippage）。

在合同履行瑕疵条款中，酒店方会要求甲方在截止日期（cutoff date/ deadline）前最后确认占房数或/和用餐人数，甲方只对截止日期后的已确认房间数和用餐人数承担责任，并允许实际用房数/用餐人数有少量下降，比如允许下降10%，下降超过10%的，甲方赔偿乙方损失，通常下降得越多损失费越高。或者酒店对甲方用房数和用餐人数有保底要求或最低消费要求，出现attrition后，甲方有义务按保底量付足费用。实际用餐人数超过预订人数的，请参阅前边的第7点，餐饮活动。合同履行瑕疵条款还有另外一个作用，就是防止甲方在缔约前的谈判中用虚假夸大的用房用餐量骗取酒店方的让步。

15. 免责条款（indemnification）

Indemnification 和 protection（保护）的意思相同，免责条款为缔约双方提供相互保护,它是为了应对第三方索赔或起诉的风险,合同一方同意保护另一方的条款。

尽管会展中心的场地是由甲方转租给参展商(第三方)的,场馆方和参展商并无直接租售关系,但会展中心会要求甲方与参展商之间签订场馆方"免受侵害"协议,其主要内容是确保场馆方免于承担参展商物品的损坏、被盗等责任,从而使乙方得到保护(hold harmless)。有的酒店还会在保护条款中把免责范围扩展到酒店的公共区域,比如客人在公共区域摔倒造成骨折,不应被视为酒店的过失,要求甲方必须以文字形式知会客人类似须知,因为的确发生过客人在酒店房间内、卫生间摔成股骨头断裂,起诉酒店防滑设施不当的先例。我们来看一段保护条款原文:

"甲方接受并承认乙方及其业主对参展商带进场的各类物品不承担相应的法律责任,参展商的财产保险由参展商自己负责购买,以免因财产损坏、被盗等发生而产生损失时连带乙方承担责任,甲方应确保就此知会各参展商。"

有些酒店和会展中心的制式合同中虽然没有双方保护条款,但却明确规定甲方(主办方、承办方、或组织方)必须足额购买一定的责任保险,以免场馆方在会展活动期间受到客人(第三方)可能的索赔或起诉,其作用和双方保护条款的作用是相同的。

16. 保险要求(Insurance)

合同中应该明确表示甲乙双方应该买的保险种类,常见活动保险种类请参见第七章第一节"活动保险"。必要时还要明确约定最低保险金额、一方是否列明另一方为追加被保险人(详见第七章第一节保险种类(七))、双方是否需要出示或交换已买保险单的复印件作为买好保险的证据等。由于世界上各个国家和地区的保险条例不尽相同,建议活动组织方咨询活动目的地当地的法律顾问或专业保险公司,以确保合同中计划买的保险覆盖活动的风险管理需求。

17. 隐私条款(privacy protection)

世界各国、各地区、各民族关于保护个人信息隐私的法律法规不尽相同,合同隐私条款需要强调保护参会者的隐私权,保证参会者的私人数据信息得到保护,强调甲乙双方尊重客人隐私、履行相关保护个人隐私的义务。

18. 变更(changes and updating)

变更、信息更新在会展活动中不可避免地重复发生着,一个好办法是合同中明确说明每次变更通知发给谁、用什么方式发,对方收到后在多长时间内、用什么方式回复确认。这里最不提倡采取的方式是口口相传,次之是虽有文字记录,但是没有归类整理、通知到位,或者没有监督提醒环节,最后一公里得不到落地。

19. 合同转让(assignments)

合同转让条款规定在合同执行期间是否允许合同双方以外的第三方接替任一缔约方继续履行合同义务,即合同双方的任何一方是否可以转让其权利和义务给第三方,以及转让前是否必须征得另一方同意。该条款适用于酒店、会展中心等场地方在可能长达几年的合同执行期更换业主的情况,也适用于活动主办方、会展公司等在合同执行期被兼并或失去控股权等情况。

20. 合同附件(attachments)

合同中经常会带有附件,比如活动场地的平面图、特装展位的效果图以及其他相关文件，重要的是这些附件在法律上也被认为是合同内容的有效组成部分。在合同附件中还可以包括一些其他内容，比如活动场馆方为了安全而有条理地作业，保留调整自己作业规章制度的权利。当然这种调整不能对活动的举办产生负面影响。附件里这样的内容初看起来好像无关痛痒，实际运作中当一方调整或改变作业方式的时候，如果没有提前沟通到位，常被怀疑或误解为不配合另一方的工作。这种怀疑和误解经常破坏工作氛围，影响工作进度和活动效果。

21. 签字与授权（signatures and authority）

签订合同者，应当具有合法的年龄，有正常的心智能力，能代表甲方或乙方来约束其代表方遵守合同并履行合同。合同结尾处应留出空白处供签订者签名的地方，然后是合同签订日期。比如，签名处的内容可以是"×××，代表并经某某公司授权"，英文形式为"by ×××, authorized and on behalf of ABC Company"。一个合同可以同时签订，也可以分别签订，就是说双方可以在不同的地方分别签订签字页，然后再发给对方和合同其他内容一起装订起来，这种办法比较方便，特别是在合同当事方为多方的时候。合同中任何临时改动的地方旁边，必须有双方签订人的签字，改动后的最新版本，应当发各当事方备案。

22. 违约（default and breach of contract）

该条款中规定了什么行为、什么不作为构成违约。任何一方没有履行其合同义务，不管是部分没履行还是全部没履行，造成另一方人、财、物及活动本身等产生损失损害的，都构成违反合同，Default 在这里的意思是未履行、拖欠。《合同法》规定，一方因违反合同给另一方造成的损害，用违约方付给受损害方"损害赔偿金（damages）"的办法加以解决。决定损害赔偿金多少时，是以假设合同正常履行完毕双方互不损害对方的状态为参照点（此时违约金为0），来计算违约方给被损害方造成的损失。所以，一方违反合同后，另一方有权利根据事实，要求违约方合理赔偿。所谓合理赔偿，指的是损害赔偿金是用来弥补受损害方的利润损失的，而不是收入损失。损害赔偿金在会展活动合同中常以两种形式出现：实际损害赔偿金[7]（actual damages）和约定违约金[8]（liquidated damages）。

实际损失（actual damages）是很容易被证明的客观损失。《合同法》要求，寻求实际损失赔偿金的一方，应该在对方违反合同后尽自己的力量采取主动措施设法减轻损害、挽回损失，而不是事不关己，高高挂起，任事态发展，然后让违约方照价赔偿。就是说受损害一方，尽管责任不在自己，也要采取有效步骤止损（mitigation），即减轻相关损失。比如在场馆方违约不能按约提供场地后，活动组织方应尽快找到替换场地并及时布场，而不是一直等着事态进一步恶化，白白失去寻找同级类似替代场地的机会；再比如活动方在酒店多占的空房、临时取消的餐饮活动，酒店方应在其他客人有住房和餐饮需求时及时卖出去，以减少损失，而不是坐等收取活动主办方的损失费。

约定违约金（liquidated damages）是双方在缔结合同时事先约定的违约赔偿金，那时还没出现合同违约，是双方对未来某项违约行为可能带来的损失在统计数据基础上的估算，它可以是一个具体数额，也可以是个浮动比例，或者是一个违约金的计算公式。

在实际损失很难或不可能被证明时，常用这种办法解决合同争端。发生违约事件时，受损害方有权利从违约方取得事先约定的违约金作为损害赔偿。

实际损失（AD）和约定违约金（LD）之间的关系是，实际损失是容易被证明的客观损失，计算时的时间参照点是合同履行期之后；约定违约金是不容易被证明的情况下尽量接近实际损失的估计值，计算时的时间参照点是合同签订日期。在美国，如果 LD 被严重高估，高到即使违约方履行了合同也不足以偿还 LD，则 LD 可能被认为是罚款（penalty or fine）而在法律上得不到执行；在我国，LD 被高估时，当事人可以请求法院或仲裁厅适当减少。另外对非责任方减轻损害的要求，不适用于合同中有约定违约金的情况。

23. 争议解决（dispute resolution）

产生合同纠纷时，解决办法的第一步是看合同中的内容和条款双方是怎么约定的，合同各条款不只确定了双方的权利和义务，也为解决双方争议和纠纷提供了解决办法、说明了在哪里解决（对于国际活动，该条款中应该约定用哪个国家或地区的法律法规来解决纠纷）、通过什么方式解决，以及解决争端的有效时间段。合同纠纷不能通过双方协商解决的话，任何一方可以提起诉讼。如果必须通过仲裁庭或法庭解决合同纠纷，诉讼费通常是败诉方承担；但是律师费用，如果合同中没有明确约定的话，通常在美国是各自承担，在欧洲是败诉方承担。

合同违约的问题和通过诉讼解决纠纷的僵局，如果不是人身或财产突发重大风险的话，其实是可以通过一些办法来尝试提前避免的，不至于非得走上仲裁庭或法庭。比如适时提醒、及时通知违约方哪些地方没履行到位，明确告知对方如果置之不理或继续下去会带来什么风险，给对方一定时间去补救、改正等。

常言道，夜饭少吃，赢官司少打，这句话自己未经历过就很难理解其中的道理，这里和风险管理的道理是相通的，防患于未然最好。笔者曾经跟踪和深入了解过一场活动主办方和供应商之间的官司，并非胜诉方就一定会快乐，上诉准备期间和开庭等待期间的担心、恐惧、不确定性带来的烦恼并不好受，胜诉后还担心对方会不会通过其他途径报复；败诉方心里当然更难受，败诉后很难找个台阶自己下来，且得一段时间后才能走出心理阴影，偶然在路上和对方碰面了都想绕着道儿走，如果提前知道对方也在一个聚会上就不想去，免得见了面难堪。至少在仲裁庭或法庭上见过面后，双方不可能或很难再成为未来合作方，没有一方会在业内说对方的好话，况且不说留下了"被告"或"原告"记录的，在未来的竞标中还可能影响到中标结果。

不通过法庭解决争端的办法叫作 ADR（alternative dispute resolution，替代性争议解决方案），也有叫作 EDR（external dispute resolution 庭外解决争议）的，意思是可以通过第三方，比如中间人、律师、退休法官等，出面调解；也可以不通过第三方，双方直接协商解决。还有把仲裁庭归入 ADR/EDR 范畴的，认为仲裁庭毕竟不是法庭。

而且，双方都有权利和机会起草合同、复审合同，合同中应明确任何一方不能单方面解释合同条款。

上面主要讲的是活动组织方和场馆方的合同，一场活动下来，经常有多个供应商，

和各个供应商之间的合作关系都需要用合同来规范和约束，以规避、防范活动中的风险。

到此为止，活动风险管理中常见的两个工具——合同和保险，就讲完了。细心的读者可能已经注意到，保险也是合同，它只不过是和保险公司之间的合同罢了。那么合同的背后又是什么在做支撑呢？合同的背后，与活动风险管理紧密相关的，是商务谈判，很多风险点是可以在商务谈判中化解的。下一节，我们讲活动运营过程中离不开的商务谈判。

第三节　商务谈判

一、活动与谈判

谈判是如此频繁地出现在会展活动的准备过程中和日常工作中，以至于我们有时候意识不到那是谈判。现在我们已经知道，风险管理的两个基本工具是合同和保险，但是这两个工具的背后，特别是合同，一定是由谈判来支撑的。几乎所有的商务谈判，其直接目的都是签订合同，所以在上一节讲了合同之后，这一节我们来讲商务谈判。实际上，危害程度极高的风险，一般发生的概率很低，有可能我们一生的工作中都碰不上一次。而活动风险管理工作中概率高的风险，危害程度都比较低，大部分风险可以在与客户、供应商、各利益相关方的谈判中得到化解。本节我们结合活动业务实际谈谈商务谈判。由于活动中的大多数风险可以通过谈判规避，所以我们用比较大的篇幅来讲谈判。

你知道95%的受访企业承认自己有到位的销售策略，但是受访者中的82%承认自己没有谈判策略吗？（Tepper，2006，p.604）尽管一部分人有谈判的本能和天赋，知道怎么去和别人沟通，怎样愉快地进行社交，怎样让别人感到心里舒适进而成功地达成协议，缔结合同，但这并不意味着缺少这些天赋的人就注定没有希望。优秀的谈判高手都是在实践中练出来的，谈判技巧并非与生俱来。每个人都可以通过学习和实践学会在谈判中善于看懂对方的肢体语言，更好地听懂对方的话外音，掌握科学的实际情况分析技能，练就通过谈判建立互信的艺术，取得比单靠直觉行事更好的谈判效果。

谈判是关于调查研究、争论交锋的话题，有时一听到谈判，就让人感到恐惧和焦虑。我们的确见到过不少这样的人，他们谈判的时候态度强硬，心狠手辣，霸王硬上弓，用高压手段恐吓。到底这样的人和这样的谈判方式能否取得成功呢？答案是否定的。即使这样能按单方面的意愿迫使对方缔结合同，那也很可能只是一锤子买卖，因为双方没有通过谈判建立起长久的战略合作关系。被迫接受条件的一方，一定会私下想方设法自我补偿，造成产品质量或服务质量的下降。所以，谈判要有战略眼光，实现共赢。

要成为最好的谈判者，关键是什么呢？关键就是：准备，准备，再准备，充分做好分析、计划和各方面的准备，谈判起来就容易得多，机会总是留给有准备的人。准备之所以重要的原因还在于，合同签订前，所有的要求都可谈判；而合同签订后，任一要求都是乞讨。

谈判中如果能善于捕捉和读懂对方的身势语，包括表情和不经意间的动作，那谈判效果会更好。在整个谈判过程中，要有一个成熟于心的大框架和战略步骤，面对谈判桌另一边的对手，既要像一个专业棋手，还要像一个职业裁判，从战略上着眼，让战术为组织的战略目标服务，注意和对方建立良好的关系，以期达成长期而稳定的业务合作，取得长远的最大利益。实践中你会发现，没有永远的敌人，也没有永远的朋友，只有永远的利益，整个谈判过程就是双方利益趋于平衡的过程。

通过这一节的学习，你将学会通过哪几个简单步骤来为谈判做好准备，理解谈判桌上可能出现的谈判要点，学会怎样为谈判准备更多筹码，怎样通过谈判建立起合作关系，以及掌握谈判的基本框架和步骤，来应对和化解有时候甚至是针锋相对的、互不相让的谈判僵局，最终走向共赢和超越共赢。

但凡成功的营销者，都是从长远的战略眼光出发，通过双方共赢的谈判最终签订合同。强势的谈判者，往往不顾对方的利益，虽然有时也能够在合同中写入霸王条款，给自己带来可观的收益，但是却很难获得源源不断的生意。然而只有不断重复的生意（repeat business），才是维持企业生命的源泉。但这并不是说，在谈判中可以不去争取自己的利益，而是说在争取自己利益的同时，要兼顾对方的利益，在双方的利益之间寻求平衡，在利益平衡中体现谈判的专业水平。

二、谈判场上的对抗陷阱

当提到"谈判"的时候，我们脑子里会联想到什么样的场景呢？我们可能会想到在一个格斗的竞技场上，双方竭力去打败对方、出人头地、赢得胜利的情形。我们会认为谈判就是撸起袖子冲上去，该出手时就出手，真刀真枪地和对手当面舌战来解决问题。尽管我们也听说过要"双赢"，但一上谈判场就忘了，为了获得最大利益，我们会本能地显出贪婪，只想着自己怎么才能够比对手多"赢"一点，是这样吗？是不是谈判桌上的利益博弈，本质上必然带有相互对抗的色彩？

如果我们是卖家，我们会大讲产品和/或服务的价值，讲我们是买家值得信赖的战略伙伴，但是在最后成交的关键时刻买家却出人意料地告诉我们价格还是高，而且我们的产品和别人的相比没啥本质区别，转身走了。

如果我们是买家，我们会说得天花乱坠，让卖家觉得我们对市场知道得很多，但是却没有什么实际内容。我们也希望和卖家建立战略联盟，甚至和卖家签订唯一供货商协议，给予其最满意供货商的身份，但是我们最终希望的，还是卖家能给我们最低的价格，尽管在以往和这个卖家的长期合作中已经让我们赚得盆满钵满。我们会怀疑这个卖家还是想从我们这里多赚一点，价格没报到最低，所以我们立刻就产生了警觉，不顾对方的面子和情绪，一股脑地把自己的想法和判断，尽管不一定能站得住脚，全说出来。这时我们内心里已经穿好了盔甲，准备和对方在谈判的格斗场上大干一场打败他。

一旦我们在谈判中表现出敌意，我们所做的一切都会让对方产生不信任感，会损害双方关系，带来遗留问题，不仅容易让目前的谈判陷入僵局，也可能让后面的谈判难以取得进展。

在商务谈判中，许多人的问题在于，他们只顾自己赚钱，谈判中的焦点只是要达到一定收入，怎样在这一轮中打败对方，确保能按自己的意愿缔结合同，签了合同就拍屁股走人。未曾想过这样得到的背后，自己又失去了什么？有了那么多账面收入就一定会赚钱而不会亏本吗？谈判中强势打败对方、赢得合同，会给另一方透露出什么信息，他们心里会高兴吗？对方在合同的履行中会努力工作、尽力完成任务来回报你吗？当你遇到困难的时候，对方是真心帮你解决问题，还是会敷衍了事，你特别着急的时候对方是否慢悠悠地让你有苦难言呢？下一次是否还能合作？下次谈判中对方会摆公平讲道理，还是会想起你曾经的粗暴和不留情面，在你特别需要帮忙的时候趁机敲你一笔，或者把你打翻在地，再踩上一只脚呢？

然而，我们深知，关系融洽的双方容易谈到一起。

怎样才能跳出这对抗的陷阱，怎样才能打破这对抗的死结，成为战略伙伴？怎样才能在谈判中表现出我们的真诚和兴趣，不只是我们一方"赢"，而是双方都"赢"，双方都有利可图；不仅是现在、今天，还包括明天和未来？什么才是共赢呢？

曾经和很多中年朋友聊天，我问：如果让你从大学毕业时开始到现在重新来活一次，你会不会在走到同样的十字路口时做出同样的选择，走出一条完全一样的人生之路？奇怪的是，10个人当中至少有9个人回答说：不会了。当我们再接着聊"为什么"的时候，我发现他们基本上对过去做出的人生重大选择表示出不满意。这就形成一个悖论：我们在人生的每个重要时刻、每个十字路口都在寻找最佳选择，然而到头来这么多最佳结果加起来，却让我们不满意，它不等于最佳。那么问题出在哪儿呢？问题在于我们只注重单个战术，没有长远战略。谈判也是这样，如果有一个战略目标，就不在乎一时一地的得失。

好在我们可以在前人谈判成功与失败两方面经验的基础上，重新深入审视和思考谈判的整个过程，看看在各种商务谈判中是否存在一些非常重要却被轻易忽视掉了的基本点。不管你是在为一个会展活动寻找A/V提供商，还是在和一个连锁酒店集团为系列会议房价折扣的事讨价还价；不管你是和外部供应商谈一项外包业务，还是想得到内部员工发自内心的积极配合；不管你是在工作中为公司新的业务发展计划和对方谈判；也不管你是坐在谈判桌的哪一边，也不管你的谈判内容是什么，谈判中的确有一些基本概念，这些基本概念可以用来在谈判中构建双方良好的互信关系而不是落入对抗陷阱。现在，让我们来看看这些基本概念是什么，怎样用来避免对抗陷阱，以达成双方共赢，并超越共赢。

三、谈判目标

如果一个人没有目标，那他只能无所适从地随波逐流。谈判中你的一举一动，都会给对方透露出一些信息。如果没有明确的谈判目标，就会透露以下信息：

（1）你的言谈举止是茫然的、没有准备的临场反应，而不是坦然的、已经充分准备好的。

（2）你没有自己的计划，会被对方的需求牵着鼻子走。

（3）你的战术会左右你的战略。

（4）难以充分考虑对方的计划、策略。

（5）让自己的情绪左右谈判进程，而不是理智。
（6）容易只考虑到眼前，难以看到长远。
（7）难以找到适当办法来照顾双方的利益，提高谈判效率。

谈判过程中出现上述其中的任何一点，其代价都是昂贵的，那么我们应该怎样避免这些错误及其昂贵的代价呢？——让我们先从确定谈判目标开始！对任何谈判而言，这个谈判目标就是，通过谈判建立起双方互信，让双方走向共赢并超越共赢。谈判中的其他小目标，比如盈多少利、赚多少钱、赢得老板的赏识等，都应该从属于这个大目标。

我们已经知道，关系融洽的双方容易谈到一起。现在再加一句，共赢的双方可以长期受益。不管是对于买家还是卖家，这都是颠扑不破、经得起实践检验的真理。当你不仅做到了让自己赢，而且做到了让别人也赢的时候，那就至少在你们双方之间，很可能也在更多的人或公众心里建立起了信任感。莫轻视这个信任感，它是生意成功的前提。比如在逛商店的时候，售货员特别想向你推销的时候，你却转身走了，为什么？售货员还没给你建立起信任感。

既然我们已经有了谈判目标，或者叫大目标，那么我们怎样才能取得共赢，走向这个谈判目标呢？

四、底线分析

面对即将到来的谈判，我们该怎么办？答案是：要提前准备。准备是管理风险的必然要求，与准备紧密相连的，是分析和计划。所以我们说，分析、计划和准备是谈判的第一步。分析什么呢？分析信息，分析数据，分析情报；分析自己，分析对方，分析相互竞争者，知己知彼。计划什么呢？在分析的基础上做出谈判的行动计划，即要谈什么（谈判内容）、怎么谈（谈判策略）、谈出什么结果（谈判目的）。这就是整个准备过程的梗概大略。

其中最重要的、最基本的是分析。为了做好分析，打好基础，这里介绍两种分析方法：底线分析和要点分析。

遇到一次漂亮的谈判，谈判成功之后仿佛周围的阳光也格外灿烂；碰上一次失败的谈判，特别是谈判破裂后要面对的苦果，仿佛整个地球都压在人的肩上。底线就是成功与失败之间的临界点。

科学研究中常用的分析方法，是从结果向回倒推，这种分析理念用到谈判分析中再好不过了。用从结果向后倒推的分析方法时，我们要做的第一件事，是想谈判中最坏的结果（the worst-case scenario）是什么？其表现为谈判破裂，双方不欢而散，分道扬镳。如果不能和对方签订协议，我们会给自己留下一个什么样的摊子呢？我们可能得去别的地方重新寻找理想中的或者更好的合作伙伴。也许情况还不允许我们这样做，如果这次谈判不成参会人数就达不到预期要求，那会让我们面临更大的压力，或者公司根本没有那么多时间等着我们去寻找新的合作伙伴，我们必须在这次谈判中有个结果，谈判不能失败或落空。尽管我们有一万个理由，但是事情偏偏不能按计划进行……所以谈判破裂有时候并不是那么简单，谈判破裂后双方都必须面对破裂后的后果。我们把谈判破裂后必须面对的结果叫作END™，它是 Effect of the Negotiation Demise™ 的缩写，也是谈判的底线（Tepper，2006，p.607）。所谓守住了谈判的底线，就是避免了谈判失败后必须面对的苦果；之所以要守住底线，就是因为底线下面遍布着风险。

如果谈判破裂，我们和谈判桌对面的人都要面对谈不成的后果。如果我们是卖方，我们必须面对的挑战是：①卖给别人；②自己留下产品什么也不做。

如果我们必须得把产品卖出去，我们产品的市场需求在哪里？我们的服务哪里需要？我们因谈判失败后失去的收入和利润，得和新找到的买家做到什么程度才能持平，权且先不说增加销量和利润的话？

五百次的擦肩而过，一百次的上门推销，好几次去参加展览，才可能结识并发展成一两家客户。和通过几年时间培养起来的员工突然辞职一样，客户丢失是巨大的隐性成本。

如果我们是买方，我们必须面对：①从其他人处购买；②什么也不做，把这次的预算留作他用；③我们自己设法提供这个产品和/或服务；④找到新供应商/找到替代产品。

如果我们不得不从新的供应商处购买，这新的产品/服务怎么样？供应商靠谱吗？其财务状况怎么样？有哪些过往服务案例（service record）？我们的转换成本[9]是多少？多久才能和新供应商建立起和原有供应商差不多的相互信任（比如赊账信誉等）？会不会打乱我们的采购周期[10]？和以前的供应商相比，新供应商的产品好用性、耐用性、性价比、客户体验和感受怎样？合作之后的投资回报率ROI是低了，高了，还是差不多持平？合作后产生的商业价值[11]又是什么？

如果我们什么都不做，我们怎么向客户交代？我们拿这次的预算去做啥？

如果我们自己去做供应商的事，我们能做吗？能做好吗？

如此看来，有太多的问题需要我们谈判破裂之后，找到新供应商/或替代产品之前逐个分析并做出回答。情况并不像我们当初愤然离开谈判桌时自己所想的那么简单，另换一个供应商并不一定会更好，也不一定会更便宜。

写到这里的时候，我想起了佛家说的，"爱别离、怨长久、求不得、放不下"，如果双方都知道那皆是痛苦的话，对谈判走向成功却是有利的。

即便我们手里已有现成的候补供应商，合作起来进入角色也有一段客观的、不随人的意志为转移的磨合时间。

即便我们在一定时间内能够找到新的供应商/替代品，不容忽视的还有谈判失败所带来的、寻找新合作者过程中不可避免的成本收益（costs and gains）率问题。如果对这个过程中会出现的各种问题进一步分析的话，就发现，只要谈判破裂，任何一个问题都会产生成本，包括硬成本[12]和软成本[13]两方面。硬成本指的是可以用数字来衡量的成本，比如多少钱、多少时间；软成本是很难量化的成本，比如重新建立合作关系、合作不流畅、价值观相悖等引起的沟通成本，以及与之相伴的生产效率下降。

最昂贵的软成本是短时间内失去目标，就是那种"不知道自己想要的是什么，却在拼命地追求"。任何时候，一旦我们失去目标，都会伴随一定的心理成本——谈判失败让我们情绪波动，有时候甚至是剧烈的波动，不能平静而理智地处理问题。从长远来看，这还会影响到我们以及我们所代表的公司/组织在行业内的身份和声望，因为与其相伴的，常常是客户满意度的降低。

对谈判的另一方来讲，谈判破裂后短期的软成本包括老板的不满意、销售人员对前景的担忧；长期的软成本包括市场上挥之不去的不良声誉，坊间那些流言蜚语的杀伤力不容忽视。

谈判的失败，其影响的不仅仅是双方所代表的组织，还可能包括谈判者本人。假如是卖方代表，其公司、公司的老板会担心损失的利润，其本人则会担心自己的业务提成、担心老板对其不满意。如果是买方代表，公司会担心需要的产品和/或服务会不会临时中断而影响到眼前的项目进展，赶不上节奏公司怎么向客户交代，其本人也会担心谈判不成对公司的影响、老板可能对其不满意，还有这会不会影响到其本人未来的职业生涯。

但凡谈判破裂，或谈判失败，都是因为一方撞击了，或者越过了另一方愿意承受的底线。与其失去那么多利益、面对那么多苦果，还不如离开谈判桌去另找别人。只要不触及对方底线，所有的问题在一定范围内都可以谈。下面以买方和卖方的底线为例，来说明什么是谈判空间。

图7-1中左边的竖线表示买方的谈判底线（Buyer END™，也就是Negotiation Boundary for Buyer），右边的竖线表示卖方的谈判底线（Seller END™，亦即Negotiation Boundary for Seller）。两根竖线中间的部分就是谈判空间ZOPA（Zone of Possible Agreement），双方有可能在这一区域达成协议。只要是在这一区域内讨价还价，双方都不至于离开谈判桌。

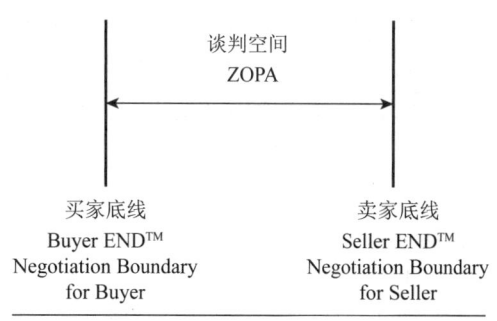

图7-1 谈判

所以，ZOPA所表示的这个谈判空间是一个有可能达成双赢结果的空间，两个END™底线之间的距离让我们知道，在讨价还价的路上我们可以走多远而不会把对方逼到墙边。

在分析、计划、准备的基础上形成谈判底线、谈判空间、谈判失败后的苦果这些概念后，我们就能够知道谈判双方的哪一方在谈判中拥有更多的筹码，谈判破裂后谁食的苦果更多。如果我们是卖方，产品/服务在市场上供不应求，我们就不用太担心会找不到下一个买家，一两次谈判失败了无所谓。比如西安的曲江国际会展中心内没有酒店，这个特点让它方圆2千米以内的四星酒店的房间和多功能厅经常供不应求，所以这些酒店可以经常在商务谈判中处于优势一方，因为客户来得晚了会没有档期。

但是，客观地分析双方在谈判桌上的分量不容易，准确地把握双方的底线更难。有时候自己对自己在谈判失败后所面临的困难也会认识不足，预想和现实之间有较大出入。即使对方在"旁观者清"的状态下帮我们客观、彻底地分析了可能面对的困境，我们还是会戴着有色眼镜去理解，不能准确地把握自己未来可能面对的难题，这意味着我们的谈判底线模糊不清。

究其原因，还是双方在谈判中没建立起信任感。说起来有点奇怪，但实际上的确如此，人和人之间的相互怀疑是普遍存在着的，特别是还没有信任感的时候。我们衡

量自己的标准和衡量别人的标准经常不一样，表现出两个不同的标准。我们会按照自己心里的逻辑去推测别人行为背后的动机，这就是为什么在调查访谈时使用投射技术[14]（projective techniques）能得到真实数据的办法屡试不爽的原因。

如果遇上了蛮横自大的谈判对手，面对对手不切实际的狂妄，我们该怎么办呢？我们的建议是，谨慎、理智、自信地点到为止，点到实情即可。让蛮横的人改变很困难，改变会让他们很痛苦，但他们自己想改变的时候就真改变了，改变之后的信任感常常更强烈。如果一个咄咄逼人的买家觉得他能够从别的地方获得比你更好、更优惠的产品或服务，而你作为卖家在深入调研了市场、调研了竞争对手后，深知事实并非如此，市场上能提供此类产品或服务的供应商并不像买家想象的那么多，你不妨冷静、理智、诚恳而巧妙地告诉对方，让对方充分考虑如何选择。要理解和允许对方有个考虑和转变的客观过程，勉励自己要"亲诚惠容"。

如果遇到了弱小的对手，我们又该怎么办？如果我们只简单地看到自己强大，单方面认为对方必须给我们让步，只想让结果对我们有利，不顾对方是否真愿意，那么，即便能强势地谈出我们想要的结果，也会给对方留下一个贪婪的印象，而这贪婪的名声一旦形成，其长期的不良影响（比如上下客户的忠诚度会出问题）可能是我们始料未及的。福兮祸所伏，祸兮福所倚。所以，即使我们在谈判中更有筹码，为了双方长远的良好关系，我们也应该机智委婉地让对方知道，晓之以理，点到为止。

在分析双方谈判底线（END™）的时候，既要看到硬成本，还要想到软成本；既要考虑眼前利益，又要考虑长远利益，看看谈成这笔生意会不会给以后带来遗留问题，比如一股脑儿地压低供应商的价格，那么未来的供货质量会不会存在隐患？再比如为了拿到合同，我们可能会给买家送一些免费项目，这些免费项目在未来的利润中能回补回来吗？这些免费项目买家会怎么看？我们用免费项目是在给买家传达怎样的信息：这些免费项目很重要，我很看重你；还是这些免费项目不重要，我可以随便送给你？这和我们在平时工作中或生活中给客户或朋友送礼品是一样的，对一些人意义非凡的礼品对另一些人可能一文不值，对一些人是雪中送炭对另一些人可能是锦上添花。如果我们做一点对方的爱好分析，有个计划和准备，礼品就配送得准确一点。我们的一切所作所为，都会给对方传递一种信息并产生某种效果，需要我们谋定而后动，知止而有得。

大部分情况下，人们只看生意谈成后有什么好处，忘记了有时候生意谈不成也有好处。这种情况比较少，但是的确存在。如果一个客户很难缠，得寸进尺，一次次地违反合同，还对你百般刁难，那么和他尽早中断合作反而可以图个清静，省出时间来可以去开发别的客户。几年前，一个客户在香港有个活动，比较价格后客户找了一个价格最好的承办方签了合同。但是这个合同对承办方来说是合同，对客户来说就是一张废纸。香港的酒店要求收到费用才给确认，航空公司要收到票款才出机票，这些费用常常是一天一个价格，一旦付款晚了就会遇到涨价。承办方为了避免损失，在收到订金后垫付了超过订金的房费和机票款，反被客户误解为该活动报价高、利润大，不但对其间的经济风险和背后的辛酸无动于衷，反而在出发前再次压价，不但怎么伺候都不满意，而且百般挑剔，活动结束后很长一段时间余款收不回来，虽然早过了合同约定的付款日期，终于收上余款时还留个尾巴，整个准备期间和运行期间承办方额外付出的时间和精力等软成本实在太高，有时为客户一句话就得工作到凌晨3点多。总结会上公司员工感叹：真是"一碗米养个恩人，一斗米养个仇人"，最后还是下决心放弃合作，图个清静。

总之，通过底线分析，我们可以：①知道双方谈判破裂的底线 END^{TM}；②把握谈判空间 ZOPA；③明白哪一方可以更有优势，以及显示优势的时机。

不管是对上的客户还是对下的客户，不管是买家还是供应商，重复不断地合作是企业的生命、可持续发展的源泉。

五、要点分析

分析了谈判双方的底线之后，分析工作还没完。接下来另一个分析要点，是双方谈判要点分析（The $RINT^{TM}$ Analysis），$RINT^{TM}$ 是 Ranked Items on the Negotiation Table^{TM} 的缩写。一般我们上谈判桌前都会准备一份谈判要点，要点中记录了我们想要得到的东西，但别忘了，对方也会有一张这样的表，表上列有他们的谈判要点。我们要知道自己的谈判要点，也要设法搞清对方的谈判要点。不但要知道是哪些要点，还要了解这些要点的重要性排序、为什么会是这样的排序以及每个要点的期望值和底线。所以，要点分析包括以下几点。①双方要谈啥，谈哪些要点？②这些要点的重要性是怎么排序的？③各要点的权重怎样？注意排在第一的不一定权重最大。④各要点之间的关系是什么？⑤这些要点牵扯到哪些利益相关方？它们对各利益相关方的影响有哪些？⑥双方对要点的期望值和底线是什么？⑦双方的第一要点是什么？

实际上这个要点表上列的，就是这一节第三点中讲的谈判中的小目标，它从属于谈判目标。比如，我们的小目标有7个，我们希望把这7个目标谈下来；对方的小目标有八个，也是他们想谈下来的。我们常常会发现，问题出在双方小目标重叠的地方，在这些重叠的要点上，双方的期望值和底线会发生冲突。比如价格就是这样的重合点，卖方希望价格高而买方希望价格低，双方该怎么来谈？只要买方愿意出的价格在卖家的底线以上，卖家报的价格是买家在其他地方拿不到的，这中间就是双方谈判的空间，即共赢的地带。

解开谈判僵局的一个办法是仔细研究这些要点，学会在要点间进行取舍和交换，达成双方都能接受的结果。这就是为什么要知道双方的要点，把要点排序并了解各个要点的期望值和底线。假如我们是卖家，如果销售量达到一定程度，我们当然愿意降价；如果买家购买我们的服务不仅量大，而且时间还长，我们当然也愿意降价。

我们还需要知道每一要点的权重，从而知道可以拿什么去和对方在这一要点上做交换，也可以避免在不重要的地方浪费过多的精力和时间，使协议早些达成。比如买家的资金周转有困难，卖家又不急着收款，这时"付款方式"在买家的要点中排第三位，而在卖家的要点中只排在第七位，那么合同中可以用适当高一点的价格换来付款时间的延长。实际上，双方要点的重要性排序经常不一致，一方认为重要的东西，另一方并非也这样认为，这就让谈判中通过利益交换达成协议变得容易一些。

但是请注意，一个要点排在第三，并不意味着它和相邻的第二要点重要性相近。谈判的一方可能在前两点上让步，而在第三到第五点上坚决不让。

最后，我们要搞清楚为什么这每一条会出现在对方的要点中，即搞清楚对方列入这一要点的动机是什么？明白了行为背后的动机，才有助于找到解决问题的办法，对症下药。买家行为背后的常见动机包括：削减成本、增加收益、增加风险承受能力、缩小供应商范围等；卖家行为背后的常见动机有：和客户建立牢固关系、未来有机会向上销售（up-selling）、消化掉员工的工资涨幅，等等。知道了行为背后的动机，就容易在谈判中找到更好的办法来解决双方面临的实际问题，从而让谈判富有成果，让双方建立互信、增强互信，这是谈判中"超越共赢"的理念。

六、收集数据

有了前面的知识作铺垫，收集数据就简单了。

（一）收集双方的"底线"数据

自己的底线数据比较简单，对方的底线数据收集起来有困难，但还是有一些办法的。这些办法包括，但不限于，浏览对方的网站，寻找对方对外公开发布的信息，看对方在证券交易所的信息（如果对方是上市公司它的相关信息必须对外公布），查看对方的营销资料，上百度、雅虎财经（Yahoo finance）、www.hoovers.com 这样的网站，找以前在对方公司工作过的人士了解，找对方公司里认可你的人士了解，找自己公司里熟悉对方公司情况的、和对方打过交道的人士了解，总结自己的历史经验，提前准备和对方打交道的办法。如果你是买家，多想想卖家可能会卖给别人；如果你是卖家，多想想买家可能不买或者从别处买或者自己生产。当你把这些功课都做了，把这些可能性都分析了之后，再结合每一次谈判的具体情况，你一定会对对方的底线有更好的把握。

上边提到了，在摸对方的底线时"找以前在对方公司工作过的人士了解"，这个办法在实践中非常好用。比如酒店行业，因人员流动率高，总有以前在A酒店工作而现在到B酒店工作还和你合作的，当你想了解A酒店的底线时，这个人一定能帮上你。当然还有在外地其他城市的同行，如果他们也用过A酒店的话，也能帮上你。

（二）收集双方谈判要点数据

对对方谈判要点数据的把握，主要靠我们过去的经历、积累的经验、我们已经做过的类似交易案例以及过去和对方打交道的启示，也可以通过我们自己的要点来推测对方的相应要点。会展界在把握对方谈判要点的时候，通常依靠的是"活动概况（event profile）"。活动概况的内容包括：活动过往历史；活动预计规模；参会者概况；活动所需的住房、场地（会议／展览／其他）、餐饮、服务等要点。

如果一个活动可能用到所有类型的活动场地（详见第三章的延伸阅读），双方谈判的可能要点有：

（1）活动历史。指活动的历史记录，包括活动中的招待活动、宴会、晚餐、A/V配置、娱乐活动（高尔夫、网球、休闲健身等）、赞助规模。

（2）参会者简况。指参会者的来源和特征，包括人数、经济水平、消费习惯、过往消费历史。

（3）指定供应商（exclusive suppliers）。场馆方有哪些指定供应商？比如展品储存公司、展位搭建公司、现场 A/V 搭建与服务公司等，是必须用场馆方指定的供应商呢，还是活动组织方可以自行选用？在美国举办活动时，如果场地方和当地工会有协议，有些活（比如布场）则必须由工会工人来干，尽管可能工会工人来做比其他供应商来做更贵，但是活动组织方没有选择的余地，这一点必须引起注意，需要提前问清楚场馆方有没有 labor union rules，或者 labor agreement，或者 joint-craft agreement，这些都是场地方和工会间的排他协议。

（4）外部供应商。指为活动组织方提供服务、提供设备、提供装修搭建等服务的供应商，他们和场馆方没有利益关系。活动组织方需要对他们的产品质量、服务质量、价格水平、工作效率等数据了解到位，这对谈判中迅速解决问题达成协议非常有用，还可以避免一些价格陷阱，比如那些在看似省钱的外表下却不得不追加的额外成本。

（5）活动的消费结构。指活动在场馆方的消费结构，比如用房多少间、多功能厅多少个、展览场地多大、餐饮活动规模、其他特殊活动等。对场馆方来讲，住房和多功能厅利润最高，可达 80% 以上；餐饮利润次之，能做到 40%~50%。所以活动的消费结构不同时，对谈判结果一定有影响。有住房、餐饮消费时，多功能厅可能免费；没住房、餐饮消费时，多功能厅的价格就很贵。

（6）活动的附带消费。附带消费，指的是参加活动的人在活动举办期间的其他零星消费，比如：客房服务（room service）、酒吧消费、游泳池消费、洗衣消费、礼品商店消费等。活动的附带消费，虽然和主办方、承办方无关，但场馆方却非常在意，如果有活动附带消费的历史记录，谈判中可以作为筹码与对方的要点交换。

（7）交通运输。活动的交通运输，包括参会者的抵和离，还包括活动期间的场外活动，活动前后的旅游等，牵扯到航空、火车、汽车等交通工具。凡是能产生利润的地方，都是谈判的筹码。

（8）活动的影响力。活动的影响力，指的是由于本次活动的举办给包括场馆方在内的其他利益相关方带来的增加收入的机会和潜力。比如全国山地自行车赛在一个县城举行，比赛举行期间除了参赛运动员的食、住、行以外，还有各地来的山地自行车爱好者来观看比赛，给当地带来的承办方业务以外的餐饮、酒店、交通、旅游、购物、娱乐等方面的额外消费。当地场馆在参与了活动的举办之后，给自己带来了未来的影响力，比如一个酒店因接待了一个活动而提升了自己的品牌知名度，借着这个活动不俗的影响力，不但省下了营销成本，还增强了产生收入的潜力。所以，具有影响力的活动组织方在谈判桌上就有更多的筹码。有些展会，宁愿免掉展位费也让知名企业来参展是一样的道理，因为知名企业有它的影响力。

如果一个活动只能在酒店内举行，双方谈判的可能要点有：

（1）用房模式。指一个活动所需要的房型比例，即单人间、双人间、大床间、套间的间数比例。如果一个活动所有的房型都用到了，既有标准间还有一定的套间、豪华间，那酒店一定愿意给出更多的优惠，这意味着活动组织方更有谈判筹码。另外，历史数据中实际用房数与占房数[15]的比例、No-Show[16]的比例都可能是谈判中的要点。

（2）住房人数占比。指活动峰值日[17]用房人数占参会总人数的比重。协会会议客人、非营利性组织会议客人在酒店住房的"用房数—日期"函数通常呈钟形曲线（bell curve），企业会议客人、奖励旅游客人的酒店住房曲线常呈现出矩形。活动峰值日可能是活动中的某一天，也可能是连续几天。住房人数占比取决于很多因素：客人的抵离模式、有没有会期旅游、活动对当地参会者（不需住房）的吸引力，等等。如果活动是一个医学会议，而活动举办地有很多医学院的学生参会，那么绝大多数学生参会者只是参会和用餐，不需要住房。住房人数占比直接影响到占房数，而占房数一定是谈判要点，特别是酒店方。占房数这个数据必须在双方谈判前准备好，尽管后期有可能需要调整。

（3）活动档期。活动档期指活动的时间、季节、天数。根据美国 Successful Meetings Magazine 的统计，大部分活动的持续天数是 2~4 天，2~4 天的活动占活动总数的 75.3%（持续 3 天的活动占活动总数的 36.2%；4 天的活动占 22.6%；2 天的活动占 16.5%；5 天的活动占 12.8%；6 天的活动占 4.5%；1 天的活动占 4.4%；7 天的活动占 2.0%；8 天的活动占 1.0%）。会展活动市场的旺季通常在 9、10 月份，淡季在 7、8、11 月份，其余月份为平季。如果从一周来看，周四到礼拜天经常是"旺季"。在收集活动档期数据时，还要考虑即将谈判的活动对酒店方来说是一笔重要生意呢，还是只是酒店可接待的众多活动中普通的一个。有些酒店不愿意接待大型活动，大型活动客户压价厉害，但大型活动占房太多，反而让酒店在活动前、活动后的几天里因档期重叠很难接待其他活动。只要活动档期是在酒店住房率不高、使用率不高的日子里，价格就好谈。首次举办的活动，由于没有历史数据作参考，如果可以的话，最好选在酒店的淡季、平季时间里举办。

（4）账单确认人。有经验的酒店销售人员知道，谁为活动客人的消费买单、活动的目的、活动主办方/承办方赞助方是谁以及活动类型（企业活动、协会活动、政府活动、宗教活动、社交活动、学术活动、朋友聚会等）这些要点（通过账单确认人反映出来）在相当程度上决定着客人在酒店的消费水平。比如一个活动由赞助方买单，通常消费水平就高；一般的朋友聚会，消费水平就低。

（5）附加服务。附加服务指的是参加活动的人可能需要的其他个性化服务，包括：为参会者配偶和小孩提供的与活动同期的家属活动或儿童活动，观看当地的娱乐演出，参加当地旅游、购物活动等。附加服务能增加活动组织方的筹码。

（6）参展商消费。参展商常常在酒店搞活动招待自己的客户，另外参展商有时不通过活动组织方订房，而是自己直接订好酒店（酒店通常给参展商的价格比给活动组织方的价格高）。这虽然不是活动组织方买单，但却是活动给酒店带来的收益。活动组织方要留意记录下来或要求酒店方在付款前统计出这些参展商在酒店的消费数据，作为自己未来的历史数据。

第一次举办的活动，和场馆方的谈判是比较困难的，没有历史数据作参考，对参会者的需求、兴趣、额外消费等数据的把握只能依靠有限的预测，或者参考其他类似的活动。许多场馆方和供应商在接待完第一次举办的活动后对收益结果不满意，所以他们在谈判中一听说是第一次举办的活动，都倍加小心，不肯让步。对首次活动，需要组织方预测并收集和修正的数据有：
（1）对住房、场地的需。
（2）参会者人数及概况。
（3）餐饮需求。
（4）其他需求。
（5）活动预算与收入来源。
（6）类似活动情况调查。

酒店方和场馆方可以通过以前类似活动的消费账单、客人注册信息、主办方财务状况、连锁酒店可以共享的类似活动数据、其他会展公司的经验分享等渠道收集相关信息。但要注意，从这些渠道得来的不是第一手数据，可能不准确、不完整。

七、活动数据源

目前在我们国家还鲜见这样的数据源，相信以现在的发展速度，在不远的将来我们会迎头赶上。这里先介绍一下在国际会展界常用的数据源 MINT（Meeting Information Network），最新的名字改成了"empowerMINT"。MINT 是总部设在华盛顿特区、在布鲁塞尔设有分部、面向全球提供服务的目的地营销协会 DMAI（Destination Marketing Association International）一直在维护的数据库。截至 2011 年，MINT 数据库中记录了 17000 多个单位的 35000 多个会议数据，以协会会议和企业会议数据为主，供通过 DMAI 订阅数据者查阅。这些数据来源于各地的会展观光局 CVB（Convention and Visitors Bureau，相当于我们的旅游局——编者注）。这些 CVB 自愿地分享当地接待过的会议数据，通过填写《会后报告 PER（Post Event Reports）》把各次会议的统计资料汇总到 MINT 数据库中，条件是：只要高峰日用房数在 50 间及以上的活动，都要填会后报告 PER。

活动的历史数据包括活动的规模、使用的场地、预订的房间数（占房数）、实际使用的房间数、餐饮消费模式[18]/消费水平/消费人数、社交消费、娱乐消费等其他消费。就像一个人的信用记录一样，活动的历史数据让人一看就基本上知道该怎么接待这个活动，怎么进行谈判。

从活动用的酒店（大型活动时用的所有酒店，包括主会场酒店和分会场酒店）要来的 PER 数据是最准确的活动历史数据，这也是收集活动数据最好的办法。

对活动组织方来讲，还要注意收集与酒店在同一地区的竞争者的房价、场地价格及所需服务价格，包括近期广告上的价格和促销价格（酒店在住房率不理想时经常发布阶段性促销价）。同时需要注意的，还有当地供应商的供求状况及其价格变化，避免谈判中自己的预算失控。

除了 MINT 以外，当地的商会、行业出版物、当地门户网站、连锁酒店的销售部、以前用过目标酒店的其他活动主办方、自己的同事、百度、微信等，都是可用的数据源。对从以上数据源收集到的数据信息充分分析之后，相信你已基本上对双方谈判要点胸有成竹，为走上谈判桌做好了准备。当然，每个酒店的要点都有自己的特点，对方最终拿到台面上的要点以及各要点的期望值和底线，可能和你准备的不尽相同，需要一些随机

应变，但是准备一定比不准备好，准备充分一定比准备欠缺好，机会总是给有准备的人留着。

八、活动谈判考虑因素

（一）酒店费用

酒店费用包括房费、餐费、会议室费用/场地费等。酒店房价通常是活动组织方最在意的谈判要点之一，选址时请注意酒店房费要和参会者的消费水平、期望值或预算多少相适应。酒店的报价不是一成不变的，房费随着活动的季节、日期、规模、餐饮要求、其他附带活动以及活动的商业价值等因素的不同而不同；房费随着酒店的使用/空置率[19]、酒店的大小、主要功能、地理位置（市中心、度假区）、所在城市（大城市、小区小镇）的不同而不同；房费随着酒店的规模和活动的规模之间的关系不同而不同；如果一个活动的日期定下来后不能改变，另一个活动的日期可随着酒店的档期做相应的调整，那么两种情况下的房费也不相同；如果一个活动只用多功能厅，没有住房需求，酒店可能除非万不得已还不愿意接待，怕影响整体收益；一些酒店的房费还和客户忠诚度、是否是多年/多次/长期合同有关。

许多酒店不会提前一年确认价格，但是大型活动的准备期可长达5~7年。怎么解决这个问题呢？通常有三种办法让房费可控：

（1）按现行的协议价/门市价的折扣比例，乘上活动举办期的门市价，届时算出房价和场地价格，结果可能有涨有跌。

（2）双方约定房费每年递增不得超过某个固定的百分率，比如每年递增不得超过5%。

（3）双方约定房费每年按消费者价格指数（Consumer Price Index，CPI）同比增长。

对后两种办法，在谈判和缔结合同时都应该有这样的表述：如遇市场价格普遍下跌时，价格随行就市。

围绕着价格这个焦点，酒店方在意的是包括住房率在内的活动设施使用率，其背后的动机出于收益管理；活动组织方在意的是参加活动的人通过其他渠道用更便宜的价格住进同一家酒店，或因价格原因住进了附近别的酒店。如果客人能用更便宜的价格住进同一家酒店，问题可能出在酒店销售部对不同客户有不同的价格；如果客人住进了附近别的酒店，活动组织方需要进一步调研参会者的预算和期望值。这两种情况还可能出自同一个原因，就是活动组织方在酒店房费上加的房差过高。

酒店对活动用房的报价形式，可以按不同房间级别、不同窗景、不同房间设施等分等级报价；谈判中也可以要求酒店采用不分房间等级的"一口价"，即不限房间等级ROH[20]（Run of House），就是不管什么房，一间房就是这么多钱。ROH指的是，客人抵达酒店时，酒店给客人安排能提供的最低等级房间，所以客人入住前不知道房间等级，有可能是普通标间，在入住率高时也有可能是豪华间或套间。

需要用到多个酒店的大型活动，通常有一个或几个主会场（headquarters），需要提前几年选主会场酒店、谈判、签合同，这样的大型活动，通常是把一个或几个酒店整体包下来，组织方很难拿到好价格。不仅如此，还可能因为该活动的举办引起当地酒店业的普遍涨价。但是，这并不意味着活动组织方会因此而失去谈判筹码，因为酒店方特别珍视大型活动给酒店带来的宣传效应，这种宣传效应能使酒店未来的竞争力和品牌得到提升。活动组织方通常会通过在目标酒店中进行招标竞标来选定主会场，然后进行谈判、签订合同。

大型活动除了给酒店带来的宣传效应，还有大量高档次的宴会消费、娱乐消费和酒店内购物消费，这些都是活动组织方手中的筹码。谈判中注意倾听酒店销售人员提到的任何具有潜在风险的信息，比如：酒店的装修计划、新服务产品等。别一味杀价，便宜意味着服务人员减少、服务质量欠佳，可能让活动其他方面受损，得不偿失。

（二）会展中心费用

会展中心通常为当地政府所有，各地价格标准和相关政策不尽相同。多数地方按每平方米（或每平方英尺）计算展览场地租金，会议室费用另计（可优惠或免费）。如果活动中不含展览，场租会随着占房数的多少、所需会议室的大小多少、每天使用的时间段的不同而不同。有的会展中心场租中含有基本设备配置，有的会展中心场租中只含空地费用，另有展位搭建费、桌椅电脑等设备租赁费、舞台/T台/讲台费、现场水电费、物流仓储费、货物搬运费等。

像许多酒店不会提前一年确认价格一样，很多会展中心不会提前两年确认价格，但是对于需要两三年或更长时间提前准备的会展活动，比如世博会，谈判中双方可以约定一个关于价格每年递增的百分比公式、活动所需设备设施清单、指定供应商名单、宴会正餐参考菜单、会展中心的规章制度、安保规格、场内清洁标准、杂费服务费项目清单等。

和会展中心谈判时，活动组织方需要清楚地把握活动的商业价值、活动的历史数据以及活动现在的要求和目标。会展中心的各项价格不像酒店那样好谈，由于展会期间会展中心人员密度大，必须严格执行当地的安保消防等法律法规，其制式合同中的很多条款是不能谈判的，但是仍有一些可以谈判的事项：

（1）定金和付款方式。

（2）展览布展撤展、会议布场撤场的时间（行业惯例是每一个展览日，给一天布展撤展时间，即 the industry standard is one free move-in and move-out day for each show day）。

（3）布展撤展/布场撤场期间的施工管理费清单、物品租价清单、现场服务项目收费清单。

（4）活动现场各商摊布局计划。

（5）会场临时变更费用。

（6）餐厅营业时间。

（7）相邻场地的竞争性影响、相互间的负面影响及其避免、调整、解决办法。

（8）会展中心的规章制度、装修计划。

（9）待签合同中的双方保护条款（indemnification）、合同终止条款、合同取消条款、场地再销售条款，等等。

（三）供应商产品价格及质量

会展活动需要用到很多供应商的产品/服务，比如 A/V 设备、展台搭建、文艺演出、印刷品制作、DMC 服务等，每一项产品/服务几乎都有多个供应商可选。目标供应商的产品/服务价格都需要谈判，尤其是第一次合作的时候。与价格同样重要的是产品质量和服务质量，比如活动现场的 A/V 设备，必须处于良好工作状态、有足够的备用件数和随时待命的技术人员；再比如活动用的交通工具，要保养良好，不显得破旧。

活动的成功与否在很大程度上取决于活动组织方对供应商产品/服务的价格和质量这一对矛盾的处理方式上，需要我们认真仔细地调查研究，不合理的低价必然带来质量风险（第八章"媒体管理"中提到的西安地铁电缆门，就是低价带来的质量问题）。在和不同供应商谈判的时候，除了强调活动的经济利益外，这里再次提醒，要强调活动的商业价值。

（四）其他谈判点

除了价格和质量，在活动的商业价值基础上，可谈判的要点还有：

（1）一个活动有住房需求和餐饮需求之一或两者时，会议室费用可打折或免费。

（2）活动用房的间夜数到一定程度后，展览场地租金可打折或免费。

（3）活动用房可享受 50 免 1，即客人用房数每达到 50 间时，酒店提供一个间夜的免费房，以此类推。活动的商业价值大时，可享受 40 免 1。可以和酒店方这样约定：用活动期间每天用房间夜数的累计总数计算可享受的免费房间数，而不是按每天的用房量计算当天的可免费间数，因为活动前后客人的早抵晚离，可能每天用房不足 50 间；活动期间每天的用房数也不可能刚好是 50 的整数倍。

（4）活动前可能活动组织方会定期地去看酒店（site inspection），看酒店时酒店可以提供免费房；活动前布场时酒店也可以给活动组织方提供免费房。

（5）活动期间酒店可以为活动赞助方、VIP 客人提供免费套间或免费升级到套间，为主办方承办方提供一定数量的免费办公用房，为大会发言人和承办方员工提供优惠价住房或免费住房，为活动办公室、活动接待室提供免费饮料等。

（6）占房数、用餐人数等信息的最后确认截止日期是可谈判的，可尽量靠近活动开幕日期。

（7）酒店各项服务及用品费可以优惠或免费，比如每天两次客房服务、开夜床服务（turndown）、房间鲜花果盘、卫生间洗漱用品、儿童用品及服务、游泳池、池畔帐篷（hospitality cabana）、健身房、高尔夫、网球、SPA、海滩椅、沙滩伞、代客邮寄服务、代客停车服务、机场接送车、景点旅游车等。还有 VIP 入住、行政楼层（club floor）服务、管家服务/金钥匙服务[21]（concierge service）等。

（8）会议室可以优惠或免费配备纸、笔、讲台书写板、公告牌、糖果盘、投影屏、麦克风、讲台、音响设备等。

（9）隔壁会议室、临近会议室不能同时举办和本次活动有竞争性的、对本次活动有负面影响的活动（比如你们在开会、别人在办婚礼），这种情况是活动组织方最不愿看到的情形之一，严重的时候两个活动组织方的人面都见不成，互相仇恨的程度可想而知。为避免这种风险，就可能新增的预订，同期或日期重叠的，能否确认的问题，场馆方要和活动组织方保持及时沟通。这是谈判要点之一，也是合同条款之一。不能避免、调整、解决的，活动组织方应考虑更换酒店或包租酒店。当然也有酒店想接待其中一个活动而放弃另一个的情况，具体情况就看谈判中怎么谈的，合同中怎么约定的了。

九、谈判前的再确认

做了谈判底线分析、谈判要点分析之后，我们多少会有些胸有成竹的感觉，但这并不意味着我们准备好了。虽然已经用尽了所有数据源，但能保证我们掌握了对方的所有谈判要点吗？显然不一定。最简单的办法，就是直接问谈判对手。这听起来有点滑稽，但事实的确如此，如果双方能在谈判前交换双方谈判要点，谈判结果一定会好得多。所以，办法是在正式谈判前，双方安排一次谈判预备会议，目的是沟通信息、分享信息、收集信息。不管你是甲方还是乙方，买家还是卖家，双赢的结果是：任何一方都不可能找到比对方更好的别的合作者。

注意，这个是谈判预备会，是谈判前摸底，不是正式谈判。要摸清对方的谈判要点、围绕我们不知道的要点提出问题并做好记录。这次会上没必要告诉对方我们的谈判底线，但我们也许想告诉对方我们的谈判要点，因为正式谈判时还要对这些谈判要点进行细节性的、也许是艰难的谈判。告诉对方谈判要点，可以让他们提前考虑怎么和我们进行交换。

不要轻易泄露自己的底线，但是要让对方知道我们的谈判要点及要点顺序（或各要点的重要性），这有助于双方通过谈判建立良好关系。不要在预备会上对对方提出的要求做出任何反应，因为你有可能无意中失误、无意中透漏出不合适或不该透漏的信息，做出应该是正式谈判中的事。如果在预备会上过早做出反应，会把预备会的基调从收集资料变为达成协议。所以，只需要把对方说的问题记录下来，并问清你不理解的问题，知道了对方的谈判要点、谈判要点的排序和每一个要点的重要性，就够了。如果谈判要点清楚了，那预备会就成功了。

预备会之后，要通过得到的新数据来进一步确认前边做的分析、更深层地分析以前搜集到的数据。可以通过思考对方的谈判要点，来进一步琢磨对方的谈判底线，对我们误判的地方做出适当调整。到了这一步，你已经做完了底线分析和谈判要点分析，基本上把握了怎么给予、怎么索取，已经为创造性的谈判做好了准备，离最好的谈判结果——双赢又近了一步。

过后你会知道，预备会上得到的关于对方谈判要点的信息，并问清楚对方为什么会如此在意这些要点，对后来的谈判有多么大的帮助。

十、超越共赢

如此看来，谈判前的分析阶段要分析考虑的问题的确不少。特别是对谈判要点RINT™的分析及其在谈判预备会上的再确认，做了和不做结果大不一样。把握了谈判要点之后，你更了解了对方行为背后的动机，手上可交换的筹码变多了，给予和索取的方式丰富了。充分分析之后，一方的出价让另一方更容易接受，这让谈判空间 ZOPA 更具弹性。从最终的 RINT™ 上，还可以看出各个谈判要点所具有的不同价值，让我们知道怎样讨价还价，怎样交换筹码，怎样规避风险，从而使谈判的商业价值更大了。

谈判空间 ZOPA 是双方谈判底线之间的地带。对任何一个谈判要点而言，共赢（win-win）的局面是，在双方的底线之间合适的点上谈判成功。而对于由不同权重的要点组成的谈判要点组合而言，谈判筹码的增多和谈判方式的丰富扩展了原有的谈判空间，让谈判空间变得更大，谈判结果比共赢更好，这就是超越共赢（move beyond win-win）。

但是要切记，并非每一个要点、筹码或方式都能扩展谈判空间，这中间有很多相互利益的交换。为了扩大谈判空间，请注意要结合谈判要点 RINT™ 来分析考虑。

（1）同一件事物对双方来说价值经常不同。超越共赢需要双方交换不同价值、不同侧重点、不同割舍程度的利益。

（2）谈判中只交换能扩展谈判空间的利益。

（3）不交换可能会缩小谈判空间的利益。

（4）只在能得到某一项利益时才放弃另一项利益。

（5）只考虑与其他谈判要点有相互关联的要点。

（6）从对方行为背后的动机入手。

通过不同价值的利益交换，你会发现有很多办法可以扩展谈判空间，让谈判空间变得更大，实际上就是有更多的筹码可以交换、更多的利益可以获得、更多的新办法可以用来解决争议，从而更容易在谈判空间内合适的点上达成协议。反过来，如果我们只想让自己一方获得最大的利益，只想着怎样能比对方多赢一点，怎样能打败对方，我们将使谈判陷入僵局，甚至把对方推到谈判空间之外，越过谈判底线，让谈判破裂。

另外，对于双方谈判要点清单上排在最后的要点，别过分在意它。把它列在谈判要点上并不意味着这一点必须在谈判中有个结果，有时加上它会让谈判空间缩小或者让合同显得逊色。

还有，把所有的谈判要点作为一个整体来统筹考虑。可能你会习惯性地和对方一个要点接着一个要点地去谈，但这样就形成了很多互不相干的次级谈判，并且在每一个要点上都有可能出现一赢一输（win-lose）的局面。如果把所有要点作为一个整体来考虑，这个要点上我们让步对方赢了、那个要点上对方让步我们赢了，或者这个要点你要求我按你的要求做、那个要点我反过来要求你按我的要求做，再或者只要卖家能够在短时间内快速做出反应并保证优质服务、买家宁愿出高价，这些都同样构成一种共赢局面。

注意，超越共赢与妥协让步不完全是一回事，这两者是有区别的。人们经常以为谈判中只要愿意妥协，结果就会更好，其实不然。Kenneth W.Thomas 和 Ralph H. Kilmann 两人在 1974 年提出的冲突模式测评工具[22]（Thomas–Kilmann conflict mode Instrument，TKI）中认为，人际间的冲突有五种不同的表现形式：竞争型、回避型、顺应型、合作型、妥协型，这五种冲突形式由人内心对自己的关注程度和对别人的关注程度两者的不同组合得来。只有对自己和对别人这两种关注程度在中度水平上达到平衡时，人才自然地表现出妥协。一方被迫妥协，心里肯定不悦，另一方不可能真正得到想要的东西，表面上风平浪静,实际上却埋下了风险的种子,不知道何时会开花结果。只有高度关注自己和别人两方的需求时,人才表现出合作,这时人会想着怎么通过谈判来解决争端,创造性地找到解决问题的办法,让双方都在谈判中有所收获,或者得到更多,即让谈判空间变大,这是超越共赢。通常能超越共赢,都是在谈判中考虑了双方行为背后的动机。

十一、共享谈判空间

谈判预备会之后,双方了解了对方的谈判要点,知道了对方的需求,这个阶段双方对谈判的期望值往往比较高。但是谈判中谁先来开价/提出条件呢?在谈判空间内的哪个点上开价呢?这取决于谈判双方实力的强弱、谁在谈判底线 END^{TM} 和谈判要点 $RINT^{TM}$ 方面功课做得更足、谁更好地制订了谈判的行动计划,等等。如果双方都能在同一个谈判空间内谈判,不管气氛温和还是激烈,就共享了谈判空间。

上面提出的第二个问题,比较容易回答:在接近对方的底线处开价。这样我们能够获得更多,又不撞击对方的底线,是利用谈判空间 ZOPA 的最好办法。这个开价,或提出的条件,实际上界定了成交价格的边界,界定了谈判结果的框架,它受到财务预算的约束、产品质量服务质量标准的约束、供货时间的约束等。这个问题虽然回答起来容易,但提出条件/开价时,我们必须小心翼翼,讲些战术,并密切关注对方的反应,适当的时候透一透我们的底线,以期达到我们的目的。如果我们是弱势的一方,也不妨在无意或有意中先托出一个虚假底线,给后边的妥协和让步留下空间。但是当提出虚假底线的时候,要有配套的补救措施,免得弄巧成拙。对于第一个问题,通常是强势的一方先提出条件或先开出价格,也有弱者先说或客人一方开局的情况。

必须注意对方的开价/所提条件,如果对方提出无理要求,无理到已在谈判空间 ZOPA 之外,为了共享谈判空间,我们不必针锋相对地提出反制措施,而应对其无理要求置之不理,只在 $RINT^{TM}$ 和 EMD^{TM} 的基础上专注于商讨谈判空间 ZOPA 之内的合理要求。如果我们提出无理要求,对方会认为我们没有诚意而离开谈判桌,谈判可能终止。所以我们必须在事先认真准备的基础上,朝着建立互信的目标,通过认真仔细的谈判争取实现共赢和超越共赢。

关键在于,我们开价的时候就要从战略上考虑全局,考虑双方所有的谈判要点 $RINT^{TM}$,考虑未来合同中的所有条款,更要考虑怎么更好地满足对方的需求,以确保双方都是对方的最佳选择,双方很难在别处找到比对方更好的合作伙伴。这就是为什么谈判前的收集资料、充分分析、做好准备是如此重要,也是为什么即使我们在谈判中更有筹码时,为了双方长远的关系,我们也应该机智委婉地点到为止的原因。一个明智的对手,一定会理解我们的良苦用心,因为他知道谈判破裂后自己会面临什么风险。

在谈判中交换利益时一个有用的工具,叫作价值分类叫价组合 CET^{TM}(Categorized Equivalent Anchors^{TM})。其中 Anchor 是叫价、开价的意思;Equivalent 指成本相同;Categorized 是按照对客户的不同价值来分类。价值分类叫价组合 CET^{TM} 由两个或两个以上的叫价组成,其中每一个叫价与其他叫价相比,成本差不多相等,但对对方来说价值却不同。会展业界这样的例子比较多,比如酒店一间房的成本差不多相等,但是在不同时间价值不同、对不同的客户价值也不同(会议客人的房费通常比旅游客人的房费高、比商务客人的房费低）。虽然很多酒店的房价比早餐价格高，但酒店宁愿给客户提供一间免费房却不愿给客户一个免费早餐，原因是一个早餐的直观成本常常高过一间房。

实际上，价值分类叫价组合 CET™ 是在 RINT™ 和 END™ 分析基础上拿上谈判桌的一组策略性筹码，这些筹码对我们来说成本没有多大差异，但对对方来说却能体现出不同的价值，和对方的利益及其谈判要点有关。不管对方在利益交换过程中怎样选择我们的筹码，哪怕只选择其中一个，都能推动谈判的进程。当对方选择价值大的筹码时，我们还可以通过筹码间的联动在其他项目上适当调价以进行补偿。所以 CET™ 有扩展谈判空间的功能，帮助我们减轻或摆脱谈判中某些问题谈不拢的压力，让对方能在我们这里得到比别处更多更好的利益。

如果我们把手里的所有筹码都按其价值进行分类，分类后贴上相应标签，按它能起的作用和我们的意图分列好，比如哪个筹码是用来构建长远互信关系的，哪个只是用于当下这一次会展活动的，那么我们在谈判过程中就可以随手拈来使用之。

十二、谈判僵局

事情通常不是一帆风顺的，前进的道路上常有曲折，运气只是偶然光顾。做了充分准备，手上也有了谈判筹码清单，这并不意味着谈判中不会发生争议，不会出现艰苦争论的局面。但是谈判的主线不能变，那就是真诚地满足对方的需求，通过谈判共建互信关系，尽量多地共享谈判空间，同时谋取自己的利益。切记，谈判的目的是解决实际问题、谋求反复合作（repeat business），实现长期共赢。

当双方的争议经过长时间的激烈讨论仍然得不到解决时，僵局出现了。僵局中，一方可能会恐吓另一方，另一方可能会准备离开谈判桌，不欢而散。

谈判僵局大致可分为三种：①结构僵局；②情感僵局；③客观环境僵局。

（一）结构僵局

结构僵局，是一方提出的条件直接位于谈判空间之外，超越了另一方的底线。所以结构性僵局由谈判空间 ZOPA 的大小结构决定。

如果卖家开出的售价在谈判空间之外，买家当然可以选择转身离开，他可以在其他地方拿到更好的价格，从而保住自己的价格底线。卖家在买家底线之外开价的风险在于，①它会吓住买家；②它让买家不信任你。当卖家想把买家留住再把价格降到 ZOPA 之内的时候，买家会因为失去信任而怀疑降价之后的价格里仍有很大水分。如果从后往前推着分析，出现这种情况的原因还是前边的准备工作没做好，对买家的底线把握不准。也许你以前用过这种漫天要价的办法，它成功过，但这只说明上一次运气好，可惜运气是事物在运行的过程中偶然凑成的一个机会，这个机会稍纵即逝，它是小概率事件，不能每次都肯定遇到。

解决结构僵局的办法是，在充分分析研究 END™ 和 RINT™ 的基础上，在 ZOPA 内谈，围绕 RINT™ 上罗列的谈判要点用 CEA™ 上的筹码交换利益。

还有一种情况，就是双方提的条件都在谈判空间之外，就像两个青年谈恋爱时互相看不上，只有媒人看着合适那样，双方都可以在别的地方找到称心如意者，那最好的办法就是友好地分手、终止谈判，但切忌过于绝情、不留后路。

（二）情感僵局

情感僵局，顾名思义就是双方的条件都在谈判空间之内，但是一方或双方在情感上不能接受，面子上下不来，形成了分歧与对立。谈判过程中一方的语音语调、肢体语言让另一方感到被冒犯了，让听者感到尴尬或心里被伤及了。有时一方为了试探底线故意制造谈判僵局，让另一方极度不适。这种心理上的不悦可能还不好说出来，但是我们一定能感觉得到。

1999年11月14日下午，中国加入WTO的中美双边谈判基本上破裂了，且双方都伤了感情。那天晚上，中方谈判代表团规定，谁也不许主动给美方打电话，因为在这种时候"不能示弱"。关键时刻，是龙永图抓住了机会，给负责美方谈判的卡西迪去了一通电话，美方顺着这个梯子，竟意外地要求15日凌晨双方一个小班子再谈一次，这才有了我们今天都知道的结果。如果1999年11月15日中美没有达成协议，有一方或者双方没有在14日抓住机会，那会是什么样的结果（END^{TM}）呢？我们来试着想象下：接下来的2000年是美国的大选年，2001年是"9·11"事件，接下来是美国长期的反恐，中国和美国的入世谈判，不知道会后拖多少年。

我们当地的一家会展企业和一家全国供应商之间，因为以前合作过程中心里的疙瘩没解开，双方也都知道对方其实还是不错，但就是不能再次合作。

很多情况下，没满足对方的期望值时，我们总有理由；对方没满足我们的期望值时，我们会觉着对方"不够意思"或"人（品）不行"。对对方没有表达清楚或内心不愿表达清楚的期望值能有很好把握的人，通常都是谈判桌上的高手，他们在谈判中更容易和别人达成共赢和超越共赢。这种人能设身处地地为他人着想，能充分理解对方的酸甜苦辣、喜怒哀乐，被 Daniel Pink 称为 empathizers（可参阅第五章"风险计划"中的延伸阅读"油门"）。

解决情感僵局的办法是，给对方找台阶下，给对方面子。对方的自尊、清高，对方冲着我们大喊，或者对我们不理不睬，并不意味着他们的谈判底线和谈判要点有什么变化，要包容、平静、耐心地给对方说明如果不能达成一致，结果可能更坏，做出合理的让步，让对方从情感上接受和理解。如果是自己一时心理上转不过来，可暗示自己面子不值钱，别忘了我们的谈判目标。

（三）客观环境僵局

客观环境僵局是指由非利益因素而引起的双方不能共享谈判空间，让谈判无法进行下去。比如一方受制于其规章制度；双方计划的时间空间互不搭调；文化背景、礼仪礼节、行为方式互不相容；天公不作美等。

有时由于谈判人员文化背景的不同，对信息的理解受其职业习惯、受教育程度以及自己的专业知识所限，表面上看似乎对对方所讲的内容理解了，但实际上这种理解却是主观、片面的，甚至与对方想表达的意思完全相反。

如果谈判人员不是决策者，当外部客观环境发生变化时，谈判人员因没有授权而不能承诺，也会导致僵局产生。

十三、达成协议

谈判双方通过一系列解决方案打破一个个僵局后，终于在最后的谈判中就各个要点达成一致，要签订合同了。注意在合同中要对所有达成一致的谈判要点有清晰明确的表达，趁着刚谈判完的新鲜记忆把谈判中暴露出来、准备过程中没考虑到的问题罗列清楚，以避免未来可能发生争执的风险。这一步看似烦琐，却可以为将来节约时间、精力和金钱。

最后时刻的谈判中，别忘记自己的行动计划、策略和目标。如果对方需求变了，迅速重新分析对方的 $RINT^{TM}$ 组合，提出相应的解决办法，别轻易突然让步，忘记了初心。任何最后时刻的变化，都可以参照这个办法化解，灵活机动但不偏离主线。

这里没有什么可以四两拨千斤的窍门，有些东西是需要未来的时间来检验和证明的，比如谈判对手对我们的信任。如果时间让对方看到我们兑现了合同中的承诺、提供了比别处更好的产品和服务，证明了我们"言必信，行必果"，对方会明白我们值得信赖，我们也从中获得了长远利益。

十四、反馈

就整个谈判过程而言，还有一个贯穿始终的重要环节，这就是考虑各种相关的反馈。反馈不仅存在于分析准备过程中、谈判前的预备会上，而且在谈判过程中及谈判成功之后都要及时考虑反馈信息。

双方在谈判中想解决的问题、双方对谈判结果的期望值等许多因素影响着谈判的方方面面、影响着谈判的整个进程。在这个进程中，新情况、新数据不断出现，客观上要求我们把这些新情况、新数据以及对方的反应及时反馈回来，不断总结调整，有时候可能进了两步后还得后退一步，根据新的反馈重新分析对方的底线、谈判的要点、重新审视手中的筹码，提出新的解决方案，目的是更好地达成一致，取得更好的谈判结果，形成共赢和超越共赢，实现长远的战略利益。

十五、谈判流程图

最后，为了更好地理解谈判过程，我们来把整个谈判过程中的主要环节用一张流程图表示出来（见图7-2），希望大家能够掌握以过程为导向的谈判方法。谈判流程图是对本章内容的概括，我们可以按这张图来一步一步地做出谈判计划，比如什么时候做分析准备，什么时候收集数据，什么时候确认分析结果，什么时候使用谈判筹码，等等。但是请注意，沿着这张图，向前走了两步又得退回一步的情况是经常发生的，对这一点要有思想准备，实际情况的确如此。用好了这张图，会避免谈判中的盲目性，避免谈判过程失控，这张图在整个谈判过程中有纲举目张的作用。谈判中遇到麻烦的时候也可以回头来再看这张流程图，以便走出僵局，谈出更好的结果。

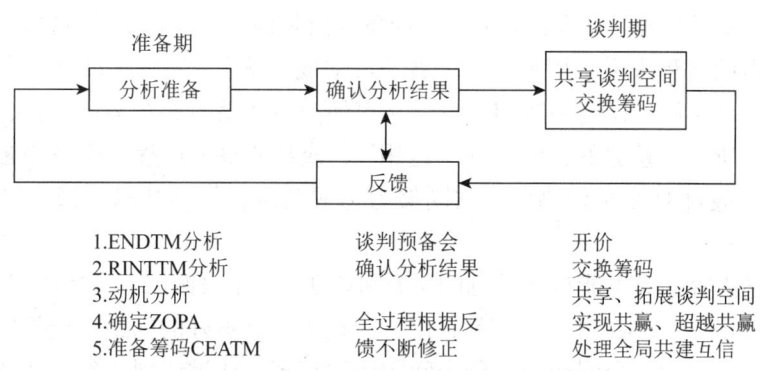

图 7-2 谈判流程

图片译自：The ACES™ Negotiation by Samuel R. Tepper，2006，p.624

我们选择的目标是通过谈判建立和发展良好关系，实现共赢和超越共赢。通过分析双方谈判失败后所面临的短期苦果和长期困难来收集和界定关于谈判底线 END™ 的数据；根据谈判底线 END™ 来界定双方的谈判空间 ZOPA；接下来分析双方的谈判要点 RINT™，特别是对方的谈判要点、要点的排序及其行为背后的动机。我们自己的谈判要点相对容易一点，对方的谈判要点要靠分析和收集数据，包括从谈判前的预备会上补充和确认可能的疏忽和漏遗。

分析结果得到确认后，我们需要准备自己的开价位置和筹码清单 CEA™，在谈判的整个过程中根据各方面的反馈随时调整问题的解决方案，结合 CEA™ 的使用，实现共赢。

十六、谈判的科学和艺术

有些谈判简单，可能几分钟或者一个电话就谈好了；有些谈判复杂，需要几轮或者十几轮会面；当然也有再怎么谈都没有结果的。不管谈判简单还是复杂，背后的流程是一样的，向前推进的每一步都是建立在对客观数据分析的基础之上，这是谈判中的科学。

谈判中有些数据是确定的，有些数据是不确定的，谈判的结果也具有不确定性。更让人无奈的是，谈判时对方可能不会按照我们预想的方式来，他们会受到情绪的左右，偶尔还会失去理性。谈判前我们只能预测对方谈判中言行的可能性，而这种预测没有绝对的准确性。我们需要在谈判中根据各种反馈及时调整，善于沟通，不但表现出真诚、努力构建互信，甚至还要在我们的分析结果更符合实际情况时，在对方面前仍然小心翼翼谨言慎行。谈判中要处理好这些变数和双方相互关系并不容易，那是谈判中的艺术。

幸运的是，有这样一些基本概念[23]（END™，ZOPA，RINT™，CEA™，行为背后的动机等）适用于一般常见的商务谈判，这些基本概念可以用在谈判的整个过程之中。即便谈判时一方或双方可能表现出强势和不公，但这些基本概念始终是正确的。当谈判中出现分歧和僵局的时候，再回头来看这些基本概念，你会有意想不到的收获，经常能为解决问题、打破僵局提供创造性的思路和线索。

谈判难吗？不难。如第十五点中的谈判流程图所示，每一步都不难，按照谈判流程

图中的程序一步一步走下去，整个过程是比较容易驾驭的。那谈判容易吗？不容易！就像一台演出需要反复排练一样，看演出和准备演出是两回事，台上一分钟，台下十年功。对于谈判背后的流程来说，用得多了，就"习惯成自然"，熟练了就会下意识地跟着流程走，到了那个时候，谈判中我们就可以从容地把主要精力放在沟通方式、谈判氛围和解决问题上，所以"精通的目的全在于运用"。谈判的整个过程，应该是融合了科学和艺术两方面，通过双方互相协作，共同努力达成共赢、超越共赢，来取得丰富成果的过程。

本章所述内容，尚不能包含常见的所有风险工具，比如第二章中讲的ESG，也是很好的风险管理工具。ESG目前大家都在用，只是用得好不好的问题。现阶段市场上并不是每个活动都上保险，合同履行过程中问题还比较多，通过谈判达到或超越共赢的还比较少。

【名词解释】

1. 活动组织方（event organizer），按照EIC出版的APEX Industry Glossary中对event organizer的解释，活动组织方是指对会展活动方方面面进行策划、运营、安排、执行、监管等工作的专职或兼职的团队或个人。相当于我们说的活动主办方、承办方和执行方。

2. 补充保险：为基础保单不保的某些风险提供保护的保险。

3. 列明责任：保险合同中通用责任以外的个性化责任。

4. 通用责任：保险合同中具有共性的基本责任。

5. 保险责任（coverage）：也叫责任范围，是指保险合同条款中规定的风险责任范围，即保险人承担的全部风险责任。在保险责任范围内发生的财产损失或人身事故，保险人要负责赔偿或给付保险金。保险人只对在保险期限内发生的保险责任内的损害，在保险金额限度内有赔偿责任。

6. 多功能厅（function room，function space），多功能会议厅是现代会展业需求的产物，它打破了传统单一的"讲堂式"布置格局，能在不改变活动地点的情况下，满足活动组织方的会议、展览、餐饮、演出、培训、聚会、庆典等多种活动要求的综合性场所。在音视频系统设计上，也考虑到了这些多功能的需求，能更好地满足参会者的视听觉需求。

7. 实际损害赔偿金（actual damages），一方违约后容易被证明的给另一方造成的实际损失。

8. 约定违约金（liquidated damages）是合同双方在缔约时事先约定的损害赔偿金，是双方对未来某项违约行为可能带来的损失在统计数据基础上的估算，它可以是一个具体数额，也可以是个浮动比例，或者是一个损害赔偿金的计算公式。

9. 转换成本（switching costs），转换成本是在改变品牌，变更供应商，转变产品等过程中产生的费用。转换成本中不只是看得见的直接成本，还有常常是巨大而看不见的时间成本、精力成本、心理成本等，以及正常工作程序中断等风险成本。

10. 采购周期（cycle of procurement），采购周期是指由消费者需求等因素决定的从决定采购到采购完成的时间周期，包括确定采购需求、确定产品质量标准、确定供应商、下订单订货、订单处理、生产、货物运送、产品验收、进入库存等环节的整个周期。

11. 商业价值（business value），管理学术语，指决定企业长期健康和福利的价值（business value is an informal term that includes all forms of value that determine the health and well-being of the firm in the long run）。商业价值把公司价值拓展到经济价值（也称为经济效益，经济附加值和股东价值）以外，包括其他形式的价值，比如员工价值、客户价值、供应商价值、渠道伙伴价值、联盟伙伴价值、管理价值和社会价值。很多价值是不能通过钱的多少来衡量的（Wikipedia，2017）。

12. 硬成本（hard costs），指可以用数字来衡量的成本，比如多少钱、多少时间。

13. 软成本（soft costs），软成本是很难量化的成本，比如重新建立合作关系、合作不流畅、价值观相悖等引起的沟通成本，以及与之相伴的生产效率下降等。

14. 投射技术（projective techniques），在调查研究中，研究人员要求被访者对别人的行为进行解释，而不是让他们解释自己的行为。被访者会按照自己的逻辑解释别人的行为，即人性中的"以己之心，度人之腹"，来间接投射出自己的动机、态度、情感等。该技术在被访者不能够或不愿意透露自己的动机、态度、情感等时有一定作用，可用于活动的高层次需求调查中。

15. 占房数（block），指活动组织方根据预计人数在酒店的订房间数，即酒店给活动的预留房间数。企业会议中，实际用房数（room pick-up）和占房数之间的差别一般较小；协会会议和非营利性组织会议中，实际用房数和占房数之间的差别通常较大。

16. No-Show，指已经订好房，甚至已经付过款并拿到酒店确认的客人，没来参加活动，也没有取消住房的情况。

17. 活动峰值日，指参加活动人数最多的那一天，在酒店用语中习惯用 peak night 来表示。

18. 餐饮消费模式，指活动期间餐饮消费行为的一般方式，具有一定的历史重复性。比如，这个活动中含早餐和午餐，晚餐自理；那个活动是自助午餐，另有一个主题午宴、一个欢送晚宴；要不要茶歇，有没有室外用餐，等等，这些就是一个活动的具体餐饮消费模式。活动明年的餐饮消费模式可能和今年一样，也可能做些调整。活动客人的餐饮安排和旅游客人的餐饮安排最大的不同点在于，旅游客人的用餐人数计划后几乎不变，而活动客人的用餐人数经常在变化中。

19. 使用/空置率（occupancy rate），指酒店设施的使用率、占用率，包括住房率和会场、餐厅、其他设施的使用率。把 occupancy rate 翻译成"住房率"似乎有点片面，如果一个酒店只有客房没有其他设施，可翻译成住房率。

20. ROH（Run of House），指的是客人抵达酒店时，酒店给客人安排能提供的最低等级房间，所以客人入住前不知道房间等级，有可能是普通标间，在入住率高时也有可能是豪华间或套间。

21. 金钥匙服务（concierge service），指高档酒店中的"客人委托、酒店代办"式个性化贴身管家服务，通常供 VIP 客人享用，有"金钥匙"资质的服务员，代表着酒店业最高的服务质量水平，为客人量身提供吃喝拉撒睡行购等一切贴心服务。

22. 冲突模式测评工具（Thomas-Kilmann Conflict Mode Instrument，TKI）是目前全球最主要的冲突管理评价方法，被用来学习各种不同的冲突处理方式以及它对个人及团队的影响。谈判中，冲突通常被认为有负面的影响，但实际上冲突恰恰是改善沟通、达成共赢的催化剂。冲突情境是指两方的关注看来不可调和的情境，在这种情况下，我们能从两个基本的维度来描述一方的行为：(1) 强硬性，个体试图满足关注自己的程度；(2) 合作性，个体试图满足关注他人的程度。用行为的这两个基本维度，即强硬性与合作性可以定义五类相应的冲突，这五类冲突分别是：竞争型（强硬，不合作）、回避型（不强硬，不合作）、顺应型（不强硬，合作）、合作型（强硬，合作）、妥协型（不偏不倚，合作）。

23. 商务谈判一节高频英文缩写：

END^{TM} – Effect of the Negotiation Demise^{TM}，谈判破裂后面临的苦果，即谈判底线；

ZOPA – Zone of Possible Agreement，谈判空间，即双方可能达成一致的空间；

RINT^{TM} – Ranked Items on the Negotiation Table^{TM}，谈判要点；

CEA^{TM} – Categorized Equivalent Anchors^{TM}，价值分类叫价组合，即提出条件、解决问题的筹码。

（TM—注册了的商标）

【思考题】

1. 为什么要买保险？
2. 北美的保险种类中哪些我们可以借鉴？
3. 怎样确定一场活动的保险需求？
4. 怎样通过合同来规避风险？
5. 合同中的各项条款和风险评估、风险分析的结果有何关系？
6. 签完合同就万事大吉了吗？
7. 和别人谈判时你会为了达到目的而让步吗？为什么？
8. 怎样通过谈判来确定活动目标可以实现？
9. 准备谈判的过程中，需要分析的要点有哪些？为什么？
10. 怎样实现共赢和超越共赢？
11. 从谈判筹码的角度看，活动场馆方看重活动组织方的哪些历史数据？
12. 谈判中你通常怎样提出条件（开价）呢？开价怎样影响谈判进程？你应该怎样应对不合理开价？
13. 怎样走出谈判僵局？你有什么好办法？

【本章参考资料】

1. Hilliard, T. W., CMP, (2014). Risk Management. Convention Industry Council Manual (9th ed., pp. 68–70). CIC Publications.

2. APEX Industry Glossary, (2005). CIC Publications.

3. King, J. W., Esq., (2008). Facility Contracts and Insurance. Convention Industry Council Manual (8th ed., pp. 59–68). CIC Publications.

4. APEX Industry Glossary, (2005). CIC Publications.

5. Tepper, S. R., PhD, (2006). Negotiating Strategically: Building Relationships and Striving to Do Better Than Win-Win. PCMA's Professional Meeting Management (5th ed., pp. 603–625). Dubuque, IA: Kendall/Hunt Publishing Company.

6. Dietmeyer, B. J., & Tepper, S. R. (2002). Negotiation: Organizational alignment of strategy and execution process. White paper. Strategic Account Management Association and Society for Sales.

7. Sward, David (2006). Measuring the Business Value of Information Technology. Intell Press. Retrieved on August 27, 2017, from https://en.wikipedia.org/wiki/Business_value 16.

媒体管理

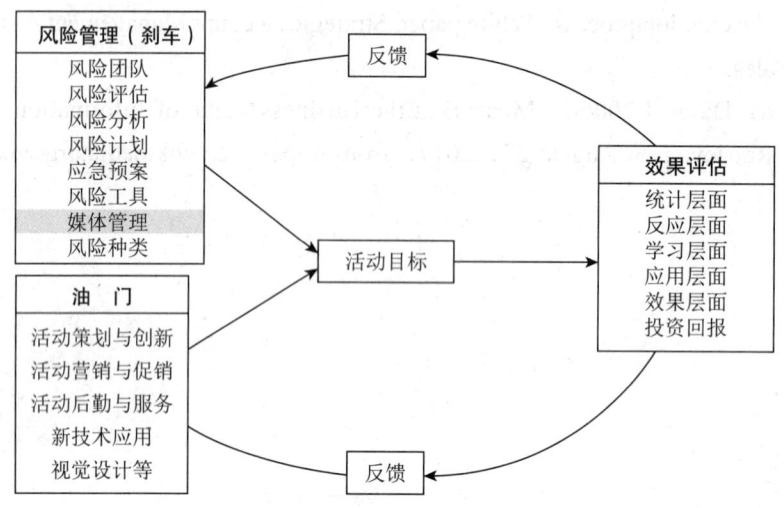

【学习目的】

- 了解媒体与舆情的关系
- 理解活动媒体管理与声誉品牌、风险危机的关系
- 理解换位思考、调整心态对媒体管理的重要性
- 在应对媒体时能做出适当的选择
- 能够简单地用好媒体

第一节 活动危机与媒体管理

这一章所讲的媒体管理,不是媒体的行业管理,也不是媒体企业和市场的管理,而是在会展活动中出现危机时,怎么来和媒体打交道、管理舆情,以便尽快渡过危机,以危机为新的契机的过程。活动风险管理中,一旦遇到紧急事态(Emergency)、危机(Crisis),或者灾难(Disaster),常常引起媒体的关注,活动组织方、场地方以及举办地方要做好准备来及时回答媒体的问题,以便发布信息和掌控舆情,尽快从危机中走出来,这个是我们这一章所说的媒体管理,它研究的是媒体管理与活动成功与否之间的相关性。

从另一个角度看,媒体管理与舆情管理关系密切。狭义的媒体管理指的是信息从信息源[1]到社会公众之间的传播管理,舆情则是社会公众从媒体上看到信息后的各种反应,所以媒体管理和舆情管理既有密切联系又有所区别。

第一章我们讲过,风险、危机、灾难这些词汇,尽管其含义不尽相同,但在活动风险管理中经常被交换使用(详见第一章)。在这一章,为简单方便起见,我们把发生后引起媒体关注的风险,统统称为危机[2]。

当今世界似乎处在一个黑天鹅事件频发的时代,想不到的事情经常发生。会展活动中的危机多由想不到的突发事件引起,危害程度比较大,比如2014年上海外滩跨年夜活动中的踩踏死伤事件、2017年美联航的拖拽门事件、攀枝花会展中心枪击事件,还有展会中的诈骗、食品中毒以及近两年来多发的展台坍塌事故等。

这些危机让会展活动不能正常运转,媒体方面处理不好会让包括组织方在内的各个利益相关方处于险境,或者造成经济损失,或者让声誉受损,或者影响到生存,或者危机后一蹶不振,等等。

我们知道,风险管理的目的是活动能成功举办而管控风险。这里,媒体管理的目的是避免危机后事态/舆情失控,造成会展活动的负效果。媒体管理对危机发生后避免事态升级、尽快恢复正常状态等目标的实现非常重要。

美国品牌定位咨询师Alan Hilburg是早期研究并专攻危机管理的人(Wikipedia,2017),他认为,危机可分为急性危机和慢性危机两种。急性危机来得突然,没有先兆,在活动主办方的控制能力之外,所以急性危机发生后活动主办方不会受到舆论责备;慢性危机是由活动责任方的诸多小问题积累而成的,其过程就像一个越来越大的、迟早会破灭的泡沫一样,总有量变到质变的那一刻,所以慢性危机的责任方一定受到舆论的责备。过度自信和麻痹大意是很多慢性危机的根源,慢性危机经常爆发在不经意间。国外会展界有一种说法:风险管理失败时,危机就爆发了。

危机有三个基本特点:
(1)让组织面临风险。
(2)让人感到意外、不正常或震惊。
(3)允许做出决定的时间很短。

对一个企业或组织来讲，危机发生后，风险团队的反应速度和处理态度对活动组织方的公信力和声誉的影响是巨大的。之所以说危机中也孕育着新的契机，并不是简单地说危机的"机"也是机会的机，而是危机中对现行做法、现行模式、现行系统的修正或否定，它迫使我们深入思考，从而使危机成为发展和扬弃、提高产品质量或服务质量的推动力。如果危机不能成为改变和发展的推动力，那么它就是失败的。但是，对于没有过往经验的"黑天鹅事件"，如果媒体的报道不给我们留下试错的机会，一旦失误就覆水难收。

第二节 媒体与舆情

现今社会，包括互联网在内的各类媒体高度发达，发布在媒体上的消息对舆情有相当的左右能力。危机发生后，媒体对活动举办地、场地方和主办方的报道，可以引起社会大众的同情，也可以引起民众的反感，甚至让人幸灾乐祸。鉴于此，作为风险管理中不可或缺的环节，活动组织方应当通过风险团队有计划地做好媒体和舆情管理工作，安排适当的媒体发言人，并对媒体发言人提前培训，以便危机出现后能够妥善应对。

在危机发生后到开始恢复时的那段艰难时间内，风险团队人员面对各种严峻形势要保持头脑清晰，审时度势，善于评估，善于理解，善于处理棘手问题。这种台前功夫与幕后的培训和实践锻炼密不可分。

危机管理的流程模块基本上包括：阻止危机进一步恶化，危机现状及影响研判，危机事态处理（或称为减轻危机后果），从危机中恢复四个部分，其中任一个部分的进展情况都需和活动的利益相关方及时沟通，和媒体及时沟通并通过媒体和社会沟通。危机管理的核心是有备而来，上下一致，有清晰的新闻报道思路，明确的内部沟通思路，充分准确的快速反应，以便尽快从危机中走出来。

危机发生后的媒体管理工作中，要注意的一个问题是，实际情况和社会舆情之间的不一致。理论上讲，真相只有一个，只要说出真相，就"有理走遍天下"，但实际上并非如此，活动组织方常常被人怀疑。我们曾做过这样一个实验，安排被测试者看着远处一对男女有说有笑的肢体语言和场景，让被测试者判断他俩在说什么，并判断两人的关系。结果是，67%的被测试者认为那俩人是在随意地、轻佻地交谈。当把那俩人的现场说话录音重播出来的时候，被测试者才恍然大悟："原来他们说的是这个？！"现实中间，误解是普遍存在的，活动中、工作中、生活中，概莫能外，真相经常很难说清楚，多疑是人很正常的天性。

舆情管理中需要有危机思维。危机思维是一种能力，它要求从最坏的结果反推回来，找出各种应对办法，做好应对最坏结果的准备，这就是危机思维，它和风险管理的思路是一脉相承的。

成功思维和危机思维是事物的一体两面。成功思维是成功学里讲的，是思考成功者为什么会成功的思维模式；危机思维是在总结既包括成功者也包括失败者在内的失败经验、是思考失败的原因从而避免失败的思维能力。就像小孩看着大人走路是学不会走路的，必须自己摔上几跤才会学会走路一样。

在掌控舆情的过程中，是否通过媒体公开道歉一直是个备受争议的话题。有人认为公开道歉会让活动组织方承担不必要的法律后果；另有人认为公开道歉是对公众的心理补偿和对受害者的同情，不失为一种低成本战略，对舆情管理有利，因为公开道歉的动作本身还同时表达了活动组织方承担责任的意愿。

实际上，世界上没有什么事全是好处，没有坏处。人长大以后都明白，当我们权衡利弊做出选择，做了决策之后，在享受"收获"某一部分的同时，必须同时做好忍受"失去"另一部分的准备。事情总是一分为二的，工作、生活、活动中概莫能外。道歉也是一样，是否公开道歉、应该怎样道歉，要根据具体情况来决定、做取舍。

虽然危机常常不可预测，但危机后的沟通模式可以在风险计划中提前制订出来。危机后的沟通模式包括组织内部的行动命令由谁发布，命令的级别，信息的传播方式，传播到哪一级，确定信息在各个利益相关方间怎么传播流动。别忘记了媒体也是利益相关方。

第三节　媒体管理计划

活动风险管理主要讲的是对潜在风险的摸底和找到避免风险的良方。媒体管理计划作为活动风险管理的一部分，主要探讨在危机前、危机中、危机后怎样应对媒体，管理舆情，处理好公共关系。

让我们先来回顾下活动风险管理的基本点：①制订风险计划；②风险发生后做出快速反应。

与活动风险管理的模块相类似，媒体管理的核心工作是制订危机计划，为危机发生后的沟通和快速反应做好准备。危机计划由危机前、危机中和危机后三部分组成。

一、危机前

（1）我们和媒体打交道，通常不是因为危机发生了才开始，而是在前期的活动营销过程中就开始了，或者在过往的活动中就和媒体合作过。和媒体之间，从一开始打交道就要建立起一种诚实可信的关系。有了信任感，危机发生后媒体就不会轻易猜测或怀疑，而会和我们合作。

（2）除了经常打交道的媒体代表外，花点时间去了解活动举办地其他主要媒体的名称及其代表的联络方式。

（3）提前准备好风险团队成员的联络表，包括办公室电话、手机和组织方给成员写的个人简介。危机处理过程中，媒体方面可能随时想知道危机处理者的简况并与之联系。

（4）培训媒体发言人/新闻发言人和媒体打交道的能力和技巧。本章案例中穆诺茨先生的表现说明了这一点的重要性。

（5）推演可能发生的危机，预定危机处理的策略，预想危机影响到的相关方，确定合作媒体。

（6）制订搭建新闻发布中心的预案，其中包括现场需要的桌椅、电话、电源插座、复印机、停车位、现场安保甚至茶水咖啡台和视频直播车怎么摆放安置等。

（7）危机沟通的模拟演练。

二、危机中

（1）危机发生后，尽快把消息告诉媒体。否则，媒体可能从其他渠道得到走了样的消息。

（2）搭建24小时运转的新闻发布中心。在这里发布权威消息，澄清谣言，公布实情，召开新闻发布会。

（3）让培训后的新闻发言人及时亮相，在新闻发布会上让媒体，并通过媒体让大众知道，活动组织方正在认真处理危机。

（4）只说经过调查有事实根据的，不能讲还在猜测中的事。不能屈于压力或基于传言随便发言，当知覆水难收。如果不知道，承认就好，说"此事正在调查中"不失为最佳回答。

（5）尽快收集信息，确定并公布事件的主体、内容、时间、地点、发生方式，至于原因不详的，可提前说明"经稍后确认后"会及时发布。

（6）请主办方领导和其他高层到新闻发布中心来，别以工作忙为借口。公众似乎看见领导在场，比看见风险团队人员在场更心安。大家似乎也明白，一个人想干什么事时，他怎么都有时间。危机发生后，高层出现在媒体面前，让公众产生信赖感，也传递出活动主办方不会敷衍了事的信息。

（7）注意在和媒体沟通的同时，还要及时和内部人员（包括员工、会员、参会者等）沟通。正常情况是，当媒体发布新消息时，内部人员应该已经知道这个信息了。如果包括你的员工在内的这个群体也得从媒体那里得到最新消息，他们可能会感到茫然、困惑、被伤害，士气就没有了，特别是当媒体误报，而他们又知道真相的时候。有些员工虽然是第一现场的目击者，但他们的话经过别人传出去可能会走样。要确保和内部人员及时沟通，让他们知道最新的、和官方一致的消息及表达方式，以避免或减少被意外解读。

（8）和内部人员沟通时，可以考虑使用电子邮件或微信群给各相关办公室发出新闻稿，或者专门召开一个会议，让危机处理团队的成员在会上发布新闻并现场回答问题。

（9）在媒体和公众面前要沉着冷静，和蔼可亲，乐意帮忙；避免慌乱不安，茫然不知所措，甚至蛮横霸道耍大牌。

（10）为防止负面报道出现，应及时向媒体/公众说明为解决危机而采取的行动，注意经核实确认后再发布新闻。

（11）如果可能的话，安排媒体到危机现场，媒体需要拍摄现场画面。如果媒体记者太多而场地容量有限，可以让各家媒体派一个代表，或选择少量媒体代表，到现场拍摄并写出供所有媒体共享的新闻报道。这种限量采访、各家共享的新闻在美国叫作press pool reports，新闻必须先共享然后方可发布。比如在白宫的椭圆形总统办公室，因地方小媒体多，就用这种方式。

（12）招呼好各家媒体，关注他们的实际需求细节，比如：停车位、电源插座、Wi-Fi 接入、桌椅板凳等。

（13）用文字记录下哪些记者打过电话，他们问的啥问题，给他们承诺过什么，承诺过什么时间做，每个问题安排谁去解决的及其进展状态。好记性不如烂笔头。

（14）切记要有回复，按时回复。如果不回复、不按时回复，那个记者可能会设法寻找其他消息渠道，根据不同的消息渠道写出来的同一件事的报道可能大不相同，造成某种程度的局面失控。

（15）同情、安慰的姿态可以让焦虑者重拾希望，恢复信心，对舆情有利。让外界知道针对当下的问题活动组织方正在采取的措施和行动，让那些焦虑中的人得到同情和安慰，帮助他们恢复正常。

（16）确保新闻发言人参与高层应对危机的会议，知道每一个决定背后的来龙去脉。在新闻发布中心发布的任何决定都会对舆情产生影响，这种影响有时在短期内还看不见。

（17）先解决问题，避免先追究责任。追究责任可以安排在调查之后，有了充分的证据和把握再做。

（18）请第三方为你的不懈努力背书。让公信力好的靠谱人士、经历过类似危机的人士、对公众有影响力的人士出来为你说话。

（19）及时发布新消息，定时发布新消息，公布下次发布消息的时间。

（20）及时跟踪媒体已经发布的消息，有出入及时更正。

（21）在网站、微信平台上建立危机网页，公布危机现状、最新进展、各家媒体相关报道、评论、简况、相关链接等。

三、危机后

（1）尽快在网站上下架本次危机的过期信息。

（2）在关键参与者、相关者中调查、采访，收集他们的反馈，评估整个危机过程中媒体管理和应急预案的作用，危机沟通的效果，并和风险团队共同分享评估结果。

（3）根据评估结果修订风险计划。

（4）预演下次危机的应对办法。

（5）切记，危机中的公开透明和快速反应能提升主办方的公信力，赢得社会和市场的尊重。

四、危机后的评估

在危机计划的"危机后"那一部分里，提到了媒体管理的效果评估，这里有必要把它拉出来强调一番。危机虽然过去了，但事情还没完。执行媒体管理计划的一线员工，那里有宝贵的第一手资料，值得我们认真调查、细心采访，看他们在危机中还遇到了哪些问题，是怎么解决的，收集他们的反馈并进一步深入思考。媒体管理计划在危机中经历了一次检验，千万别把这次宝贵的实践检验白白浪费了，做一次评估，把评估结果向

关键利益相关方通报，并把评估结果用到下一次的计划修订完善中和人员培训中，完成"从实践中来，到实践中去"的飞跃。

第四节　危机处理能力

美国弗吉尼亚大学达顿商学研究生院（the University of Virginia's Darden Graduate School of Business）的组织心理学家 Erika James 认为，在危机中、危机后，一个组织有效处理问题的能力包括：①建立信任；②改变心态；③认清组织的明显脆弱点和潜在隐患；④做出明智、快速、果断的行动；⑤汲取教训，变危机为发展契机。

这五点对危机发生后的媒体管理工作，对风险管理中危害程度大的事故，有现实的借鉴意义，其中最难的是改变心态。大约一个月前，刚好西安地铁发生了电缆门事件。我们来简单地回放事件过程：在遭受网上举报说西安地铁三号线电缆供应商提供了劣质电缆，容易引起地铁火灾并发有毒气体事故后，供应商先是对此否认、信誓旦旦地说这是谣言，采取了报警的方式让警方追查网上"谣言"并追究造谣者损害电缆公司声誉的"犯罪行为"。直到官方在新闻发布会上公布西安地铁电缆取样送检结果（均不合格）的消息后，问题电缆公司的负责人转而又在媒体镜头前跪地叩头承认。这里，网上举报是突发事件，问题电缆的生产和使用是慢性危机，供应商采取的报警方式是没有改变心态。

说起改变心态，再说一个题外小事，事情发生在多年前一次会议午餐上。一个客人在注册表上的特殊要求栏（Do you have any special physical, dietary, or other needs？）内写了：不食辣（no spicy food）。我们作为 DMC（Destination Management Company）把这个要求传真发给了酒店，酒店通过要求表单（Function Sheet）把这个要求传达到餐饮部和厨房，沟通过程似乎没有问题。可惜的是，就餐现场菜上来后，里面有零星调味用的红色干辣椒，让人哭笑不得。酒店服务员的解释是：这辣椒不辣。这里，到底辣还是不辣，就看以谁的标准为标准了。这些"不辣"的辣椒进了客人嘴里，很可能"非常辣"，或许还引起她的病变。这事虽小，不会引起媒体关注，但也是没有改变心态。这里的心态，并非贬义，英语里说的 attendee oriented，customer oriented，就是改变心态，换位思考；我们汉语里说的"圣人本无心，以百姓心为心"，这里的"心"，更是心态，是教我们改变心态、换位思考。案例中的美联航则是被迫改变心态。改变心态不容易，时常太痛苦，需要慢慢修炼。

第五节　媒体管理的启示

历史不能假设，未来却可以计划。

一、现代媒体

和传统媒体相比，社交媒体无疑加快了信息的传播速度和爆发广度，加上移动互联网的普及，让有网络有手机的地方都有眼睛和喉舌。本章案例里美联航的"拖拽门"，整个过程被全程拍摄下来，包括被拖前 David Dao 在忙着打电话，他旁边过道上站着警察。如果没有社交媒体和移动互联网，也许就没有这次的拖拽门，因为这段让人触目惊心的视频不上传到网上，处于弱势的客人恐怕很难说清楚自己遭遇了什么来反驳美联航。微信、推特这样的社交媒体，其病毒式爆发传播让人们能更快更广地传播和接受信息，我们很难再像过去那样通过传统制媒体来控制舆情，甚至掩盖事实真相。特朗普成功当选美国总统的结果似乎还透露出另一种意思：社交媒体比传统媒体的可信度更高。另一方面，社交媒体具有互动性，读者、听众、观众可以参与其中互动并发表自己的看法和意见，让舆情更具有不可预测性。所以危机发生后，社交媒体的风险管理工作更难，更具挑战性。这要求风险团队中的媒体管理人员，包括新闻发言人，必须提前制订媒体管理计划、在怎样应对媒体方面提前进行培训、做好危机出现时和媒体打交道的准备，并在危机中监控社交媒体上的舆情变化，根据舆情制定相应对策。

二、危机与契机

Hilburg（本章前文提到过）认为，每一次危机都是企业或机构展示自己才能和优势的绝好机会，危机中企业所表现出的能力，包括责任心、价值观、处理难题的认真和努力，对提高企业声誉，形成或巩固企业品牌，实现企业飞跃效果非凡。正是因为这样的因果辩证关系，才出现有企业借风险之际来做营销的，2012 年一位著名策划人和笔者讲，他们在大灾大难中作为非责任方的慈善举动经媒体曝光后的效果远远胜过砸钱去做广告。

人生来就是犯错的。犯错误有有意的、无意的，有善意的，也有其他。比如试错，就是有意的，也经常是善意的，是为了找到成功的钥匙。前边说过，小孩看着大人走路学不会走路，必须自己摔上几跤，通过试错就成功了。错误（或诱因）积累到一定程度，那个泡沫大到不能再大的时候，危机就爆发了。契机是危机发生后形势转变的关键点，抓住契机扭转局面，危机就变成了机会，企业或组织借机改正错误，可以站起来继续发展。抓不住契机，危机可以转化成灾难，甚至让企业因为声誉、品牌、财务状况等问题无法继续生存。

在活动风险管理的结果轴上，一端是企业倒闭破产，另一端是组织兴旺发达，而这结果在轴上的最后落脚点在相当程度上取决于市场舆情，这是媒体管理工作的重要性所在。

【名词解释】

1. 信息源：信息源指信息的出处，它可以是个体，也可以是包括企业、政府机构或非营利单位在内的组织。

2. 危机：在风险管理中，风险、危机、灾难这些词汇，尽管其含义不尽相同，却经常被交换使用。在媒体管理这一章中，我们对危机的定义稍有不同。为简单方便起见，我们把发生后能引起媒体关注的风险，统统称为危机。

3. 超售（oversell/ overbook）：酒店管理中有一个行话叫 Walk，和 Relocation 同义，就是在酒店超售/超预订的情况下把客人转住到其他同级酒店。因为的确是有一小部分人，订好了酒店，可能也付了订金或房费，但是没来入住（no show）。航空公司和酒店一样，有人买了机票却不来登机，各种原因。

飞机上的座位和酒店的房间一样，当天或者当次航班不用，它的使用价值就再也找不回来了（No market for yesterday's hotel rooms, they have perished）。它不像有形产品，今天卖不出去，明天接着卖，酒店的房间不行，飞机上的座位也不行。

所以，为了避免损失，使利润最大化，酒店和航空公司经常超售，这在美国是合法的，超售可以说是航空业内的惯例，会展业界都知道。

从 20 世纪 50 年代开始，为了避免虚耗座位的损失，保证最大化地利用机上座位，各大航空公司就开始超卖机票。航空公司会预定出售多于实际的座位，以保证上座率，一旦出现因为超卖无法让所有购票乘客登机的情况，航空公司会采取提供赔偿的方式，激励行程不紧迫的乘客改换航班。

从活动主办方的角度来讲，企业会议好一点，但是协会会议，有时主办方为了拿到更好的价格，在和酒店方讨价还价阶段有意虚报用房数，临近活动开幕了却出现合同规定的合理范围内的空房（slippage），也是造成酒店乐意超售的原因之一。

【思考题】

1. 媒体与舆情有什么关系？
2. 危机可分为哪两种？需要承担的责任有什么不同？
3. 危机有几个基本特点？
4. 美联航"拖拽门"对你的启示是什么？如何借鉴？
5. 和传统媒体相比，社交媒体的特点是什么？
6. 危机在什么情况下可以转化为契机？什么情况下又不会？

【本章参考资料】

1. Hilliard, T. W., CMP,（2006）. Risk Planning and Emergency Management. PCMA's Professional Meeting Management（5th ed., pp. 686-689）. Dubuque, IA: Kendall/ Hunt Publishing Company.

2. Kevin Sieff（18 December 2010）. "Consultant plans a beefy outreach campaign for Alexandria schools". Washington Post. Retrieved on 21 April 2017 from https：//en.wikipedia.org/wiki/Alan_Hilburg#cite_note–washingtonpost-1

3. "CEOs Still Need Convincing that PR is Valuable". PR News. Phillips Business Information, Inc. 60（21）. Retrieved on 09 April 2017 from https：//en.wikipedia.org/wiki/Alan_Hilburg#cite_note– washingtonpost-1

【延伸阅读】

美联航的舆情失控

航空公司和酒店、会展中心一样，是会展业中重要的供应商，尽管有的会展活动不需要坐飞机，不需要住酒店，或者不使用会展中心。最近（2017年）发生的美联航危机，对活动主办方、承办方、组织方等在危机发生后的媒体管理工作有深刻的启示，值得我们借鉴和反思。美联航危机由一起人为突发事件引起，因其媒体管理工作的失误，被称为"拖拽门"。自从1972年尼克松总统的"水门"事件后，但凡丑闻，都可以叫作"门"。

历史不能假设。但说起美联航的"拖拽门"，一连串的假设便从眼前飘过。如果美联航不那么蛮横霸道，如果它能专业地管理媒体和舆情，如果在媒体面前有职业道德的考量，舆情就不会这么空前地沸腾，网上也不会那么火热地流行下载一个叫作Chrome extension 的浏览器插件让人在Google上搜不到美联航的航班信息。可惜没有那么多如果。美联航早知今日，一定悔不当初，无奈木已成舟，覆水难收。正是：一失足成千古恨，再回首已百年身。

据网易新闻、新浪网、洛杉矶华人资讯网（ChineseInLA.com）等报道，美国当地时间2017年4月9日晚，从芝加哥飞往肯塔基州路易斯维尔的美联航UA3411航班上，由于4名非本航班机组人员需要临时乘机，航空公司"随机"挑选了4名已登机的乘客，要求他们转乘后续航班，并提出给以800美元的代金券补偿。其中一名被选中的69岁男性乘客Dr. David Dao表示，自己是医生，第二天一早和病人已经约好要做手术而拒绝下飞机。但是协商未果后，该乘客被芝加哥机场3名警察强行拖拽下飞机。

上传到网上的现场视频画面中，那位David Dao双手被反拉着在机舱过道拖行，眼镜掉落卡在鼻子下方，脸上是血，看上去十分痛苦。飞机上另一名女乘客看到这番景象惊叫道："天哪！看这是在干什么！"这段视频不仅在美国迅速蔓延，在世界上很多国家同时迅速传播，很快演变成了全球化丑闻，问题严重了。

事发后美联航最初并没有意识到问题的严重性，先是冷淡回应，对受伤客人漠不关心，只为超载售票道歉，并未对使用暴力强制驱逐乘客道歉。美联航首席执行官奥斯卡·穆诺茨（Oscar Munoz）甚至称那位被拖乘客闹事又好斗（disruptive and belligerent），不愿配合员工工作，所以美联航站在自己员工一边，支持员工的做法。没曾想，这种表态令外界哗然，舆情意外地演变成愤怒的浪潮，一边倒地表示以后拒乘美联航航班。

穆诺茨不得不于10日再次发表声明，称"对这起令人沮丧的事件感到难过"，但把暴力对待客人的事件轻描淡写地称为对乘客的"重新安置"。然而，10日晚，穆诺茨又向公司员工发送了一封内部邮件，与对外界的说法相悖，邮件中表示他支持涉事员工，称员工是"按照既定程序应对相关状况"，而对受伤乘客的行为提出批评，称涉事亚裔男子"声音高，态度挑衅不配合，破坏秩序"。他同时强调，"我站在你们所有人身后，并且想要赞扬你们为确保航班正确运作，持续做出超越期盼的努力"。没想到，此次危机在已经引起媒体高度关注的情况下，这样的表述更加激起了民愤，引起了美国国内外

愤怒的舆情，网民联名呼吁穆诺茨引咎辞职。

在这起危机中，还引起舆情反感的，是执行"拖"这一行动的芝加哥机场警察。视频中，David Dao 脸上流血，在机舱里被拖行，受到身体和精神的双重伤害，机场警察的行动涉嫌暴力执法。尽管有媒体报道，芝加哥机场的警察和大部分机场的警察相比是"非正规军"警察，芝加哥航空局10日还是明智地发表声明称，航空警察的行动不能被宽恕，涉事人员已被停职，接受审查。这一声明使芝加哥机场相对地淡化出人们的视线。

11日美联航的股票一度下跌4.3%，当日收盘与10日的收盘价相比，单日的跌幅让股票市值蒸发了2.55亿美元。无奈中，穆诺茨代表美联航发表声明致歉，这一次，与先前冷淡、强硬的声调迥然不同。他称"没有人应该被这样苛待"，"我们承担全部责任"，将努力弥补这个错误。穆诺茨在最新的致歉信中表示，此次航班上发生的"真正可怕的"事件引发了诸多反应，包括愤怒与失望，他对此表示"深切的歉意"。他承诺将修复错误的机制，以确保类似的事件不再发生，并表示将在4月30日之前通报审查结果。

然而，此时的表态已不能挽回民众以往的支持，有网民称他的道歉毫无诚意，有如教科书般生硬死板；更有人说他是因为航空公司的股价下跌，才会发出这份道歉声明，是"向钱道歉而不是对人"，继续在社交媒体上留言声称会罢乘联合航空的班机。

随着时间的过去，事件的真相被逐渐澄清，从美联航解释因为机票"超售"不得不将4名乘客"请"下飞机，到后来发现原来是美联航内部员工临时加塞，美联航CEO穆诺茨的表态也从"护短"变成了"认错"。

4月13日，律师 Stephen Golan 和 David Dao 的家人在新闻发布会上说，David Dao 检查出脑震荡、鼻梁骨折并失去两颗门牙。

值得注意的是，在三份声明中，美联航始终没有解释为何宁愿得罪乘客，也要赶客人下去而让四名内部员工搭乘班机？David Dao 是因为一大早要给病人做手术而不愿下飞机，美联航员工的乘机动机和行为怎么解释？自己的员工和第二天一大早有约在身的医生相比，谁更应该下飞机？如果自己员工不乘坐飞机是不是本次航班就不会"超载"，问题到底是强迫客人让座还是飞机超售[3]？穆诺茨也未就引起外界广泛质疑的电脑"随机"选择乘客下机的方式加以说明；为什么不是通常在登机前让客人换航班，而是在客人登机后才以超售为由随机挑选下飞机的人？更未就美联航暴力强制客人下飞机的做法以及客人脸上血淋淋的原因做出解释。

霸道和蛮横使舆情失控了，让包括美国在内的全世界消费者站到了美联航的对立面。几天来，美联航因"拖拽门"而承受着来自社交媒体的口诛笔伐，也引起了美国总统和白宫的关注。

在2010年和大陆航空合并之前就因广告词"飞行友善天空（Come Fly the Friendly Skies）"而著称的美国联合航空公司，在这场"拖拽门"危机中，不仅品牌形象蒙尘，更让其承担了痛苦的经济损失，市值在一天内蒸发2.55亿美元。然而，尽管奥斯卡·穆诺茨第三度发表声明，但前后不一的态度和迟来的道歉，令来自世界各国的抵制声浪并未歇息。

声誉管理咨询公司首席执行官埃里克·希费尔说，美联航对这一事件的处理是"品牌自杀"（Eric Schiffer, CEO of Reputation Management Consultants, termed United's handling of the incident "brand suicide"）。

从事拯救生命、资产保护、环境保护的全球高科技系统供应商 Miller Ingenuity 公司总裁兼 CEO Steven L. Blue 于 2017 年 4 月 15 日在财富杂志官网（Fortune.com）上发表题为《美联航虚伪的价值观》（*United Airlines Has Fake Values*）的文章称，尽管在美联航的官网上，其核心价值观是热情周到（Warm and Welcoming），但是在面对乘客、面对社会的实际工作中却并非如此，所谓的"企业价值观"只是写在墙上。像这样价值观只是贴在墙上的，并不只是美联航一家，还有身边的很多企业。

若单从"超售"角度讲，美联航并没有违法，根据美国法律，航空公司超售是被允许的。但本事件的实际情况是美联航为了调配与本次航班无关的 4 名空乘人员临时"加塞"，这与"超售"不可相提并论，并不适用超售的法律法规。美联航在乘客强烈不愿意的情况下没有尝试征询其他乘客是否自愿离开，或提高补偿额度，安抚缓和事态，而是将受害者指认为"找碴者"，采取暴力手段制服客人，才引起了舆情的沸腾。

好事不出门，坏事传千里，坏的事情给人留下的印象通常比好的事情更深刻，人性就是这么不公平。美联航的案例告诉我们，一旦一个事件会引起媒体关注，媒体管理就成为风险管理中的重要部分，需要以战略眼光从长计议，处理不当就带来严重危机。

资料来源：根据易新网、新浪网、洛杉矶华人资讯网、Yahoo 等关于联航拖拽门事件的相关报道整理而成。

第九章

风险种类

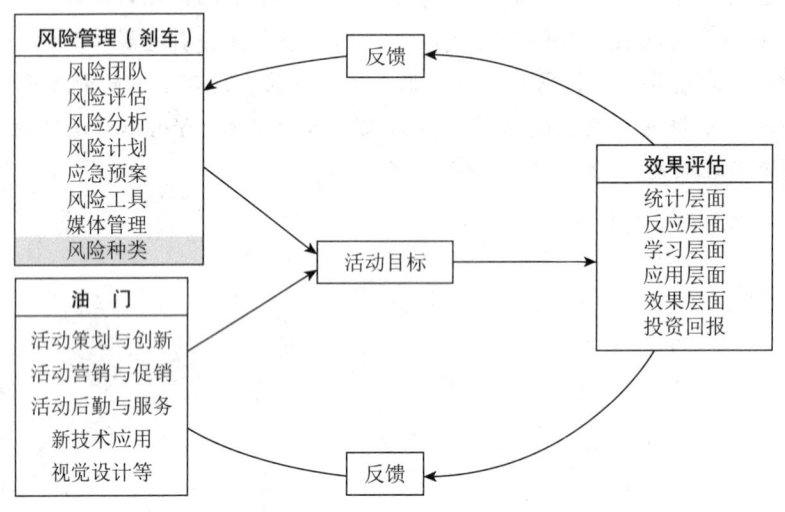

【学习目的】

- 了解部分常见及不确立的风险
- 掌握部分应对防范办法和救援知识
- 了解全球地缘风险
- 能在未来实践中发现新人看不见风险并推出防范办法

　　这一章，我们按活动风险紧急程度和发生概率介绍几种常见的紧急风险，个别风险后有参考应急预案。和风险评估中总有想不到的风险一样，这里罗列的常见风险，与其排列次序无关，对一次具体活动来讲也可能并不"常见"。

第一节　医疗急救

一、医疗急救综述

会展活动中，大多数需要医疗急救的情况是意外受伤和突发疾病，其中的突发疾病，像脑中风、急性心梗、低血糖休克等，如不及时施救就会危及客人生命，需要风险团队认真对待并做出应对预案。

通常的做法是，注册时要求参会者填写自己的病史，风险评估时考虑参会者的体征（demographics）、病史、参加类似活动的过往急救记录、活动举办期的气候（气候对疾病的影响）、活动流程的张弛、餐饮中的烈性酒和高脂食品等因素，看这些因素会不会带来客人在会议期间的急病发作或意外受伤。有的客人还会因为来到陌生环境中、缺少平日里的被照顾、不适应活动期间的生活节奏等造成生理心理状态方面的波动，这些因素都构成了健康风险。

如果会展活动在自己不熟悉的城市举办，当地的参会者、场馆方、旅游局、会展办等都可以帮助风险团队制订医疗急救预案。急救预案中应包括医院联系电话、急救电话、场地医生电话等，并把这些联系方式写进会议风险计划的附录中。

如果会展项目在大型会展中心举办，会展中心的合同条款中或者要求活动组织方安排现场医生，或者会展中心自己就有场地医生和医务室或急救室提供服务。在活动举办期间，医务室/急救室需要安排医务人员值班。

二、参考预案

1. 突发心肌梗死参考应急预案

心肌梗死是因为心脏的供血血管被阻塞，造成心肌缺血坏死导致的。但是突发心肌梗死后生命并不一定立刻停止，血管阻塞后，心肌大约 30 分钟开始坏死，6~8 小时完全坏死。在这期间越早打开阻塞的血管，能存活的心肌就越多。如果心肌梗死突发后能在 1 小时内得到有效施救，客人康复后跟正常人差不多。为避免悲剧发生，要培训风险团队人员，或者至少现场医护人员要知道突然心肌梗死时如何急救，正确的急救方法能在很大程度上避免悲剧的发生。

2. 心肌梗死急救三步

第一步：打电话。

拨打 120 电话，告知病人在会场的准确地址，并给对方留下现场联系电话。

发生心梗时，风险团队人员要保持镇定，慌乱只会雪上加霜。心梗后只有极少数情况下客人会瞬间失去知觉，大多数突发心梗者会经历一个出汗或者胸痛的过程，此时必须抓紧宝贵的时间采取正确行动，拨打 120 迅速联系急救。

第二步：嚼服 300 毫克阿司匹林。

中国医学科学院阜外心血管病医院冠心病中心副主任颜红兵说，缓解心肌梗死症状

最主要的药物就是阿司匹林，如果现场有阿司匹林的话，让客人迅速嚼服 300 毫克。

有些客人胸痛发作时可口服速效救心丸，但对于心血管病人来讲，这不是首选的药物。阿司匹林是首选的，当然还有消心痛、速效救心丸、复方丹参滴丸，这些是主打药。

心梗急救药一般用量如下。

阿司匹林：300 毫克。

消心痛：5~10 毫克。

速效救心丸：5~10 粒。

复方丹参滴丸：10 粒。

第三步，去就近的医院溶栓。

急性心梗是最适合诠释"时间就是生命"这个说法的。如果发病 3 小时内能到医院溶栓和介入治疗，在抢救时间上就没有太大的差异，只要血管被及时疏通就可以。

对发病者来说，每一个心肌细胞都至关重要，如果心肌死了，去再好的医院也没有意义。即便是县级医院，都可以做溶栓，而且非常便宜。因此，放弃小医院而到大医院寻求救治是不可取的，时间越晚，施救效果会越差。

知道这三步，就能救命。

三、急性心梗发作症状

作为场地医护人员的基本知识，或风险团队人员的急救培训，这里摘要介绍下"急性心梗发作症状"。

北京阜外医院杨跃进副院长及其团队在分析了全国 1.4 万例患者后，发现心梗发作的症状如下。

- 男性急性心梗发作症状：持续胸痛（67%）和大汗（70%）。
- 女性急性心梗发作症状：放射痛、后背痛、恶心呕吐多，胸痛和大汗则相对少见。
- 老年人急性心梗发作症状不太明显，但老年人大汗最具有参考价值，就是说，老年人心梗发作时虽然不怎么胸疼，但是出大汗就要注意了。

第二节　人为因素

一、示威、维权

大型会展活动可以为示威者提供诱人的发泄不满或闹事机会，容易成为被其利用的目标。尽管他们和组织方、参会者之间可能并无瓜葛，却让会展活动"躺着也中枪"。

示威是有组织的抗议活动，利用活动举办的机会来表达示威者或其代表的组织对活动某一利益相关方的不满或长期积累起来化解不了的焦虑。示威者举着标识、拿着传单，或者静坐，或者唱歌，或者呐喊，有伸张正义的，也有故意捣乱的，其目的是让会展活动不能正常举办或者中断，以获得自己谈判的筹码，这就构成了活动的风险。严重时，示威和捣乱甚至会抢了活动的风头，成为参会者和媒体更注目的事件。

示威和捣乱代表着活动的风险和危机，需要所有会务人员、组织方以及场馆方的领导迅速出面解决。这里的核心问题，是谁有权能让示威/捣乱者尽快离开现场？要围绕这个核心问题展开工作，不能乱了章法，让事态扩大。有些抗议示威活动可以提前知道，场馆方的介入方案也可以让主办方承办方提前了解，这种情况下风险团队可以相对地从容应对；有些抗议活动有突发性，活动前并没有什么迹象，需要风险团队临场反应。如果应对得当，多数情况下示威或捣乱不会对活动流程本身造成重大影响。

如果事态不可收拾，要采取必要措施减缓其对活动的影响，包括报请警力介入。整个过程中切忌反应过度，刺激示威者。应尽量让示威者保持平和，让活动流程不被中断，让参会者不受到伤害。如果能事先知道活动期间会遇到示威或捣乱的话，可以考虑提前知会参会者，以避免或减轻他们临场受惊。

有时示威/捣乱者的目的是让主办方或承办方的高层难堪，以增加解决争端的筹码。如果他们有明显的主谋，建议当事方尽快约见示威/捣乱的主谋商讨解决办法，就这商讨的过程本身就能避免事态升级。

人性中，我们本能的做法通常是压制对方：你厉害？我要比你更厉害！但是，哪里有压制，哪里就有反抗，压制无益于问题的解决。有效的方法之一，是提供一个可控的机会，让示威者表达出他们的诉求，宣泄心中的怨恨。也可以在现场设置一个陈列桌，让示威者把他们手中的传单或别的宣传资料陈列出来；或者提供一个地方，安排时间让示威者和参会者中的感兴趣者来个小论坛，谈谈示威者的诉求。这些做法，目的是保障活动不被中断，不使事态升级，使局面可控。

如果示威和捣乱场面比较轰动，引起媒体关注，要安排一位有经验者作为发言人和媒体接洽，必要时发言人可以召开记者会清晰表达活动方的立场，澄清误解。记者会上的发言内容应该由活动组织方负责公共关系的或宣传方面的人员来撰写，以免引起不必要的舆情失控。

二、罢工停工

罢工停工多因劳资双方不可调和的矛盾造成，让会展服务突然中断，给与会者带来各种程度的不安。罢工时工人不去工作现场，停工时工人虽然在工作现场，但是条件不答应就不干活。特别是当一个会展活动在境外举办的时候，风险管理中要考虑罢工停工的风险，因为突然之间就缺人手了，会展服务被迫中断。

在早期选址的时候，需要评估会展活动准备期和举办期当地劳工的风险，如果遇到工会合同的更新续约谈判期，一定要留心续约谈判是否进展顺利，他们双方谈不拢时，多半会影响你的会展活动。虽然有时罢工停工不可预测，但是他们合同的更新续约时间是可以提前知道的。

不可预见的罢工停工突然发生时，殃及的是会展活动。风险团队首先要做的是，找到活动的哪个环节会受到殃及，然后设法尽可能减小对该环节的影响。如果展品不能按时到位，可以考虑在展位上展示产品资料，或临时办个招待酒会让参展商与买家和观众见面接洽。场地方的工作人员甚至高层管理人员,到时候都可以临时帮忙。尽管如此,可能还因为罢工停工而缺少人手,我们不得不把桌餐改成自助餐、让参会者自己铺床等等。所有会务服务人员可能会发现自己的工作早已没有分内分外之分,当然也有很多参会者愿意上来自愿帮忙。

交通行业的罢工特别麻烦。如果能找到可替代的交通方式,会场可以设置专门的服务台解决参会者的交通问题。如果所有交通系统罢工,连机场、车站都停工了,可以参照极端天气/天灾人祸的应急预案来行动。

三、恐怖威胁

1. 常见恐怖威胁

炸弹威胁和恐怖活动是当今世界残酷的现实,许多国家和组织颁布了自己的反恐防暴计划。恐怖威胁的形式日趋多样,常见的形式是打进电话来说会场某处安置了或即将安置爆炸装置。其目的是要引起恐慌,导致场馆的活动中断,造成人员受伤,财物损坏,或者报复社会等。

55层高的纽约千禧希尔顿酒店(The Millenium Hilton[1] Hotel),坐落在世贸中心遗址对面,尽管它当时不是袭击目标,2001年"9·11"恐袭后仍然因严重受损(当时的目击者Doug Eisler先生在酒店50层的房间里目睹了第二架飞机撞向双子大楼)而被迫装修,直到2003年5月该酒店才彻底装修完毕重新对外开放。

波士顿马拉松爆炸案发生于2013年4月15日,事件中共有两枚炸弹爆炸,第一枚炸弹在美国东部时间下午2时49分于比赛终点线附近观众区引爆,第二枚炸弹随后在一家体育用品店引爆。

2017年8月20日下午早些时间,17日开幕、时隔六年后恢复举办的大马士革国际博览会的场地遭到炮击,导致6人死亡,4人受伤。好在该博览会每日开展时间为下午5点至晚上11点,当天下午开馆前,遭袭地点已经被清理干净。

做活动风险评估时,要调查和了解当地的恐怖风险趋势,评估对会展活动的可能影响,和当地公安部门联系,协同公安部门和场馆方的安保人员制订相应的风险计划/应急预案,可能牵扯到的还有急救、罪犯心理专家等外部风险资源。

2. 炸弹威胁下的疏散

遇到炸弹威胁时,最难做的决定是是否疏散场馆的人群。作为疏散的决策者,你有三个选择:① 不疏散;② 立即疏散;③ 先搜查炸弹,必要时疏散。

不疏散就是对威胁者不予理会,但这样会冒风险。万一威胁是真的,那后果不堪设想。还有,对打进电话的威胁者不予理会,可能引起他/他们进一步的过激行为。立即疏散是一个选项,表面上看是比较好的办法,但是立即疏散容易引起人群混乱,以伤人为目的的威胁者可能把炸弹放在会场出入处守株待兔。所以收到威胁电话后,先盘查现场,发现可疑爆炸物后再快速疏散是最可取的办法。发现爆炸物后,疏散时可以绕开危险区域。

如果现场发现可疑爆炸物,除非风险团队人员经过专门培训,一般要迅速联系爆破专业人员来甄别排除。

第三节 不利天气

天气问题，选址时需要加以考虑。室外活动要有天公不作美情况下的室内备用方案，极端天气可能影响活动流程，若会址选在了三亚，虽然那里冬天也阳光灿烂，但是哈尔滨的参会者可能因为大雪造成航班取消或延误，不能按时到达。如果天气影响到会期，客人不能按时抵达，不能按时离开，就会造成人流少于预期或滞留的情况，继而影响活动的正常举办并造成预算变化或经济损失等风险。

如果会展活动开幕后遇到恶劣天气，客人在闭幕后无法返回，活动组织方需要和酒店方协商延期退房，和汽车公司协商延期送客，和餐厅协商滞留期间的餐饮供应等。大家都有过等人的经历，那段时间不好打发，所以组织方还要考虑给滞留的客人安排一些趣味活动，比如舞会、乒乓球比赛、羽毛球比赛或其他的体验，以帮助客人摆脱等候期的无聊。

如果遇到台风那样的极端天气，应急团队要熟悉人群疏散程序，以便在疏散人流过程中向客人提供向导帮助，也可以按照场馆方已有的疏散方案，并和交通运输部门合作，将客人转移到安全地带。

2017年8月23日晨6时，中央气象台发布台风红色预警，"天鸽"要来了。23日12时50分，2017年最强台风"天鸽"登陆广东省珠海南部沿海，给广西、广东、海南、福建4省区和香港、澳门特别行政区带来强风暴雨。数据显示，受台风"天鸽"影响的机场包括：广州机场、深圳机场、珠海机场、澳门机场、香港机场。截至13：00，以上机场共取消进出港航班近900余架次。在台风疯狂的肆虐下，珠海古元美术馆顶被吹塌了，香港将军澳日出康城建筑工地吊塔失控，澳门海水倒灌地下车库，已经造成数十人遇难。这次强台风，有预警，有预案，但是预案不足以应对灾难。特别是澳门，作为一个经常遭受台风影响的现代化海岸城市，本应在应对台风方面经验丰富，但据媒体报道，从建筑物的玻璃外墙不经吹，到市民在危险关头冲到地下车库去保摩托车，暴露出政府和市民平时防患意识严重不足，教训严重。活动策划者或风险团队需要留意的是，即便是小型活动，决定活动日期的日子也离能提供台风的预警日子太远，可能在决定活动日期的时候，台风还远没有生产呢，所以气象台预警的作用有限。

台风"天鸽"于20日中午生成，向广东中东部海面移动。22日12时当地启动了防台风Ⅳ级应急响应，18时根据气象预报将应急响应提升至Ⅲ级，23日8时提升至Ⅱ级，23日10时橙色预警升级为红色，应急响应提升至Ⅰ级。受其影响的深圳向全市发布紧急动员令，并实行"四停"，即：停工、停业、停市、停课。

第四节 火灾

一、火灾及逃生预案

按要求,所有参会者都必须知道发生火灾后的逃生办法,遗憾的是,这一点常常做不到。突发火灾后,惊慌失措和不知道怎么对付浓烟是第一杀手,胜过火灾本身。依稀记得在一次国际会议上发生火灾,报道中说当时只有日本参会者全部成功逃生,因为每一个日本参会者进房间后都看了房门背后贴着的紧急逃生通道（Exit^2）位置,发生火灾后他们在洗手间准备了一条湿毛巾当口罩,从逃生通道出去了。数据显示,所有火灾死亡者当中,80%是被浓烟熏死呛死的（一氧化碳中毒）,烧死的是绝对少数。

要注意的是,在准备湿毛巾时,应把毛巾在水中彻底浸润,拧至半干,过于湿润的毛巾会使呼吸困难,然后把湿毛巾叠至4到8层,捂住口鼻,就是个简易的防毒面具。另外,选择低空呼吸法躲避浓烟也可以为逃生留出时间。大家都知道,烟往高处走,一般建筑物内充满浓烟时,离地20厘米的地方会有氧气,此时应弯腰或者爬行离开火场。

很多酒店有火灾逃生步骤和逃生路线示意图,放在房间资料中,有的酒店有火灾逃生视频在闭路电视上播放,活动组织方要让参会者知道这些信息,很多会议的注册资料袋里也有火灾逃生说明页。我们鼓励活动主持人提前查看场馆的安全通道并在第一时间把安全通道的位置宣布给所有参会者,这样的小事可以救人一命。

二、场馆安全设施检查单

活动选址时,尤其是选择高层场馆时,针对火灾风险,要实现检查安全设施。那么在场馆建筑内都查看什么安全设施呢?我们建议的安全设施检查清单（checklist）如下:

（1）有没有自动喷水灭火系统?
（2）消防喷淋头位于何处,走廊、客房、公共区域还是厨房?
（3）如果没有自动喷水灭火系统,场馆各处有没有烟感器?
（4）场馆各楼层的安全通道（Exit）在哪里?走廊两尽头都有吗?
（5）安全通道直接通向楼外吗?
（6）安全通道（Exit）标识明显吗? 24小时点亮吗?
（7）电梯出入口有安全通道（Exit）的指向标识吗?
（8）灭火器的位置在哪里?灭火器的标签上上次检查日期是什么时候?灭火器按年/月定期检查吗?
（9）每个楼层有手动火警报警器按钮吗?在哪里?

尽管这个检查清单可能不全,但它可以帮助我们了解场馆的火灾安全设施布局,对火灾风险的防范和火灾发生后的快速反应有用。花这些时间和经历为不一定发生的风险做准备，可能会觉着枯燥乏味，但就像前面章节中的案例中桑枣中学的风险计划那样，能躲过一次火灾，看到你拯救过的生命，一生只需一次也彻底值了。

第五节　不确定状态

　　我们在会展市场的实际调研中发现，很多风险源于活动准备过程中和活动流程中各环节的不确定状态，这些不确定造成了大量的时间和人力资源浪费，也造成了一定程度的信誉危机。会展企业作为活动的实际组织和承办方，通常在主办方、协办方、承办方长长的名单中排列在最后的位置。

　　一个会展项目是定下来了，但是规模多大，不知道；历时几天，说不好；目标是什么，不了解；各个利益相关方的需求是什么，不清楚。如果各相关方的需求含混不清，作为供给侧，活动怎样去满足需求侧的需求就无从谈起。政府主导市场运作的项目通常政府只提供平台，需要承办的企业去招徕观众，去拉赞助，但是企业可能不清楚观众和潜在赞助商在哪里（政府的随机牵线是其中的一个办法），这让活动的收入来源不确定，平添财务风险。聊了三四个小时以后才知道企业运作这次活动的基本目标是不亏本。商讨活动方案时，口头的成分居多，能形成文字被确定下来的较少；形成文字记录了，汇总起来落实下去的较少，过了时间节点还有没落实到位的居多；会上说过的事情，你也知道我也知道，但却出现了你也没做我也没做的结果；计划好的时间总是不够用，任务不能按时完成，完成了又经不起质量检查，甚至连返工的时间都没有；出席活动的 VIP 名单，到活动开幕的前一天晚上才能最后敲定谁来谁不来，在场的多数人不知道名单怎么排序，不知道姓名桌签怎么去摆放；会议资料得按照前一天晚上定下来的名单连夜修改，让之前发布的营销资料可信度打折，等等，从策划营销到后勤服务的各环节都是走一步算一步，仿佛会展活动就应该是在紧张忙乱中迅速进行，让参与承办的人员倍感疲惫；一场活动办下来，能看到活动幕后一些人为了自身利益赤裸裸的博弈，心里只想着怎么减少成本、怎样增加收入，很难看到为提升活动效果所做出的努力，到最后付款时，还会出现各种拖、欠、赖，而且总能找到扣款的借口，签了合同也不全算数，把企业信誉置之一旁，一切只是为了赚钱，不知道赚到一笔钱却没有做好一件事也是风险。

　　这些不确定状态，构成了活动的诸多风险，让组织方、承办方、执行方或倍感压力，或无从下手，经常加班到后半夜，造成极大的隐形人、财、物、时间的重复浪费和策划服务的不到位，让活动目标难以实现。

　　很多情况下，客户只有参加活动的经历，没有承办活动的经验，不知道参加活动和承办活动是完全不同的两回事，不理解一场活动为什么需要那么长时间的准备期，所以也不知道应该从何时开始准备。这需要我们和客户就台前和幕后的不同进行简单的沟通，达成理解。比如客人都知道，一场持续一两个小时的婚礼，需要提前三个月到半年开始准备，碰上五一、十一这样的大日子提前一年还不一定能订到婚礼场地，可是持续时间几倍十几倍于婚礼的活动，怎么能留给承办方的准备时间还抵不上一场婚礼呢？业界同行都知道，在活动的准备过程中，经常是计划的时间不够用，实际花费的时间总比计划

花费的时间更长,这就是听起来有些滑稽的墨菲定律。

通常客户也不了解活动准备过程中各模块的功能及其衔接次序的重要性。会展管理的理论和实践,很大程度上是借鉴了工业上的项目管理和过程管理理论,所以与"会展业"对应的英文中有 Convention Industry 一说。项目管理和过程管理的背后,有它客观的规律和时间及效率要求,违背了规律就失去了自由。

一个会展活动的准备过程由一个个环节组成,每个环节的开始时间、每项任务的完成时间、模块之间的节奏和重要的时间节点,都存在一个叫作优化流程(critical path)的问题。所谓优化,就是过程及其节点越来越精准,时间成本和经济成本越来越低。没有这个优化流程,就会造成大量的人力资源浪费和看不见的经济损失,比如返工现象频发,时间总是不够,承办方员工被突发状况牵着鼻子走,疲惫不堪。这就和装修房子一样,如果先铺了地面再做水电管道,就得把铺好的地面毁掉;如果木工耽误一天工期,油漆工就必须赶出一天工期才能按时完工。活动中的一些重要环节需要提前进行相关人员培训、练习,在活动前完成一定量的彩排,但事实常常并非如此。我们在活动现场看到的启动仪式出现混乱、台上的颁奖仪式出现差错,其实大都是因为没有提前演练或彩排,不知道活动现场流程的精准运行需要提前培训或演练。这里,"精准"和"不确定"互为反义词。

如果敲定的东西不形成文字,整个会展项目的运营过程不通过文件和图表控制,到了交付截止时间点某项准备工作还在不确定状态,定下来的东西说变就变,不得不变的东西又没有按程序通知到位,准备时间不足等,就谈不上精准,这些都让实现活动目标、体现活动价值以及举办活动的过程充斥着风险。

西安在泰国做的一个文物展,因展品过关清关过程的不确定,参展的铜车马没能按期运到。开幕式前一天,大家急得团团转,在紧急和无奈中请专人连夜做了一个替代品。乍一看,和真的差不多。开幕当天,现场工作人员围在那个"赝品"周围不敢离开,生怕观众走得太近看出破绽。直到开幕当天下午展品运到后,组织方承办方才算松了一口气。

写到这里的时候,刚好看到曾鸣在中欧商业评论上发表的商业战略文章,主要观点是"只有精准,才有未来",不管是广告、交通,还是医疗、会展活动,发展趋势就是越来越精准。谷歌是这样,阿里是这样,滴滴打车也是这样。

第六节 看不见的风险

所谓看不见的风险,只是时常不被重视而已,也是常见风险。这一节我们来看几个尚未引起足够重视,但对活动的成功和组织方的战略目标构成挑战的看不见的风险,并不代表全部。

地震、火灾、恐袭这些风险一旦发生损失巨大,像致命伤一样,处不好会让活动企业一蹶不振,属于致命风险。与其相对的,在活动风险管理中,有另外一些风险,它确实存在,却不易察觉,发生了也不会立刻产生明显损失,但是它威胁着活动的机体健康、企业的运营收益，属慢性风险，像慢性病一样，会影响组织及其活动的生命力。本书中把这种不易察觉的风险，叫作"看不见的风险"。

比如，客人参加活动后心里的不满是活动的常见风险，这种风险发生的后果会在下一次活动招徕时表现出来，让招徕变难，让营销没有效果。如果客人因不满投诉了，还好一点；遗憾的是，客人对活动的不满，有时候并不说出来，他忍耐力好，或者出于礼貌，或者出于修养，并没有去投诉，所以主办方压根儿就不知道还有这样的不满。他带着不满离开，可能再不会回来，所以不说比说出来更可怕，说出来至少我们还知道错在哪儿，有改正的机会。活动业可持续发展的关键是要有重复生意（repeat business），怕的就是客人下次不来，造成客户流失。流失得少了，组织方感到招徕困难，流失得多了，活动办不下去。有人可能会问，你说的这是协会活动，企业的活动不会出现参会者减少的问题，只要企业要求，员工满意不满意下次都得去参加。事实并非如此简单，企业会议上，员工因身在而心不在造成的会议损失，据美国的相关研究，数以十亿计（billions of dollars），而且这种损失很难看见（Toups，2006，p.62）。

我们已经知道，并非只有可能产生直接经济损失的隐患才是风险，任何可能干扰会展活动正常流程的、对会展活动的成功举办具有负面影响的、对实现会展活动的长期战略目标带有负能量的事件或着不确定状态（uncertainties），都是风险。由于在实现活动目标的过程中充满着各种不确定性，而墨菲定律（Murphy's law – Anything that can possibly go wrong does）也告诉我们：

①任何事都没有表面看起来那么简单；
②做任何事所需要的时间都会比你预计的时间长；
③会出错的事总会出错，尽管你不知道迟或早；
④如果你担心某种情况发生，那么它就有可能发生。

所以才说活动中充满着各种风险。活动管理从底线意义上说，就是对活动过程中诸多风险的管理。

鉴于欧洲长期以来把会展叫作活动，美国在今年也把会展一词也改为活动，我国会展界的前卫学者亦称会展为活动，所以这里提到的会议、会展、活动，从广义上讲，都是一个意思。

一、沟通风险

随着社会的发展和发展节奏的加快，活动越来越多，任何组织或单位都离不开活动，但如果从专业的角度去看，现实中很多活动是低效、无效的，甚至办出了负效果，比如会后员工和单位之间产生抵触。

究其原因，活动组织方常常只关注活动的内容，而忽略了内容的沟通方式。活动是由内容及其沟通方式组成的，活动的内容是活动中要表达的东西（what），因而内容是很容易被识别出来的。活动中的沟通方式是怎样把内容表达出来（how），它是活动内容的载体，包括表达的方式、表达的风格、互动形式，以及相互间的氛围等，因而沟通方式是隐性的，尽管能感受得到，却不容易被察觉出来。我们说喜欢看一个电视节目，实际上更喜欢的是它的沟通方式。同样的内容，换个主持人、换了表达方式或呈现方式，我们就不一定喜欢了。大家乐意参加的活动，它的沟通方式都有独到之处。

活动的目的是要改变人的，至少也是为了给人的改变施加影响。但是，人都是拒绝被改变的，除非在一段时间内他是你的铁杆粉丝。活动通过活动的内容和活动的沟通方式来改变人，或者给人施加影响。

一般情况下，人们在面临被改变的压力时，心里会产生不平衡，首先的反应是拒绝别人的影响。专门研究沟通、说服和态度改变的美国心理学家霍夫兰（Carl Hovland，1953）等人的研究已经发现，至少有三个方面的心理倾向会使人拒绝改变。第一，抗拒反应。当人们意识到别人试图改变自己时，他们会怀疑别人的动机，进而怀疑别人提供的信息的可靠性，心理上会产生自发的抗拒，拒绝被别人控制和操纵，以维持自我控制。任何改变他人的企图，都可能引起被改变者的抗拒反应。第二，心理惰性。人的心理活动通常遵循费力最小原则（principle of least effort），在没有认识到改变的必要性时，通常尽量不改变自己。第三，面子与尊严。人们为了维护自己的面子和尊严，需要保持自己不轻易为别人所影响的形象，通常认为轻易被人改变有损自己的形象。一旦参会者拒绝改变，那活动就办出了负效果，这经常是因为活动策划中忽视了或者不重视活动内容的沟通方式。当然，随着时间的流逝，企图改变人的信息终将对人产生或多或少的影响，那是霍夫兰最早提出的睡眠者效应（sleeper effect），但从活动策划的角度来讲，我们希望每次活动都有其效果，以实现活动目标。

与沟通效果相关的还有活动内容中信息的倾向性。研究结果显示，对于普通公众，内容中提供单一倾向的信息说服效果较好；对于教育水平较高的对象，同时提供正反两方面的信息，然后强调目的指向的一方，说服效果较好；在信息与接受者原有态度不一致时，同时提供双方的信息，再强调旨在引发态度改变的一面，说服效果较好。所以，活动策划之前就必须了解活动参与者的群体特征（demographics），以便有的放矢。

人是拒绝改变的，但人又是接受暗示的。信息倾向性的另一个方面的研究，是信息结论给定的方式。结论给定的方式有两种：一种是只提供信息，由接受者自己去获得结论；另一种是提供信息的同时给出明确结论。霍夫兰等人的研究发现，只提供信息材料，由接受者自己作出结论，可以更好地引发态度改变。而命令式地给定结论的方式，容易引起人们的自我防御机制，而使态度改变出现困难。对于较难的问题，或者是接受者判断力比较低时，提供信息时暗示结论，则更有利于引起态度改变。态度的改变亦即观念与行为的改变。

你说得对，别人就会听吗？不一定。人常常最不爱听的，就是别人讲道理。同样的教材，同样的老师，成绩会一样吗？也不是。信息在传递的过程中会被曲解误解、会走样变形、会衰减。关于沟通和理解，人们通常已经习惯了两个假设：第一，我发出的信息（包括说的和写的）你全部接收到了，信息传播过程中没有漏掉的、没有变形的，仍是100%地完整；第二，对表达信息所使用的词汇和句子，你我双方的理解是相同的，没有差别。实际上，这两个假设都是对沟通/理解过程的误解，发出的信息和接收到的信息经常不一样，每个人对同一信息的理解也和各自曾经的经历有关，经历不同，对同一信息的联想就不同，理解就会因人而异。即便经历完全相同，人们获得的经验以及对经验的解释也可能不同。

然而活动的效果是由受众获得的信息决定的，这种信息传播过程中因的变形而影响活动效果的风险，也是沟通风险。在活动策划过程中，当活动的内容定下来之后，沟通方式的策划就变得非常重要，它和活动的效果直接相关。对活动过程中沟通风险的防范和管理，目的在于减少活动内容在信息传播过程中的变形和被抗拒。

（一）解决问题式沟通

会展活动是实现组织目标的重要工具。会展活动的目的，从根本上说都是要改变人的，或者对人的改变施加影响，而人恰恰是拒绝被改变的，会展活动的魅力就在于如何解决这一对矛盾。会展管理的产品，不是会展活动本身，而是会展活动的效果，这种效果主要表现在对改变和被改变这一对矛盾的解决程度上，即如何来和参与者沟通，让他们的思维方式和行为方式在活动前后一段时间内有新的变化。

沟通是个大话题，活动中沟通的办法有多种。早期的一种办法，是解决问题式沟通。

这种办法认为，活动的目的是要解决问题，解决问题要从问题的根源找到解决问题的关键。活动中的沟通沿着发现问题、分析问题、解决问题的思路，单刀直入，以命令、控制的方式为主，通过活动解决问题、纠正错误、教育别人。

比如在企业培训中，活动参加者被教导应该做什么、不应该做什么、应该如何做、不应该如何做；一旦不符合规范、预期或标准，则被视为错误，或被训斥，或遭惩罚。活动中以内容为王，认为只要你说得对，参会者就会照你说的办。

然而，后来人们发现，事实并非如此。这种沟通办法有风险，它容易挫伤活动参加者的积极性和工作热情。人的心理反应中有一种巧妙的机制，出了问题时，会产生逃避责任、否认自己责任的现象，认为这都是别人的错，能做自我批评的很少。当自己的问题被指出来时，会矢口否认，心情比较沮丧，内心感到焦虑，从而产生一系列自我防卫机制，用来保护自己免受伤害。

自我防卫机制是人的天性，只要有人的地方就会存在自我防卫。这些自我防卫表现为常见的"心口不一"、隐藏事实真相、为自己的错误辩护、推卸责任归罪于别人、相互指责，等等，这就是美国心理学家克里斯·阿吉里斯（Chris Argyris）提出的组织防卫（Organizational Defenses）。而组织防卫一旦出现，就会阻断对问题根源的深层探究，无法发现产生问题的真正原因，也就失去了解决问题根源的契机，对解决问题、改正错误无益。因此，虽然组织防卫可以保护个体免受尴尬或威胁，维持表面的和谐，但却使团队的战斗力、执行力受到影响，一再弱化。让活动的效果大打折扣，甚至会出现负效果——办了活动还不如不办。

针对这样的沟通风险，欣赏式沟通出现了。实验表明，欣赏可以建立互信，可以消除焦虑、有效地进行团体对话，回避自我防卫机制，在安全、自由、积极向上的氛围中进行沟通，有助于团队力量的建设。

（二）欣赏式沟通

欣赏式沟通利用积极的因素，而非关注问题和错误，用"两点之间，曲线最短"的办法解决问题。

1968年，美国心理学家罗森塔尔（Rosenthal）和雅格布森（Jacobson）做了一个实验：他们到一所小学选取了几个班，煞有介事地对这些班的学生进行智力测验，然后把一份名单通知给有关老师，称名单上的这些学生被鉴定为"最有发展前途者"，并嘱咐老师对此"保密"。名单中所列的学生有些在老师的意料之中，有些则不然，甚至是水平较差者。对此，罗森塔尔解释说："请注意，我讲的是未来发展，而非现在的情况。"鉴于罗森塔尔是哈佛大学的知名心理学家，又有智力测验的依据，老师对这份名单深信不疑。

然而，这份名单是随意拟定的，根本没有依据智力测验的结果，罗森塔尔他们这样做只是为了后面的心理实验能得到可信度更高的数据。

但八个月后，当他俩又来到这所学校，对这些班级的学生进行"复试"时，出现了奇迹般的结果：凡被列入名单的学生，不但成绩提高得很快，而且性格开朗，求知欲望更强烈，与教师的感情也特别深厚。这种现象，因和希腊的皮格马利翁神话相似，被命名为"皮格马利翁效应"，也被称为"罗森塔尔效应"。

从原理上讲，虽然老师始终把这份名单藏在心里，没有说出来，但由于他们受到"权威性的谎言"的暗示，对名单上的学生充满信心，掩饰不住的热情会通过他们的眼神、语言、音容笑貌等传达出来，老师表现出的这些欣赏（appreciation）滋润着这些学生的心田。正是老师扮演的皮格马利翁的欣赏角色，让学生潜移默化地受到影响，因此变得更加自信，奋发向上的冲动在他们的血管中激荡。于是，学生们在行动上就不知不觉地更加努力学习，结果就有了飞速的进步。这就是罗森塔尔和雅格布森想做的那个试验。

虽然这只是一个试验，但在会展活动的沟通策划中，尤其是在企业培训和商务活动策划中，却有着神奇的功效。很多企业人资培训会议效果不佳，究其主要原因，就是大家似乎已经习惯了使用KPI指标，"从问题的根源，找到解决问题的关键"，殊不知人在刨根问底、不被激励和不被重视、充满负面评价的环境中，表现得更为消极，结果也变得越来越差；而在充满信任和欣赏的环境中，人们则容易受到启发和鼓励，自我认知良好，行动的积极性也越来越高，最终做出更好的成绩。

活动的沟通策划中引入欣赏时，也可以考虑对心知肚明的问题引而不发，让参与者回忆自己记忆中那激情燃烧的美好时刻，问他们如果能继续保持激情的话，需要组织提供什么条件。在展览中，如果卖家和买家之间在沟通过程考虑引入欣赏的话，对快速建立信任感、构建良好关系也有意想不到的积极作用，也许在买家还没被你这个卖家感动的时候，旁观者中已经产生了新的买家，主动向你走来。

2001年，美国研究组织行为学的David Cooperrider教授和作家、教育家Diana Whitney发表文章《欣赏式探寻（Appreciative inquiry）的五原则》，介绍了欣赏式沟通。2004年6月，联合国全球契约（UN Global Compact）领导人高峰会议策划时选择了欣赏式探寻中的沟通方法，成功组织了1400多家机构参与的这次大会。欣赏式沟通的神奇魅力与功效，由此可见一斑。时任联合国秘书长的科菲·安南先生对欣赏式探寻中介绍的沟通理念非常推崇，会后专门写信赞赏。欣赏式探寻的五原则也被广泛应用于人力资源管理和企业培训会议中，2004年8月，美国培训协会ASTD（American Society for Training and Development）将"在职学习与绩效卓越贡献奖"（Distinguished Contribution to Workplace Learning and Performance Award）颁发给了David Cooperrider。

常言道，"人非圣贤，孰能无过"，英语说"Man makes mistakes"，是人就会犯错。犯了错误后如果直接简单地加以指责，一股脑儿地直击问题，忘了肯定和欣赏，会让出错者产生自我保护的消极抵抗。欣赏式沟通正是针对这一现象应运而生，它的最终目的，其实和问题解决式沟通是一样的，都是为了最终解决问题，只是它采取欣赏的办法，欲左先右，欲上先下，使用了"两点之间，曲线最短"的沟通方式。

但人是很特殊的动物。近年来的实际应用中我们又发现，一直用欣赏式探询中的方法，也有不灵的时候。就像爱吃海鲜者，天天顿顿吃海鲜，一段时间也吃腻了，也烦。如果一直被表扬、被欣赏，时间长了人可能飘飘然，滋生个人英雄主义倾向，或者只顾表现自己，或者居高临下、颐指气使，或者各人有各人的牛气、不顾团队目标和利益，等等，而问题却得不到及时解决。解决问题式沟通虽然效果差一些，但速度却快一点。所以，欣赏式沟通和问题解决式沟通应该属于事物的一体两面，需要根据具体情况结合起来使用才能平衡。由于同样程度的表扬和批评，其效果幅度不相等，就像同样数额的奖励和惩罚效果不能相抵一样，通常批评的效果幅度更大。要避免沟通风险，多欣赏少批评为好。

活动本身不是目的，活动是实现目的的工具。回想起小米加步枪最终能打败飞机大炮，单从会议一个角度来分析原因的话，我们的会议上多用欣赏式沟通，国民党会议上多见解决问题式沟通。考虑江山的得失，是最大的风险管理。

沟通有很多方式，并不限于问题解决式和欣赏式，骂骂咧咧的也能沟通到位，比如《亮剑》中的李云龙。策划沟通方式时应该考虑的因素包括双方或多方的人口特征（demographics）、熟悉程度、需求、目的等。沟通风险一旦发生，会带来怀疑、误解、反感、背叛等，会影响活动的效果，影响活动成功与失败的天平，在战争年代表现为部队的战斗力，和平时期表现为团队的执行力。大家别小看沟通方式的作用，以为活动只要内容好就成，在活动中如果不注意沟通方式，怀疑和误解是普遍存在的。我们喜欢参加的活动，和喜欢看的电视节目一样，常常不是因为它的内容和别人有多么不同，而是它的沟通方式悄悄地吸引着我们。

在沟通方式策划过程中，可尝试把同样内容用不同的沟通方式在小范围人群内试验，看看哪个效果更好。就像准备一台演出节目时幕后排练那样，一定能从试验和比较中得到意外收获。

最后，让参加活动的每个人都满意又是不可能的。以我们团队多年的经历，不满意率能够控制在20%以下者，都是成功的活动。这里所谓成功的活动，就是下次活动营销时不会有过大的压力，能实现可持续发展。我乐意在此提出一个"及格"的成功活动模型，谨供大家参考：$\geq 20\%$的人很满意，$\geq 60\%$的人基本满意，$\leq 20\%$的人不满意。那么，怎么能够得到一次活动满意率的数据呢？请看本节第四部分"不做效果评估"中的六级评估模型。

（三）内部沟通风险

内部沟通风险存在于活动组织方内部的不同层级、不同部门以及员工之间。现实中，活动组织方经常由主办方、策划方、承办方、执行方、场地方、搭建方、安保方、志愿者等方面的人员临时组成，这个临时组成的团队中很多人员只有参加活动的经历，没有承办过活动或者对活动的承办只知道皮毛，不知道参加活动和承办活动是完全不同的两个概念、完全不同的两种经历，也没想过观众看演出和演员准备演出之间的巨大差别。参加活动时，人们看到的只是鲜花和月亮；承办活动后，方知鲜花有个生长期、同样的月亮最快每个月才来一次。台上一分钟、台下十年功，观众看不见的背后，常常都是心酸。

所以，内部沟通风险，实际上存在于活动组织方临时团队内的活动专业人员和非专业人员之间，他们很难在同一个层面上沟通、很难互相理解，而且这两方面的人员由于临时组建的原因，他们之间缺乏相互信任的基础，还互相看不上，你看我不标准、我看你太教条，非得一个双方都信服的人随后出来拍板才行，从而在活动的准备过程中浪费了大量时间和精力，造成一次次的返工，计划好的时间总是不够用，过了时间节点任务仍然不能完成，徒增风险。

内部沟通风险主要表现为：
- 最终决策者不明确。具体承办人员不知道对谁负责。
- 习惯用语言沟通，不习惯用文字沟通并确认。
- 各个利益相关方很难召集到一起。
- 对准备例会（pre-con）的重要性认识不足。
- 不留客观的准备时间。

二、服务不到位

正如春雷博士在他所著的《中国会展业发展：前沿问题与创新策略》一书中所说，活动业是一个对临时工作人员需求量庞大的行业，特别是在旺季，活动组织方往往需要大量临时雇员和志愿者参与相关工作。这时，受过专业培训的或具有专业水平的临聘人员就显得供不应求，服务上难以跟上去；即便是自己的长期员工，也不一定都能提供到位的服务，完全体现出主办方的意图。所有这些，或者因为内部沟通不到位，或者由于没有认真培训临聘人员，给人的直接感受就是服务不到位。

最近两三年，我们在市场调查中发现这样的案例，如活动门口检票人员怀疑客人的入场证是借来的，自信而蛮横地把客人从入场排队的行列中拽出来，像审问犯错误的孩子那样，查证无误、发现自己怀疑错了时，面无表情，连一句简单的"对不起"都没有，完全不顾客人被错误怀疑后愤怒的心理感受；又如一次怀疑两个同一参展单位来的一男一女参展证上穿着棉衣的照片可能不是已经身着夏装的本人时，不进行别的资料核实，坚持自己的判断，参展客户被迫当场另买门票入场，后来工作人员发现自己误判后既不道歉也无正常程序退款；再如展会现场工作人员给想上洗手间的客人指路时，态度、语气生硬，当问到"一天大概有多少人询问洗手间位置"时，答案是"太多了，烦都烦死了"；一些有名气的培训师/发言人耍大牌，不愿意按参会者的具体特征调整自己……

客人坐在会场里，他需要你的时候你不在，他正常需要的东西你没有，他叫你的时候你说"稍等"，十分钟过去了他还在"稍等"，你干完了你要干的事转身就走，你走过来走过去却对他有需求正在等你的肢体语言视而不见，他问问题你以"不知道"了之，或者你说了"我去问问"然后再没有下文，或者你带着答案回来了却不知道在哪里再找到客人……

这些都是风险，也可能客人对这其中的一两点还能忍受，但这些点积累到一定程度后他可能会爆发、会投诉。或者他一直沉默着不说，下次死活不再参加你的活动，还以"家中有事""临时出差"为借口，你却不知道其中真正的缘由，不知道到底为什么招揽越来越难。

由于活动业产业链太长，活动组织方经常像装修公司一样，需要临时找来水工、电工、木工、泥瓦匠、油漆工等供应商，配合公司核心人员，在活动过程中相互对接。对所有外聘供应商，特别是对尚未形成合作默契的分供方，未曾合作过的临聘人员和志愿者，一定要进行到位的培训，让他们知道活动的目的目标、组织方的愿景使命、活动中的相关流程细节以及工作和服务标准。临聘人员和志愿者应该是对公司核心员工的有力补充，而不是取代核心员工、拉低服务水准。

本书之所以把服务不到位也列入看不见的风险之中，是因为，一方面，现在的活动参与者，越来越不缺乏物质方面的东西，他们需要的是关怀，没比这个"关怀"更重要的了。另一方面，市场上能提供到位服务的活动还比较少，一个活动中能体现主办方服务意图、真诚关怀客人的现场人员还比较少。在可以预见的未来，服务不到位的活动将因为其只顾交易、缺乏关怀而进入一个怪圈，这种怪圈对活动业的发展是有害的，会使活动越来越没有竞争力，没有回头客，招揽越来越难。我们不能指望活动市场像股市一样，老一拨股民受伤出去了，还有无知的新股民再涌进来。

它表现在当下的客人是最重要的，他／她就是"上帝"，服务人员不能明着暗着、直接间接地给客人透露"我手头有比你更重要的人或事"这样的信息或让客人有这样的解读。

到位的服务，并不一定要"表现出"热情，也不必像高声地喊出"欢迎下次光临"那样流于千篇一律的空洞形式，表面的礼貌和完成任务式的客套是没有用的。到位的服务，是事先想到客人在什么时候会想要什么，然后提前准备好，当客人需要时，它就在那儿，这样就很少会有让人失望的风险。到位的服务是发自内心地把客人当人看，它是一种人文关怀，是以人为本地关心客人的心理感受。润物细无声的服务是客人回头再来的重要原因，我们的秘诀是：把客人当上帝。那些能为买家、卖家、观众和参会者提供人文关怀的活动，将因其通过策划和服务表现出来的情商和逆商，成为我们时代的弄潮儿，以无愧于"一带一路"建设这伟大的时代。

三、不做需求调查

有没有参加过一些活动，那意犹未尽在脑海间挥之不去，难忘的瞬间在记忆中久久回响？有没有参加过另一些活动，事后觉着去一次就够了，甚至连去这一次都觉着不

值？我们说，前者是很好地满足了活动参加者的需求，后者是提供了文不对题的产品，没有满足需求。

客人每参加一个活动，都是要有所收获的，这收获要对实现他们自己的某个目标有用，这就是活动参与者对活动的需求；参加之前，对活动会有一个期望值，这也是需求；参会者的兴趣，他们工作中的痛点、面临的挑战如何解决，未来的发展趋势是什么，等等，都是需求。遗憾的是，我们身边的许多活动，要么不做需求调查，只想着我喜欢提供什么活动产品；要么做了，却只是流于形式，或者没有到位。

一个活动，只有满足各个利益相关方的需求，它才经得起实践的检验，才能有效果。不做需求调查，活动就没有正确的方向和目标，本来是要着陆却掉进了大海，是看不见的最大风险，更是一种浪费。马云在一次演讲中说道："我们做任何产品和服务，都要问一个问题，就是它对你的用户有没有用，不要说工程师觉得很高兴，工程师觉着这个东西太好了，结果用户不用，这个是图热闹。你一定要思考客户认为好不好。"我们经常看到，做活动策划的时候，只是策划师觉得很高兴，但是活动结束后，却没有出现策划师预期的那种效果，还不知道问题出在什么地方。没有需求数据作基础的活动，只能是文不对题的产品，造成我们提供的东西市场不需要，市场需要的东西我们又没有，结果就像国人到境外去买电饭煲、马桶盖一样，市场是有需求的，但是供给侧没有很好地满足需求，闹得董明珠在电视上呐喊："中国人不用到国外买电饭煲。"

今年我们到一个会展企业去看，看见销售人员给潜在客户打电话，说我们这个展览是×××政府的项目，对方问：政府的项目多了，你能给我带来什么？销售说，我们想邀请您来参展。客户说：你出费用，我有时间，可以。销售无奈挂了电话，心里的气不打一处来，给在场的人抱怨半天，说这客户真是不可理喻。一些会展活动，对政府和媒体的依赖和关注远远超过对市场需求的依赖和关注。做完一个活动，让参与者感觉虚的东西太多，有一种虚无缥缈的感觉。有政府和媒体背景的人，对满足需求的做法和想法还不屑一顾。如果不把这种依赖和关注转移到市场需求上来，活动表现出来的可能是一种非理性的繁荣，背后蕴藏着相当的风险。

有的会展企业，花很多钱到别处去学习取经，不远千里去看别人做成功了的项目，回来后也想模仿着搞，但就是不能成功。市场需求是许多变量的函数，不同的地区、不同的文化、不同的人群，有着不同的 demographics，需求是不一样的，别的活动成功的经验很难复制。如果我们戒掉浮躁，不去想着一夜成名，下功夫做好市场需求调研，老老实实地看看市场需求到底是什么，用"问题倒逼"的办法，根据需求来确定活动的目标，设计活动内容，提升活动质量，发展空间还是很大。需求调查做到位了，产品文能对题了，营销工作也容易很多。

满足市场需求，是要搞清楚市场到底"想要"什么，而不是我来给市场"提供"什么，这是两个方向完全相反的理念。只从自己的角度想着怎样给市场提供活动产品，这是简单的惯性思维；以满足需求为核心的理念，它以市场需求调查的数据为基础，从需求侧的角度去策划活动，这需要换位思考，是更高一级的思维方式。通常情况下，活动策划者是在自己经历并理解了各种酸甜苦辣之后，才能为参加活动的人提供得了满意的活动，才能把活动变成满足各个利益相关方需求的工具，让他们，特别是参会者，通过参加活动解决他们关心的问题。所以丹尼尔·平克（Daniel Pink）说，概念时代需要的人才是创新者和利人者 empathizers（见第五章延伸阅读"油门"）。点点滴滴，造就非凡，没有一次又一次效果的长期积累，很难在市场上真正展现活动主办方的理念和形象，最终难以形成活动品牌。

满足利益相关方的需求是活动业发展的原动力，是实现活动目标的基础，也是活动品牌化的动能。

需求是很多变量的函数，需求在不断增长，这就客观上决定了需求调查一直在路上。完整的需求调查包括对以前满足需求的效果评估，对当下需求挑战的应对，和对未来需求变化趋势的预测和把握。这背后的理念和风险管理是相通的，就是时刻准备着。风险管理是为风险准备着，需求调查是为机会准备着。

满足需求不仅需要有满足需求的意识，还需要长期不懈地修炼。投入了那么多的时间和精力去做需求调查，为的就是找到真正的需求在哪里、是什么，然后设法满足之。但当客人直接提出需求的时候，需求明显地摆在我们面前，我们却经常不愿意去满足它，这种情况并不少见，好像得来太容易了就不被人珍惜，或者是逆反心理还是别的什么人性的弱点，我们没有表现出对需求的敬畏。当客户提出活动要用 A 酒店的时候，我们会推荐一个 B 酒店去替代，不是因为 B 酒店真的好，而是因为它和我们之间有更好的利益关系，这时我们忽视了满足客人的需求。

昆明的一个展会上，我们看到几乎每一个专业买家的身旁都有一个当下正在合作的供应商派人陪着，陪着买家的目的是怕客户和别的供应商接触，弄不好客户就丢了。

长沙的一个全国会议上，客人说菜太辣，问能不能有一部分不辣的菜，主办方说：到长沙来就是吃辣椒，不吃辣椒到长沙来干什么？

西安的一个会展大厅里，客人问洗手间在哪里，现场服务员不耐烦，用极不友好的命令口气给客人指路。的确，对一两个客人的服务态度好起来容易，每天面对着成千上万的客人，很难保持和蔼，难免不耐烦。

吃喝拉撒只是马斯诺需求层次中最低最基本的一层，在五个层次的需求中，越高层次的需求，越难调查出结果并在满足需求时准确把握。随着层次的上升，心理需求的比重逐渐加大，活动中应该满足参与者从生理上到心理上的多层次需求。如何满足高层次需求，这是活动管理学和应用心理学交叉的地方，需要策划者有丰富的阅历（experiences）和利人的情怀（Empathizing skill）。

在活动策划时，可以从理论和实践两个维度来思考。理论上以马斯洛的需求层次模型为指导，实际上从各个利益相关方的兴趣、现实需求、面临挑战、未来期望几个方面出发，分析需求数据并以重要性排序，依此制定活动目标，以期能够在活动中有的放矢地解决问题，满足好各方需求，促进活动做出效果。

由于需求的不断增长，满足需求就一直在路上。

四、不做效果评估

但凡成功的活动，在经营过去的同时，一定谋划着现在；在经营现在的同时，一定谋划着未来。这一切都是建立在效果评估基础上的反复总结经验、不断反馈提高。效果评估促进我们对怎么做活动重新审视和重新思考。

前文中说过，需求调查是活动所有后续工作的基础，它是制定活动目标的重要依据。与需求调查紧密联系的，是效果评估（Evaluation）。效果评估是确定活动的价值，检验活动是否实现了组织方的目标，是否满足了各利益相关方的需求以及满足到了什么程度，活动过程中出现的问题以后怎么改进。换句话说，效果评估是确定活动项目有没有效果，怎样实现可持续发展。如果说风险管理是活动这部汽车的刹车，那么效果评估就是方向盘，它和评估结果的反馈环节一起，调整着整个系统下一步的方向。没有方向盘，开车有风险。

然而身边的很多活动，重视营销和运营，轻视效果评估。效果评估要么不做，要么不到位。有采集完数据后就不再管的，有因对问题的答案不满意而丢弃不理的，有做了评估不反馈的，还有反馈了不改进的。然而效果评估却是做好下一次活动，进一步提高质量，逐步形成活动品牌的又一基本功。调查发现，在效果评估时，使用的评估工具和方法经常不太规范，回收的数据得不到充分的分析利用，常常流于形式，鲜有按四级或六级评估目标实施的。

西安外大会展专业陈锋仪教授几年前曾写过一篇《会展项目评价指标体系的研究》，但这个文章始终没有发表，据作者本人讲，现在的市场还没有认识到评估对会展项目的重要性，发表的时机尚不成熟。

PCMA 介绍的是 Jack Phillips 提出的一个六级活动评估模型（见图 9–1），它是在培训界常用的柯氏四级评估模型基础上加了两级：活动规模和投资回报率（Myhill & Phillips, 2006, p.691–698）。实际运用中，并非每一个活动都会做到六级评估，只有 5%~10% 的活动做到第六级的投资回报率（ROI），大约有一半（40%~60%）的活动会对参与者是否有收获（图中的第三级）进行评估，但 100% 的活动都有活动规模一级的统计数据。

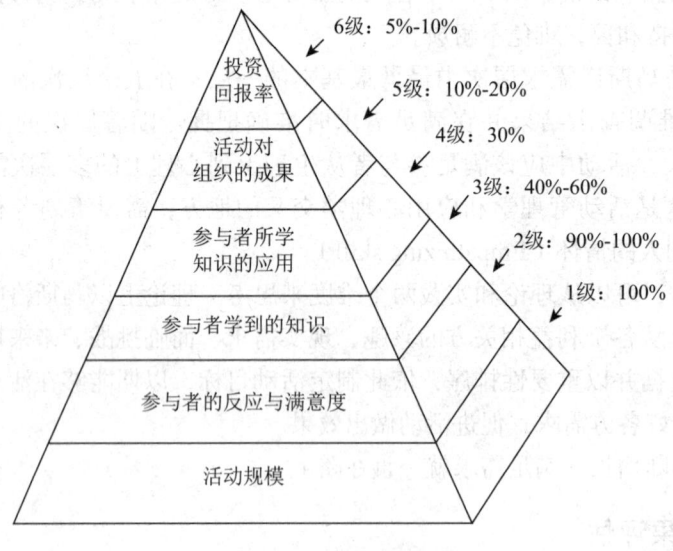

图 9–1　六级活动评估模型

（图片译自：Myhill & Phillips, 2006, p.22）

效果评估的基本步骤如下。

（1）确定利益相关方。

（2）确定数据指标体系。

（3）确定数据源。

（4）确定数据采集办法。

（5）确定数据采集人员和数据分析人员。

（6）形成效果评估及建议的文字报告。

（7）向各利益相关方分别反馈。

效果评估不是在活动结束后才做，效果评估从做需求调查时开始，贯穿于活动策划和运营的整个过程，并延续到活动结束以后。做需求调查的过程中，活动的目标就慢慢成型了，这时就要根据活动目标结合六级评估模型确定效果评估的级别，这是评估计划的开始。在活动的过程中及活动后的一段确定时间内，要按评估计划收集各方各级数据、完成数据分析和形成评估报告，判断一个活动项目到底是否实现了预订目标。评估结果不只是本次活动的总结，更是下一次活动的指导。

中央八项规定出台后，"节俭、务实、高效"的会风将成为新常态，联系到会展活动的实际，就是要做出活动效果，没有效果就要问责。在整个活动流程的模块图中，需求调查（needs assessment）和效果评估（evaluation）是产生活动效果的"本"，其余可以说是"标"，重标轻本是市场上看不见的风险。做好效果评估，将有利于我们总结经验教训，及时调整下一周期的策划和运营。

一个好的活动项目，是在各利益相关方需求调查的基础上，对具体特定的参会者在内容上和沟通上有比较准确的把握，在自己或别人的经验基础上加上创新，去策划和运营一个让大多数参会者感到有吸引力的活动，再通过活动的效果评估，把相关评估结果分别反馈到各个利益相关方，以调整活动下一循环中的策划和运营。经过这样长期而富有工匠精神的活动效果积累，在市场上展现主办方的理念，树立起活动的形象，做出自己的活动品牌。

通过对一些活动的承办、跟踪和调查，我们发现，业界重宏观轻细节，重形式方面的高大上，不重需求调查和效果评估这样的内功。一些活动虽然连续做了六七年，但需求调查和效果评估环节薄弱或缺失，每次都犯着同样的错误，只是犯在不同的受众身上而已。做好需求调查和效果评估这两个根本环节对提升会展活动效果能起到"治本"作用，可以提高活动业的造血能力，减小对政府和媒体的依赖。

五、只重视觉，轻心灵

我国会展业在"十一五""十二五"期间实现了快速发展，其增速高于其他很多行业，尤其是在金融危机后的逆势上扬，让人们对会展业刮目相看。但是，除了极少数高质量的项目以外，就大部分会展活动而言，由于市场发展得太快，很多事"不能够容我细思量"，长期积累下来的一些深层次问题来不及解决。从平均水平来看，会展活动数量多质量差，很多活动效果不佳。虽然会展活动的规模已使我们成为会展大国，喜人的形势引来一片热评，但各种热评背后我们应该保持清醒，需要冷思考。

在十多年高速发展之后的今天，活动业的发展和创新需要一种核心价值的引领，需要从"自发"进入"自觉"。这个"自觉"，就是人们对活动的审美标准，它让我们知道，什么活动是好的，什么是不好的。所以"核心价值"几个字在这里不是唱高调，它让我们能够在活动业蓬勃发展的同时，清醒地知道如何敬畏活动科学、如何展现活动艺术、如何回归到活动业自身发展的规律上，来创造我们这个时代的活动价值。如果我们只满足于眼前的表层物质利益，短期的市场业绩，尽管我们已经赢得了社会的掌声，但是却难以成为会展强国，来和一带一路建设带来的这个各美其美、美美与共的伟大时代相媲美。

在一个丝路沿线国家中国文物巡回展筹备会上，当提到是不是先做一个沿线国家的相关需求摸底时，在座的文物专家说，需求调查不必了，这次展览策划的主要任务，就是设法在视觉上让观众一看就有强烈的视觉震撼。我们不好反驳专家，但这里暴露出了一个问题。

一次互联网大会，视觉冲击非常强，屏幕上的视频很养眼，但是在开幕式当天上午，还远没到午饭时间，会场上的听众却走掉了一大半，剩下不足1/3，冷场的情况可想而知。这里暴露的也是同一个问题。

这个问题就是，只注重外表打扮。打扮固然重要，但艺术不能被绑架在视觉效应上，没有吸引人的活动内容做支撑，只重打扮形成的吸引力时间太短，参与者的视觉不久会疲劳。流程还没完台下的听众走了一大半，说明只重视视觉上的震撼，留不住观众的心，这就是风险。

之所以说它是风险，因为活动基本上没有下一次了，它不能可持续发展，观众的审美观需要震撼心灵的内容和艺术。生活中，虽然衣着和漂亮能很快拉近人和人之间的距离，但是在我们能够长期相处的挚友中，有几个不是靠"心相印"走过来的？一个只穿戴漂亮的人和一个有深度有底蕴的人，哪个更持久地招人喜欢？所以，视觉效应是"标"，活动的内功是"本"，只有标本有机平衡，一个活动才会有其效果。

吴冠中先生20世纪40年代留法期间和他的老师探讨世界上的艺术时，说过大意是这样的话：小悦娱耳目，大悦撼心灵。小悦是娱人耳目的，是养眼的，看起来非常漂亮吸引人，但它是表面的。大悦是震撼心灵的，艺术要震撼心灵，让人感到意犹未尽，在脑海间挥之不去。北京的奥运会开幕式、杭州的G20晚会，那是震撼心灵！曹雪芹的《红楼梦》，它只是一本书，没法通过视觉效应来吸引人，但它震撼心灵！《红楼梦》中有丰富的内容和伏延千里而绝妙的沟通方式，值得我们会展策划者深思，深思它的内容设计和沟通方式设计，这样的内容及其沟通方式结合起来，在活动管理中就叫作attendee engagement，意思是既能吸引来参与者的注意，又能保持住他们的兴趣。

比吴先生早40年的著名学者王国维，说成功的最高境界是南宋诗人辛弃疾笔下的"众里寻她千百度，蓦然回首，那人却在灯火阑珊处。"注意，是在灯火阑珊处，不是在聚光灯下的灯火通明处，就是在最初不注意的地方，那地方"寻常看不见"却至关重要。那么会展活动的"灯火阑珊处"在哪里呢？它不是在视觉上，而是在心灵里，在参会者心中。小悦娱耳目，大悦撼心灵。如果一个会展活动能做到和参会者的心灵产生共鸣，它就是人心所向，那才能所向披靡。

我们每一个活动，是不是都有一定的高度和内涵，是不是达到了一种心灵的震撼？这种冷思考让我们惊醒，活动艺术不能只是养眼，要回归心灵。活动创新最重要的是智慧，需要在满足需求的基础上用智慧震撼心灵，来提升会展活动的质量、效果和各利益相关方的投资回报率。

活动管理既是科学也是艺术。说它是科学，是因为活动过程中有能被反复证明其正确性的东西，表现在活动管理的知识体系上和策划运营的具体流程中。说它是艺术，个人认为主要表现在沟通艺术和表现艺术两个方面。一个活动的目标、内容定下来以后，和各利益相关方，特别是参与者的沟通艺术在很大程度上决定着活动是否能够成功、是否会有效果。同样的内容，不同的方式讲出来，效果不一样，这里边不同的，就是其沟通艺术。没有沟通艺术，活动经常没有效果，甚至在讲者和听者之间产生反感和抵触而出现负效果，说了还不如不说。会展项目的表现艺术，包括布场、A/V、花卉、特装展位等。

活动艺术的正确性有时候不能被反复证明，它由活动各参与方的具体特征决定。在一个活动中能产生美感的艺术，模仿在另一个活动中不一定会有同样的效果，就像揪心的动作用在西施身上就美，用在东施身上就未必一样。

活动科学和活动艺术是一个硬币的两面，缺一不可。怎样把科学和艺术、内容和形式有机完美地在一个具体活动中统一起来，做出活动效果、实现各利益相关方的目标，是活动管理无限广阔的发展空间。

有人会问，怎样才能用这些活动的科学和艺术理论，来策划和运营一个富有艺术美的活动项目？这就像一个美术学院的学生在问："我怎么才能用红黄蓝这三种基本色来画出一幅美妙的作品"一样。我想，只学会用三种基本色是远远不够的，还得到大自然中去观察体验，获得创意和灵感，加上果断的笔法，有时候还得靠一点灵感一丝运气，才有可能画出震撼人心的作品。所以对这个问题的回答是，"活动管理"是个舶来词，为防范战略风险，在活动科学方面，要依照活动管理的知识体系、按已被实践证明的活动标准流程来做，而在活动艺术方面，需要和我们的民族特点、文化特点以及行业本身特点相结合，需要和中华民族的生活方式以及人文关怀相结合，从科学和艺术两方面来实现活动管理的本土化并解决实际问题，让活动管理在中国的土地上开花结果。

纯粹学习西方也是一种风险，世界上没有完全相同的管理模式，活动管理也是一样。中国文化有一种熔炉性，也是它的包容性。从陕西省历史博物馆三个主展室出来，你能切实感受到中华文明像一个大熔炉。当中华文明和外来文明发生冲突的时候，有时敌弱我强，有时敌强我弱。特别是在敌强我弱的时候，我们文化的包容性让中华民族拥有了无与伦比的韧力，能让我们经万劫而不死，被打趴下后重新站起来满血复活。其他文明改变不了它，但它能够同化其他文明，使自己更多元、更强大、更有生命力。尽管很多外来的东西都保留下来它们的部分特点，但本质上被我们同化了，这种同化使中国文化、中华文明更丰富、更多元、更和谐，这就是我们文化的熔炉性、包容性，它强大到能够同化其他任何文化而自己不被彻底改变，它与其他文明美美与共，各美其美，和而不同。

我们今天学习西方的活动管理学，要避免不和国内实际结合。那怎么来和实际结合，这个又属于艺术的范畴了。我们今天不把西方的活动管理理论和国内的活动业实际结合，很难有生命力，简单纯粹地学习西方是一种风险，到一定程度后可能没有出路。

我们的活动管理不是没有，应该说起源很早，历史上不乏高效的活动，但是形成文字留下来的理论东西太少。活动是组织实现目标的工具，从这个维度看，士气和战斗力是活动的结果，好的活动一定有比别人更好的效果，有精心策划过的内容和沟通方式。遗憾的是，我们没有从活动管理的角度去研究它、总结它并形成文字资料留下来。

【名词解释】

1. Millenium Hilton：千禧希尔顿酒店，位于纽约曼哈顿下区，1992年建成。建酒店时，为取"千禧（Millennium）"之意又有所标新立异，英文名中有意去掉一个字母n。

2. Exit：酒店、建筑物内的紧急逃生通道、安全通道、安全出口、出口，英文都是Exit。酒店内的Exit标识24小时常亮着灯。

【思考题】

1. 结合一年四季的时间、活动的类型、活动参与者的特点、当地气候等因素，思考在国内举办活动和去国外举办活动时的风险评估和风险分析有什么不同。
2. 活动现场有客人突发心肌梗死时，急救的三个步骤是什么？
3. 遇到示威、火灾、恐袭、极端天气、和决策者搭不上话等情况时，你会怎样去应对？怎样反推着去做风险评估和风险分析并形成分析计划？
4. 突发火灾情况，应该怎样组织疏散？
5. 为什么需求调查是活动策划的重要基础？
6. 什么是活动内容与参会者之间的沟通成本？
7. 一场活动为什么要做效果评估？你平时是怎么做效果评估的？
8. 活动的内容策划和视觉策划有什么不同？哪个是标，哪个是本？
9. 为什么说对参会者的关怀越来越重要？
10. 孔子的思想为什么在他有生之年没有广阔的市场，几百年后才被广泛接纳？那是一种什么样的风险？
11. 读完本书内容后，你会以什么视角去视察活动场馆？

【本章参考资料】

1. 国医大师健康［OL］. 2017.03.
2. 佚名. 浅析展会现场十大风险［OL］. 2015.12.29.
3. 世界大学生运动会在台北开幕［OL］. 环球时报；联合早报. 2017.08.19.
4. 台风天鸽［OL］. 中央气象台官网. 2017.08.27

5. Hilliard, T. W., CMP, (2006). Risk Planning and Emergency Management. PCMA's Professional Meeting Management (5th ed., pp. 681–686). Dubuque, IA: Kendall/ Hunt Publishing Company.

6. Reuters Foundation. (2005). Factbox: World disaster facts and figures. Retrieved on December 12, 2005, from http: //www.alertnet.org/thefacts/reliefresources/112849951172.htm

7. Region of Peel. (n.d.). Emergency facts and figures. Retrieved on December 21, 2005, from http: //www.region.peel.on.ca/prep/whatis_facts.htm

8. Toups, E J., CMP, (2006). Marketing and Promotion: Strategy and Collaboration for Success. PCMA's Professional Meeting Management (5th ed., pp. 62). Dubuque, IA: Kendall/ Hunt Publishing Company.

9. David L. Cooperrider, Diana Whitney 著, 邱昭良译. 欣赏式探寻 [M]. 北京: 人大出版社出版, 2007.

10. Myhill, M., CMP & Phillips, J., PhD. (2006). Determine The Success of Your Meeting Through Evaluation. PCMA's Professional Meeting Management (5th ed., pp. 691–698). Dubuque, IA: Kendall/ Hunt Publishing Company.

【延伸阅读（一）】

2013年1月，西安绿地比克在展厅内有一个3000多人的会议，虽然开幕式当天上午一切正常，可下午参会者入场的时候，大堂内站满了当地来示威的村民，因不满和开发商之间矛盾的解决结果，冲着会议来了，无奈进入会场的人流得从外边绕道，从展厅外北边的另一入口进入。

2014年10月3日开幕的上海秋季房展会上，数十名三湘建筑的业主来到"三湘森林海尚"展区，拉出横幅维权。据业主介绍: 自2013年年底入住后，陆续发现房屋质量差，但与三湘建筑沟通无果，所以来到展会上维权。展览安保人员在现场维持秩序时，与部分维权业主发生冲突，现场一片混乱

（资料来源:《浅析展会现场十大风险》，作者: 佚名，2015.12.29）。

据新浪援引《环球时报》《联合早报》等消息，2017年8月19日，世界大学生运动会在台北开幕。开幕式时，场外反对"年金改革"政策的抗议团体在管制区外丢掷烟雾罐，与警方冲突，阻挡各国选手入场。准备排队进场的加拿大代表团被惊扰，滞留在附近的小巨蛋体育馆，后续队伍所有队员都被阻隔在场外等候。抗议团体与警方对峙近50分钟，多个国家的代表团进场受影响，导致开幕式上出现没有运动员出场的窘境。事后台湾"行政院"发言人称抗议团体蓄意扰乱"贻笑国际"。

（资料来源: http: //video.sina.com.cn）

【延伸阅读（二）】

全球地缘风险

随着我国经济的进一步发展，会展活动走出去的频率逐年提高。全球各地的风险有什么特点呢？各大洲的最大杀手，如果不考虑武装冲突和恶劣疾病造成的死亡的话，分别是（Reuters Foundation，2005）：

- 非洲的交通事故（占死亡率的49%）
- 美洲的洪水（占死亡率的46%）
- 亚洲和澳大利亚的地震和海啸（分别占死亡率的42%和67%）
- 欧洲的极端天气（占死亡率的51%）。我们从新闻中就能看到，几乎每年夏天和冬天，欧洲都有极端天气造成的死亡。

救援小贴士

自从我们懂事起，每个人都经历过身边生命的消失、离去，都感知过生命的脆弱。各位都知道"黄金72小时"的概念，它是地质灾害发生后的黄金救援期，这是救援界的共识。国际上还有类似的四个黄金救援时间，可以概括为四个四（Region of Peel，2005）：

- 没有空气条件下，一个人能活四分钟
- 失温条件下，一个人能活四小时（超过四小时一个人会冻死——编者注）
- 没有水的条件下，一个人能活四天
- 没有食物的条件下，一个人能活四周

资料来源：Professional Meeting Management（5th ed.pp.683）Dubuque，IA：kendall/Hunt Publishing Company.

【延伸阅读（三）】

会展活动需求调查

我国会展业经过21世纪以来的高速发展，特别是金融危机以来的逆市上扬之后，深层次的问题现在逐渐暴露出来。除了已经形成品牌的少数会展企业外，很多会展企业显现出招揽难的痛点，对政府和媒体的依赖加大。以前的粗放式发展积留下来的问题，在客观上要求会展业重视市场的深层次细节需求。调查发现，业内在多数情况下重宏观轻微观，重视营销运营，轻视需求调查。需求调查要么不做，要么做不到位，或者在项目方案中以"市场分析"的名义出现，流于形式。在做"市场分析"时，主观分析居多，以客观需求调查得来的数据来分析市场的较少。

然而需求调查却是会展项目流程中的第一步，是后续所有工作的基石，是做出活动效果、提高活动质量、形成活动品牌的深层次基本功和必由之路。如果一个项目越做越困难、效果越来越差，痛定思痛之后发现，还是前边的需求调查没做好。

会展活动的需求调查，就是在各个利益相关方之间收集其需求、期望值和所面临的挑战等方面的数据，收集项目的历史数据（如果有的话），进而分析数据并按重要性排序，为后续工作诸如会展项目营销、项目策划、沟通方式、项目运营、项目评估等环节做准备，最终为会展项目能够满足各利益相关方需求之后的成功而服务。

但是需求调查做起来却不像说的这么容易。要做好需求调查，需要注意以下几个方面：

一是数据的可信度。由于每次活动的承办方、参加者、参展商等不尽相同，利益相关方的人口特征（demographics）、文化背景、沟通方式、表达能力也不尽相同，这些直接影响着数据的可信度。调查出来的数据，随着人群的不同，可信度不同。很多情况下，随意聊天中得到的数据，可信度高，但样本量小。

二是需求调查时问题的设问。问题的设问非常重要，它要解决的问题，不是受访者能够不能够，而是受访者愿意不愿意给出真实数据。如果受访者有顾虑，可以尝试采用一些相应的措施，比如投射技术。另外，低层次的需求数据（比如吃喝、冷暖）调查相对容易一些，高层次需求数据（比如喜欢、暗恋）则难以在有限的时间内通过调查得到，相应的措施有观察法等。

三是重视心理需求。从马斯诺需求层次理论我们知道，活动应该满足参加者的多层次需求。更高层次的需求主要表现在心理方面，这是活动管理学和应用心理学交叉的地方。活动策划者对各方心理需求的把握，就像一根渐近线，可以无限接近但是无法触及，这种朦胧感，不但让人在活动成功之后感到一丝享受，也是活动策划的广阔空间。

四是愿不愿意满足需求及其满足的程度。调查得到的数据，可能策划者和执行者出于自身的利益，不愿意去满足，因为满足别人的需求常常伴随着自己的痛苦、成本的上升，也可能满足了一方需求，会影响到其他方利益的平衡，等等。

笔者2007年看到PCMA的资料中一个不起眼的地方写着，需求调查的数据源不光要考虑到参会者，有时候更要考虑没来参加的、不愿来参加的人。我个人理解，不愿来参加活动者的反馈数据，可能对提升活动质量更有用。三年之后的2010年，在克利夫兰有机会和一个不愿参加某活动的人闲聊，调查到的数据让人既意外又惊喜：她不再参加一个活动的原因竟然是主持人对她的介绍词让她反感。她当时刚从一家公司换到另一家，本想通过参加那次活动让更多人知道她的新业务，也提前给主办方发邮件告知了自己的新职位，可是由于主办方的疏忽，主持人仍按以前的公司和职位介绍她。时光又过了两年，2012年在西安的一次小型活动上，主人介绍一个来宾时说："这位就是×××的女婿"，一句话说得被介绍者的脸色阴沉下来，原来他最烦别人当众提到他岳父，尽管他岳父也有些名气。到了2013年岁末的一个宴会上，坐在我旁边的是一位心理学家，在谈到怎么介绍别人时，他的回答就两个字："问他！"对！"问他"这两个字让我顿开茅塞，这不正是教我去做需求调查吗？这么一个简单的需求调查问题，如果在资料里简单地一看，到意识里形成也属于"需求调查"，竟用了近六年时间。这只是会展活动中一开始的"介绍"环节，后续那么多关键时刻，怎样才能把一个活动做成功，看来真得台上一分钟，台下十年功。

资料来源：会展学研究．微信公众号．

索 引

A

α 错误 42
A/V 18
Actual damages（实际损害赔偿金）132
埃里克·希费尔（Eric Schiffer，人名）170
Alan Hilburg（人名）161, 167
安全感，活动 15
奥斯本（Osborn，人名）26
APEX（Accepted Practices Exchange）23, 36

B

Barbara Nickols（人名）22
罢工 175
保留合同支持资料 126
保险，活动 119
保险的意义 119
保险需求 123
保险要求，合同 131
保险责任（coverage）19, 123, 156
保险种类 120
备用方案（Contingency Plans）60–61
被迫接受条件的后果 134
避免风险 46
扁鹊（人名）15, 16
变更，合同 131
补充保险 120, 156
不均衡系数 114, 115
不考虑的风险 37, 41
不可抗力（force majeure）4, 130
不利天气 177

不确定状态，风险 179
不做效果评估 189
不做需求调查 187

C

财产险 123
采购周期（cycle of procurement），谈判 138, 156
蔡清毅（人名）40
参会者人数不足险 123
餐饮，合同 128
餐饮消费模式 145, 157
Carl Hovland（卡尔·霍夫兰，人名）182
Categorized Equivalent Anchors™（价值分类叫价组合）151–152
CET™，见价值分类叫价组合 151–152
Chris Argyris（克里斯·阿吉里斯，人名）183
茶歇，合同 129
产品责任险／主办方供酒责任险 121
常见风险 172
超售（oversell／overbook）168, 170
超越共赢 142, 149–151
陈锋仪（人名）189
承包商责任险 121
冲突模式测评工具 TKI（Thomas-Kilmann Conflict Mode Instrument）150, 157
传递的信息与产生的效果，谈判 140
传染性疾病 88
CIC（Convention Industry Council）3, 9, 10, 11, 12

Cognitive flexibility（认知灵活性）42

D

达成协议 154
Daniel Pink（丹尼尔·平克，人名）51，189
丹尼斯（Denis, 人名）37
David Cooperrider（人名）184
David Dao（人名）169-170
Demographics（人口特征，参会者情况）59，126, 173, 182, 185, 188, 197
Denis（丹尼斯，人名）37
Diana Whitney（人名）184
Diehl & Stroebe（人名）26
底线（END™），谈判 137
底线分析，谈判 137
DMC（destination management company）30, 31
对抗陷阱，谈判 135-136
Dunnette（人名）26
多功能厅（function room / function space）128, 156

E

Effect of the Negotiation Demise™，见 END™ 137
Emergency Shelter（应急避难场所）59
EIC（Events Industry Council）3, 9, 12, 21, 22, 23, 36
END™（Effect of the Negotiation Demise™），见谈判底线 137
Eric Schiffer（埃里克·希费尔，人名）170
Erika James（人名）166
ESG（Event Specifications Guide）21
Exit，逃生 178, 194

F

反馈，谈判 154
防患于未然 15, 62, 133
非不可抗力风险 4
非理性繁荣 187
费力最小原则（principle of least effort）182
分供方，活动 6, 9, 49, 126, 127, 129, 187
风险 55，181

风险脆弱程度（vulnerability）37
风险的定量分析 36-37
风险的定性分析 36
风险的四类应对办法 37-38
风险分析（Risk Analysis）36
风险分析表 38
风险分析的量化 36
风险分析实例 39
风险分析五步骤 38
风险工具 118
风险管理 2
风险管理的功能 8
风险后果 28
风险计划 45
风险计划的目的 45
风险可能性 RP（Risk Probability）37
风险量化 36
风险评估（Risk Assessment / Risk Identification）25-31
风险评估和分析的区别 41
风险示意图 41
风险团队 14-21
风险团队的工作 18
风险团队的组建 17
风险危害程度 RI（Risk Impact）37，42
风险严重程度 RS（Risk Severity）37，42
风险严重程度的范围 37
风险意识 6
风险种类 172
风险转嫁 5，6，9，46，127
风险资源，内部 / 外部 38，42，97
服务不到位 186
付款方式，合同 129

G

改变心态 166
概念时代（conceptual age）51，189
高温 75-76
共享谈判空间 151
沟通的两个习惯性假设 182
沟通风险 181

管控风险 46
管理宽度（span of control）19–20
归因 7
郭海霞（人名）31

H

Heather H. Thomas（人名）18
合同，活动 125
合同附件 131
合同解除 130
合同履行瑕疵（attrition）130
合同目的落空 126
合同内容 126
合同条款 126
合同序言 127
合同终止 129
合同转让 131
Hilliard（Tyra W. Hilliard，人名）47, 27, 4, 5
黄金救援时间 196
回归分析（regression analysis）42
活动 3
活动保险 119
活动策划中的 moments 51
活动场地知多少 31
活动的附带消费 143
活动的消费结构 143
活动的影响力 143
活动风险 55
活动风险的判断和预测 42
活动风险管理（Event Risk Management）4–5
活动风险管理的四个基本步骤 5
活动风险管理基本循环 4
活动峰值日（peak night）144, 157
活动合同 125
活动取消险 123
活动细节，合同 127
活动需求调查 196
活动与谈判 134
活动中的风险 55, 181
活动组织方（event organizer）119, 156
火灾 80，178

火灾安全设施检查单 178
火灾逃生预案 178
火灾责任险 120
霍夫兰（Carl Hovland，人名）182

I

ILEA（International Live Events Association）21
ISES（International Special Events Society）21

J

Jack Phillips（人名）189
Jan Carlzon（人名，詹·卡尔森）51
Jane Hague（人名）18
基本工具，风险 6
极端天气，暴雨、大风、雷暴 78–80
急救 173
急救师（Emergency Medical Technician, Ambulance Technician/ Techs）58, 97
急性危机 161
继续生存计划 60–61
价值分类叫价组合（Categorized Equivalent Anchors™）151–152
叫价组合，价值分类（Categorized Equivalent Anchors™）151–152
接受风险 46
结构僵局，谈判 152
解决问题式沟通 183
金钥匙服务（concierge service）148, 157
金砖国家领导人厦门会晤 40
紧急疏散 104–108，112–115
紧急疏散的忌讳 56
精准，不确定状态 180
酒店硬件损耗，合同 128
拒绝改变 182

K

卡西迪（人名）153
看不见的风险 62，180
客房，合同 127
客观环境僵局，谈判 153
Keith Patrick（人名）30

克里斯·阿吉里斯（Chris Argyris，人名）183
Kelly Rehan（人名）18
Kemp（人名）27
Kenneth W. Thomas（人名）150
科学与艺术，活动 193
可追溯，合同 126
恐怖威胁 176
快速反应 20，45，47，55-56，59，70，162

L

liquidated damages（约定违约金）132
利益相关方（stakeholders）5，9
两点之间曲线最短，沟通 183，185
量化，风险分析 36
量化风险 36
列明责任，保险 121，156
刘春章（人名）34
流处理 110
六级活动评估模型 189
龙永图（人名）153
旅游保险 122
履约的宝贵 133
罗森塔尔（Rosenthal，人名）184

M

马云（人名）2，188
慢性危机 161
媒体管理的启示 166
媒体管理计划 163
媒体与舆情 162
美国会展业委员会更名 9
美国活动业委员会简介 12
美联航拖拽门 169
美联航舆情失控 169
Memorable moments 52
免责条款，合同 130
面对风险的三种选择 46
Millenium Hilton（千禧希尔顿酒店）176，194
名人缺席险 122
墨菲定律 42，181
MPI（Meeting Professionals International，协会名）12, 13, 15
Myhill（人名）189

N

脑力激励（brainstorming）见头脑风暴 17，25，26
内部风险 27
内部沟通风险 186
内部评估 27
内外部风险团队 17
No-Show 143, 157

O

Oscar Munoz（奥斯卡·穆诺茨，人名）169

P

排他条款，合同 128
PCMA（Professional Convention Management Association，协会名）22, 36, 190
PCMA 及其会展教材简介 22
PCO（professional congress organizer）30, 31
培训演练 75
Peter Shure（人名）22
皮格马利翁效应 184
PMM（Professional Meeting Management，书名）22, 23
Press pool reports, 媒体管理 164-165
Principle of least effort（费力最小原则）182

Q

签字与授权，合同 132
情感僵局，谈判 153
全球地缘风险 196
权重，谈判要点 141

R

Ralph H. Kilmann（人名）150
Regression analysis（回归分析）42
人流仿真，疏散 101-106
人为风险 26
人文关怀，活动 187，193

认知灵活性（cognitive flexibility）42
RI（Risk Impact）37
RINT™，见要点分析 141
Risk Impact 见 RI 37
Risk Probability 见 RP 37
Risk Severity 见 RS 37
ROH（Run of House）146, 157
Romaine Pererra（人名）18
容量估算，疏散 111
RP（Risk Probability）37
RS（Risk Severity）37
RS 值 37
软成本（soft costs），谈判 138, 157

S

Sally Webb（人名）18
伞覆式保险 120
散处理 110
桑枣中学 45，55-56
商务谈判 134
商业价值（business value），谈判 138, 156
商业责任险 120
社会助长 26
身在心不在，风险 181
生化恐袭应急预案 90-97
实际损害赔偿金（actual damages）132
实际损失，见实际损害赔偿金 132
实体危机 5
食品安全 15，87
使用 / 空置率（occupancy rate）146, 157
世博会应急预案 63
示威 174
收集数据，谈判 142
疏散 61
疏散方案 100
水电气，现场保障 81-86
损害赔偿金（damages）132
SWOT 分析 29

T

台风 76-78

谈判筹码 151-152
谈判底线（END™）137
谈判僵局 152
谈判考虑因素，活动 146
谈判空间（Zone of Possible Agreement）139
谈判流程 154-155
谈判目标 136-137
谈判破裂的成本，风险 138-139
谈判破裂的苦果，风险 137-138
谈判前再确认 149
谈判中的科学和艺术 155
替代性争议解决 133
庭外解决 133
停工 175
通用责任，保险 121, 156
统一指挥（unity of command）19-20
头脑风暴（brainstorming）17，25，26
投射技术（projective techniques）140, 157, 197
突发事件（emergency）5
突发事件的等级 70
突发事件的界定 68
突发事件应急预案 63-90
Tyra Hilliard（人名）27，47

V

Vulnerability（风险脆弱程度）37

W

外部风险 27
外部供应商，合同 129
外部评估 27
王春雷（人名）12，39，186，193
王国维（人名）192
危机（crisis）5
危机，媒体管理 161, 167
危机处理能力 166
危机的三个基本特点 161
危机评估，媒体管理 165
危机思维 162
危机与契机 167
危险源分布图 90

违约，合同 132
维权 174
无准备状态 45
吴冠中（人名）192
5.12 地震 45

X

显著性水平（significance level）41
现场办公险 122
现场保障，水电气 81-86
现场盗抢险 122
现场沟通 60
现场经营许可，合同 129
现金保险 123
小概率风险 41
小概率事件实际不可能性原理 41，37
效果评估 189-191
心梗症状 174
心肌梗死急救三步 173
心肌梗死急救预案 173
辛弃疾（人名）192
欣赏式沟通 183
欣赏式探寻（Appreciative Inquiry）184
信息的倾向性，沟通风险 182
信息源 161，167
虚拟危机 5
需求调查 187-189，196-197

Y

雅格布森（Jacobson，人名）184
杨琪（人名）40
要点的动机，谈判 142
要点的权重，谈判 141
要点分析，谈判（Ranked Items on the Negotiation Table™）141，158
叶志平（人名）45，49，55-56
一切险 123
医疗责任险 121
意外受伤及突发疾病 88
隐私条款，合同 131
硬成本（hard costs），谈判 138，157

应急避难场所（Emergency Shelter）59
应急联动机制（内外部风险团队）72
应急通信保障 75
应急物资保障 75
应急预案 46，54
应急预案的级别 15
应急预案的内容 55-60
应急预案的依据 41
应急预案分类、要点及适用范围 99
应急预案实例 62-97
应急预案为什么 55
应急预案响应分级 98
应急预案形成和落地的两个关键点 56
用房模式 143
优化流程（critical path）180
有效管理宽度（span of control）19-20
舆情 162-163
预警机制 73-74
员工责任险 122
约定违约金（liquidated damages）132

Z

灾难（disaster）5
责权匹配（authority commensurate with responsibility）19-20
责任与奖惩 75
泽薇薇（人名）90
曾鸣（人名）180
炸弹威胁 176
詹·卡尔森（Jan Carlzon，人名）51
展品险 122
占房数（block）127，130，143，144，157
张万春（人名）1（前言）
张雪（人名）99
张耀忠（人名）1（前言）
争议解决，合同 133
郑承章（人名）63，117，1（前言）
止损，合同 132
重视觉轻心灵 191
重要文件险/重要记录险 122
住房人数占比 143

转换成本（switching costs），谈判 138, 156
追加被保险人 121
自动体外除颤器（Automated External Defibrillator/AED）58, 97
自然风险 26

自我防卫/防御 183
组织防卫（Organizational Defenses），见自我防卫 183
ZOPA，见谈判空间 139